Lingüística General I. Guía docente

2.ª Edición

Lingüística General I. Guía docente

Juan Luis Jiménez Ruiz

2.ª Edición

Lingüística General I. Guía docente. 2.ª edición

© Juan Luis Jiménez Ruiz

ISBN: 978-84-15941-16-3
Depósito legal: A 413-2013

Edita: Editorial Club Universitario Telf.: 96 567 61 33
C/ Decano, n.º 4 – 03690 San Vicente (Alicante)
www.ecu.fm
e-mail: ecu@ecu.fm

Printed in Spain
Imprime: Imprenta Gamma Telf.: 965 67 19 87
C/ Cottolengo, n.º 25 – 03690 San Vicente (Alicante)
www.gamma.fm
gamma@gamma.fm

«¡Vaya!», dijo el Dodo. «La mejor manera de explicar una cosa es practicándola». (Y como probablemente habrá entre vosotros quien también quiera hacerlo, algún día de invierno, os voy a contar cómo se las arregló el Dodo).

Alicia en el país de las maravillas

ÍNDICE

Capítulo 4. El lenguaje como fenómeno simbólico:

NOTA A LA SEGUNDA EDICIÓN

Hemos comprobado empíricamente que la utilización de la Guía docente en el proceso de enseñanza y aprendizaje de la materia de *Lingüística general I* en nuestras clases ha mejorado considerablemente los resultados académicos de nuestros alumnos. En los tres cursos en los que se ha aplicado hasta ahora en la Universidad de Alicante, tanto el número de alumnos presentados en las convocatorias ordinarias, como el número de alumnos que han aprobado la materia, ha sido muy superior al que lo hacía en los antiguos planes de estudio, en los que no se aplicaba el sistema de Bolonia ni existía una guía docente como la actual. Además, las calificaciones de los alumnos también han sido, en general, más altas.

Por ello, cuando la editorial me comunicó que el libro estaba agotado y me planteó la posibilidad de realizar la segunda edición de *Lingüística general I*, consideré que, además de corregir las erratas que aparecían en la primera edición, podía recabar la opinión de los alumnos sobre la propia Guía puesto que los alumnos son, en el fondo, los usuarios de nuestra Guía, y presentar, de esta manera, un texto revisado y ampliado con aquellas consideraciones sugeridas por los propios alumnos.

Fruto de ello es el texto que el lector tiene en sus manos. Además de la corrección de algunas erratas y la revisión terminológica de una serie de nociones que podían dar lugar a ambigüedad en la comprensión de los temas expuestos, hemos ampliado el espacio dedicado al esquema que los alumnos debían realizar de los contenidos de cada uno de los temas, puesto que la inmensa mayoría de los alumnos consideraba que era insuficiente. También hemos introducido explicaciones de cada una de las figuras que aparecen en el texto. Muchas de ellas responden a tablas de las que surgen definiciones relacionales de una serie de nociones lingüísticas. Estas definiciones aparecen en su mayoría al pie de las tablas para que el alumno pueda comprender el proceso que hemos seguido en este acercamiento (no olvidemos que al final de cada capítulo aparece un glosario de términos lingüísticos con la definición de las principales nociones lingüísticas). Puesto que la idiosincrasia de cada grupo hace que el profesor pueda considerar oportuno proponer alguna actividad que considere adecuada para ese grupo (junto a las ya expuestas en el texto), hemos añadido un espacio para ello. También para el comentario y reflexión sobre los contenidos de algunos documentales que el profesor pueda incluir en su desarrollo docente. Finalmente, los alumnos consideraron la posibilidad de incluir al final de la exposición de los contenidos, un pequeño resumen del tema que plasmase, de manera sintética, la respuesta a los objetivos cognoscitivos que se habían propuesto al comienzo de los mismos.

Todo ello, junto a la ampliación de los contenidos de algunos temas, la numeración y el cambio en los cronogramas semanales de algunas actividades para que su plasmación responda al orden lineal de realización de las mismas; y a la modificación de algunos ejercicios y test propuestos, constituye las novedades de las segunda edición de *Lingüística general I*. Agradezco a mis antiguos alumnos sus sugerencias y espero que los próximos encuentren en esta Guía un material didáctico útil para el aprendizaje de nuestra materia en el marco de las directrices del llamado plan Bolonia.

INTRODUCCIÓN

Ante la dificultad que conlleva la enseñanza y aprendizaje de la disciplina de Lingüística general en los nuevos planes de grado, debida, principalmente, a la novedad que sus contenidos presentan para los alumnos, en su mayoría recién llegados de los institutos, nos planteamos la necesidad de reflexionar sobre la elaboración no solo de un manual teórico sino de una *Guía docente* que aglutinase teoría, ejercicios prácticos y autoevaluaciones constituyendo un libro de estudio y trabajo organizado temporalmente mediante un cronograma específico que sirviese al alumno para alcanzar los objetivos y competencias requeridas en nuestra materia.

En este sentido, nuestra *guía* debe explicitar toda una serie de cuestiones que atañen tanto al contenido disciplinario de la materia que se ha de impartir, como a los objetivos que se pretenden y a los medios que se proponen para conseguirlos. Semejantes tareas son, en el ámbito particular de nuestra disciplina, mucho más difíciles de llevar a término, si cabe, que en otras materias universitarias, donde los contenidos que se describen para su posterior exposición docente se encuentran, en menor o mayor grado, deslindados con anterioridad a su tratamiento empírico, siendo este último aspecto el que podrá variar, dependiendo en cada caso del enfoque teórico y metodológico seleccionado.

De hecho, los contenidos de nuestra disciplina no solo se encuentran mediatizados por la concreta perspectiva metodológica que se elija para su descripción, sino que están también condicionados por la imagen del objeto que sirve de punto de partida para su descripción. Y es que, a pesar del largo período de tiempo transcurrido desde que el hombre comenzó a reflexionar sobre lo que era el lenguaje hasta nuestros días, la respuesta a este interrogante no solo no ha encontrado la unanimidad deseada a lo largo de la historia sino que en la actualidad todavía persiste la creencia de que esta unanimidad de criterios y escuelas no es oportuna.

Ello justifica también que esta diferenciación existente en la concepción de nuestro objeto de estudio vaya unida inevitablemente a una dispar concepción de la disciplina que ha de encargarse de la descripción y explicación del mismo. Obviamente, una reflexión más objetual y empirista del lenguaje exige una formulación lingüística también más empirista —y, por ello mismo, más formalizada e inmanente— muy lejana de esa otra formulación más hermenéutica y trascendental de la Lingüística que pretende aprehender el carácter sujetual del lenguaje.

Si a la disparidad tanto en la concepción de lo que es nuestro objeto de estudio como de lo que es el método que debemos aplicar para su análisis, unimos también la falta de unanimidad a la hora de considerar las características que deben guiar la reflexión tanto sobre el objeto como sobre el método de nuestra disciplina, comprenderemos fácilmente la dificultad que entraña el estudio de nuestra disciplina.

Objeto de estudio, método de aprehensión del mismo y reflexión globalizante sobre el proceso de conocimiento que la aplicación de este método produce de nuestro objeto son pues los tres pilares fundamentales que deben guiar nuestro discurrir para que la respuesta a la problemática que plantea el estudio del lenguaje y la precisión de los pilares fundamentales que rigen la disciplina que lo estudia sea lo más exhaustiva y correcta posible.

En este sentido, *Lingüística general I* pretende ser una guía que oriente a los alumnos en el estudio riguroso del fenómeno llamado *lenguaje*. Por ello, podría ser considerada como un proceso de toma de decisiones que se realiza con anterioridad a la práctica del curriculum, puesto que no se indica solo lo que se pretende sino el por qué y el cómo se piensa conseguir, configurando el espacio instructivo en el que se va a poner en práctica.

Y aunque, desde un punto de vista subjetivo pueda pensarse que la necesidad de una *Guía docente* depende del responsable de la actividad, es decir, del profesor, hay razones objetivas (además de las marcadas en la Declaración de Bolonia de 1999 y plasmadas en la concepción del Espacio Europeo de Educación Superior y en la filosofía de los nuevos Grados) que justifican su elaboración, sobre todo si atendemos a la complejidad de nuestra tarea docente y de las metas que podamos proponernos.

Y es que uno de los principales objetivos de la nueva metodología propuesta por la Unión Europea es un desarrollo mayor del aprendizaje autónomo, ya que el estudiante que tiene más control sobre su aprendizaje tiende a estar más motivado, ve la importancia de aquello que aprende y adopta un enfoque de profundidad en su aprendizaje[1]. Consecuentemente, la *Guía docente* intenta ser la sistematización (tanto teórica como metodológica) de estas tareas y de estas metas, lo que le confiere no solo su justificación educativa sino su importancia epistémica, constituyendo, a la vez, un *manual* de contenidos y un

---

1 Cf. M. Feixas, *Desenvolupament professional del professor universitari com a docent*, Tesis doctoral, Universidad Autónoma de Barcelona, Barcelona, 2002.

portafolio discente de actividades, que se presenta como un instrumento para suscitar la curiosidad, el rigor académico y la reflexión crítica[2]. Por ello, debe responder básicamente a estos presupuestos ofreciendo en su contenido una propuesta seria y coherente que oriente al alumno en el proceso de enseñanza y aprendizaje facilitándole el conocimiento de:

A) La primera vía de acercamiento a nuestro objeto de estudio, la Teoría del lenguaje.

B) El conjunto de objetivos a través de los cuales se puede concretar el curriculum.

C) Los contenidos que constituyen el temario de nuestra materia.

D) La metodología docente y el plan de trabajo propuesto para que la enseñanza y aprendizaje de nuestra materia llegue a buen fin.

E) El cronograma temporal específico para que el alumno conozca el desarrollo programático tanto de los contenidos impartidos en clase y las actividades prácticas realizadas así como de su propio quehacer no presencial.

F) Los medios concretos bibliográficos (compendios bibliográficos, diccionarios lingüísticos) que le ayuden en el proceso.

G) Y, finalmente, el sistema con el que será evaluado.

Todo ello se concreta en el texto que presentamos, *Lingüística general I. Guía docente*, un texto que no pretende ser solo un manual sino, como su nombre índica, una guía que oriente al alumno en el aprendizaje de nuestra materia a través de la exposición de contenidos y ejercicios que deben ser resueltos en la propia *Guía*. Será, por tanto, un libro carpeta de trabajo que plasmará al final del semestre el resultado del esfuerzo del alumno por pasar del proceso al producto, constituyendo el paradigma tangible de su aprendizaje autónomo, dispuesto para ser evaluado[3]. Por ello, presentamos un punto en el que *especificamos todos los elementos de la Guía docente* señalados anteriormente, con objeto de que el alumno tenga una visión panorámica clara y precisa del diseño de la asignatura, y después nos centramos en el desarrollo de los mismos a partir de la organización de los contenidos que proponemos.

Esta organización se presenta en dos bloques o módulos:

El primero de ellos, que lleva por título *Fundamentos teóricos y metodológicos*, incluye dos temas o unidades didácticas en las que reflexionamos sobre la *Lingüística en el conjunto de las ciencias humanas*,

---

[2] Cf. AA. VV., «El portafolio discente como método de aprendizaje autónomo» *apud* M. A. Martínez & V. Carrasco, *Investigar en diseño curricular. Redes de docencia en el Espacio Europeo de Educación Superior,* Marfil, Alcoy, 2005, pág. 376.

[3] Cf. M. Rico Vercher & C. Rico Pérez, *El portafolio discente*, Universidad de Alicante, Alicante, 2003, pág. 25.

precisando sus características fundamentales como campo del saber, revisando el aparato *epistemológico* que proponemos para el análisis (*ontológico*) de nuestro objeto de estudio e investigación (Capítulo 1) y realizamos una breve *Aproximación a la historia del pensamiento lingüístico* (Capítulo 2).

El segundo módulo, titulado *Primera vía de los estudios lingüísticos: la Teoría del lenguaje*, nos permite acercaremos al lenguaje de forma *ontológica*, es decir, presentando en primer lugar una caracterización general del lenguaje como objeto de estudio e investigación —con lo que abordaremos la primera parte del sintagma *Lingüística* general (Capítulo 3)— y después estudiando sus peculiaridades desde distintos puntos de vista: el *simbólico*, estudiándolo desde el ámbito semiótico (Capítulo 4); el punto de vista *biológico*, que nos permitirá acercarnos a él estudiándolo neurofisiológicamente hasta comprender su organización en el cerebro (Capítulo 5); y, finalmente, el *social* (Capítulo 6), con el que abordaremos la diversidad lingüística.

Con ello quedaría cubierta una de las tres vías de los estudios lingüísticos (la *Teoría del lenguaje*), que constituye el temario de la asignatura *Lingüística general I*. Sin embargo, si nos quedásemos solo aquí no conoceríamos nuestro objeto completamente. Por ello, en el curso que viene, *Lingüística general II* proporcionará la *segunda* forma de hacerlo. Se trata de una aproximación *metodológica* ya, es decir, al análisis lingüístico de nuestro objeto. Y, puesto que no podemos aprehender el lenguaje a través de los sentidos, lo haremos entonces a través de las lenguas como objetos materiales que actualizan nuestra capacidad de lenguaje (con lo que culminaremos el segundo miembro del sintagma Lingüística *general*). Así, se estudiará la *segunda vía* de estudios lingüísticos (la *Teoría de la lengua*), precisando primero los distintos *niveles de análisis* que se pueden realizar, y elaborando después un análisis de la Lingüística desde una perspectiva *intradisciplinar*, es decir estudiando las distintas *divisiones* de la Lingüística (Fonética y Fonología, Morfología y Sintaxis, Lexicología y Semántica) e *interdisciplinar*, estudiando en este caso tanto las *ramas de la Lingüística teórica* como las de la *Lingüística aplicada*. Terminará el acercamiento con la *tercera vía* de estudios lingüísticos; a saber, la que reflexiona sobre el propio conocimiento del objeto lingüístico. Se trata de la *Teoría de la gramática* que adopta la perspectiva *epistemológica*.

Centrándonos exclusivamente en la *Guía docente* que nos ocupa, diremos que hemos estructurado los capítulos del libro en una serie de apartados que ayudan a su comprensión y aprendizaje. En primer lugar, la plasmación del *cronograma específico* del tema, que presenta de forma resumida el tiempo en el que se va a tratar el tema en cuestión (por lo general, durante dos o tres semanas); las horas *presenciales* (tanto teóricas como prácticas) en las que se va a impartir, y los contenidos que se van a explicar en cada una de ellas o las actividades que se van a revisar; las horas *no presenciales* y lo que el alumno debe realizar en cada una de ellas (lectura previa del tema antes de su explicación, ejercicios prácticos, resúmenes del tema, comentarios de textos, lecturas recomendadas, autoevaluación, estudio y resolución de dudas, etc.). Con ello, el alumno tendrá desde principio del curso una información detallada de lo que se va a hacer en clase y de lo que debe hacer fuera de ella, facilitándole, de esta forma, el proceso de enseñanza y aprendizaje.

Cada capítulo continúa con la presentación de los *objetivos* que deben conseguirse al final del proceso de enseñanza y aprendizaje, con objeto de que el alumno oriente el estudio de los contenidos del tema. Es una manera clara y concisa de visualizar los resultados de aprendizaje en relación con las competencias de la titulación que el alumno debe alcanzar.

A continuación señalamos las *palabras clave*, o nociones más relevantes sobre las que el alumno debe dirigir su atención cuando estudie el capítulo.

Después, presentamos un índice de los contenidos, con objeto de que el alumno sepa la estructura u *organización que los contenidos* presentan a lo largo del capítulo y tenga así una visión panorámica de los mismos. Además, este esquema general le orientará a la hora de realizar un resumen panorámico del tema que tendrá que hacer en las páginas posteriores, demostrando así su capacidad de síntesis y estructuración de una información amplia. Este resumen le valdrá también para el estudio de la materia y la preparación de una de las posibles partes de la prueba final; a saber, la realización de cuadros sinópticos o esquemas sobre los cometidos globales de un tema en cuestión.

Tras ello, explicamos ya los *contenidos* del capítulo desarrollando los distintos epígrafes en los que lo hemos estructurado con anterioridad. En este apartado hemos evitado las referencias bibliográficas con objeto de posibilitar la lectura fluida y facilitar el estudio.

Precisamente este deseo didáctico mencionado es el que justifica que junto a los contenidos mencionados, articulemos también une serie de *actividades sugeridas,* que se desarrollarán en cada tema. En primer lugar dejamos un espacio para que el alumno vaya anotando las *dudas* que le van surgiendo tras la lectura de los distintos puntos del tema y después la resolución de las mismas, ya sea por las clases recibidas, el estudio personal o las tutorías realizadas. Este proceso le servirá tanto para la mejor compresión de la materia como para la preparación de la prueba final. Después presentamos una serie de *cuestiones* que el alumno debe contestar en el espacio que se le ofrece, para finalizar con unos textos que el alumno debe *comentar*, poniendo de relieve la lectura y conocimiento de los textos señalados, analizando críticamente los textos que se le presenten, contestando a las preguntas que se le formulen sobre los mismos, precisando sus ideas fundamentales, o identificando sus autorías en el contexto temático de la Lingüística.

En el apartado de las *lecturas recomendadas*, ofrecemos una serie de referencias bibliográficas que ayudarán al alumno a profundizar en los contenidos de cada capítulo.

Sigue una serie de *ejercicios de autoevaluación*. Aquí presentamos un conjunto de preguntas, cada una de ellas con tres alternativas de respuestas, orientadas a que el alumno pueda comprobar en qué medida va progresando en el aprendizaje y reorientar el estudio en función de los ejercicios realizados. Se trata de que, una vez que haya estudiado el tema, realice el test rodeando con un círculo la letra correspondiente a la alternativa que considere más acertada. A continuación, debe justificar en el espacio que se le propone las razones por las que piensa que la respuesta elegida es la correcta, indicando también las razones que invalidan la corrección de las restantes.

Finalmente, junto a una *bibliografía general* sobre el tema, ofrecemos un *glosario* de las principales nociones lingüísticas aparecidas en el capítulo. La razón es que una de las grandes dificultades que conlleva la enseñanza y aprendizaje de nuestra disciplina estriba precisamente en el carácter excesivamente hermético de su terminología. Para paliar en lo posible la incomprensión que este hecho pueda suponer, presentamos estos *glosarios* en los que explicamos aquellos términos que puedan suscitar más dificultad, precisando el sentido con el que aparecen en el capítulo, con el fin de que el alumno pueda localizar rápidamente la aclaración pertinente. Puesto que a veces las nociones se repiten a lo largo de los capítulos y puede ser difícil su localización, ofrecemos al final del libro un *glosario general* en el que situamos las nociones lingüísticas que aparecen definidas en los glosarios que figuran en los distintos capítulos del libro, indicando el número del capítulo o capítulos en los que pueden consultarse las distintas acepciones de las mismas.

Junto a este glosario general, el texto concluye con una *bibliografía básica*. En ella renunciamos a las largas listas de obras, carentes de sentido, para adoptar una perspectiva más razonable y eficaz que tenderá, no ya al conocimiento pormenorizado de las obras, sino de las directrices fundamentales del pensamiento lingüístico entre los que se mueven los hilos del entramado bibliográfico, todo ello dirigido desde una actitud de justa objetividad en la que no cabrán ni el dogmatismo excluyente ni el eclecticismo enciclopedista indiscriminado. Presentamos, por tanto, el complemento bibliográfico de los repertorios generales (bibliografía general sobre Lingüística, enciclopedias y panorámicas de la Lingüística, diccionarios terminológicos y recursos en internet), que servirán de orientación al alumno en el proceso de enseñanza y aprendizaje.

Finalmente, en la última página de la Guía aparece un *Contrato de aprendizaje* que debe ser firmado tanto por el alumno como por el profesor, en el que el alumno se compromete a realizar adecuadamente las cuestiones que se plantean en la misma, reconociendo la autoría de todo lo que figura en ella. Este apartado es importante porque la evaluación continua se hará teniendo en cuenta la cumplimentación de las distintas partes de la *Guía*.

Obviamente, debemos decir que a la vez que ésta podíamos haber presentado otra *Guía*, puesto que todas son válidas si se consiguen los objetivos propuestos. Quizá, por ello, no convenga olvidar que la elección y elaboración de la Guía docente depende de una serie de factores que son los que, en definitiva, configuran el resultado final. Estos factores son la filosofía educativa del profesor, la adecuación a las habilidades personales del profesor de modo que la adopción metodológica vaya unida a una vivencia positiva, la disponibilidad y economía de esfuerzo, o las características de los propios alumnos, entre otros[4].

Sería el momento ahora de agradecer a todos los que de una forma directa o indirecta nos han ayudado a la realización de este trabajo, ya sea mediante sus obras respecto al tema, consejos o aportaciones teóricas en las que nos basamos. Pero serían tantos que preferimos no hacer una larga lista. Sin embargo, sí queremos en su lugar recordar aquí que somos quienes somos gracias a los *maestros* que nos enseñaron y a los cuales nunca les estaremos lo suficientemente agradecidos.

Finalmente, solo nos queda señalar que si con esta Guía el proceso de enseñanza y aprendizaje de la Lingüística general llega a buen fin, nos sentiremos satisfechos. Aunque, de todos modos, si en algo hemos ayudado a nuestros alumnos a mejorar este proceso, el esfuerzo habrá valido la pena. Sin lugar a dudas.

---

[4] Cf. M. Rosales, «El diseño de la metodología instruccional» *apud* AA. VV., *Diseñar y enseñar*, Narcea, Madrid, 1989, pp.145-147.

ESPECIFICACIONES DE LOS ELEMENTOS DE LA GUÍA DOCENTE

El grueso más importante de una *Guía docente* consiste principalmente en la estructuración del proceso instructivo utilizando los principales elementos del diseño programático básico.

En este sentido, uno de los peligros a que está sometida la didáctica de la Lingüística en el nivel universitario es el de olvidar la condición inexcusable de cualquier actividad didáctica: la propuesta de unos objetivos, los cuales no pueden limitarse a la simple continuación de los perseguidos en niveles educativos anteriores. Aunque podemos encontrar planteamientos recientes que asignan a la enseñanza y aprendizaje de las lenguas en el primer ciclo de los nuevos planes de las enseñanzas universitarias un número determinado de créditos, la mitad de los cuales se obtendrían, con enseñanzas prácticas, este tipo de propuestas transparentan una falta clara de determinación de los parámetros que deberían evaluar el éxito y el rendimiento de la enseñanza de las distintas lenguas.

Como afirma P. Cordet[5], la sociedad podría entenderlo en términos de integración social, de provecho en sentido comercial o de realización del individuo; pero para el lingüista podría significar el logro de cierta habilidad mensurable en el ámbito de la ejecución lingüística. Pese a ello, son los alumnos los que aprenden una lengua y lo hacen por muchas razones, puesto que no todos buscan el mismo nivel de capacidad lingüística, e incluso el mismo nivel de habilidades lingüísticas.

Consecuentemente, para cualquier medida del éxito es necesario un tercero de comparación. Hasta ahora nadie ha propuesto un medio para medir el éxito en el aprendizaje de las lenguas con arreglo a los términos de la sociedad. Pero desde el momento es que es posible especificar los objetivos del enseñante, del alumno y del lingüista en términos lingüísticos con relación al logro de específicas habilidades y conocimientos, es posible idear un modo para medirlos. La Lingüística nos proporciona el modo para describir lo que significa habilidad y conocimiento de una lengua y hace, por ello, posible demostrar que un modo de enseñar es más eficaz que otro para alcanzar

---

[5] S. P. Corder, *Introducing Applied Linguistics*, Penguin, Harmondsworth, 1973, pág. 21.

un objetivo particular[6]. La didáctica de la lengua no puede ser mejorada sistemáticamente sin tener en cuenta el conocimiento sobre el lenguaje que la Lingüística nos proporciona.

Por ello, los objetivos de adquisición y comprensión de conocimientos se especifican a través de la estructuración programática de la materia y de los temas específicos. Así, además del *temario* y la *bibliografía general*, creemos necesario en toda *Guía docente* el desglose de la materia en temas y éstos en cuestiones específicas que puedan orientar el proceso de enseñanza y aprendizaje, tras la especificación de los *objetivos de conocimiento* del tema en cuestión. Para ello se aporta, además, un conjunto de *actividades* recomendadas, una serie de *referencias bibliográficas* específicas de carácter orientativo, que pueden dar respaldo al dominio y uso de los temas y una propuesta de *autoevaluación*.

En este sentido, hemos comenzado estructurando los contenidos[7] partiendo de la idea amplia de Lingüística General, para después establecer los contenidos globales que parten de nuestra propia visión de la materia que estudiamos. La estructuración no pretender tener pues, un carácter universal ya que, además de responder a la visión que mencionamos, se encuentra inmersa en la organización docente de un concreto departamento universitario, en el que los contenidos de nuestra materia están estructurados también en otras asignaturas.

Conviene recordar, asimismo, que los contenidos son el sustrato teórico de todo diseño instructivo y que no deben confundirse con los objetivos[8], puesto que, mientras los primeros son estáticos, los objetivos son previsiones de conducta que se pretenden conseguir.

Y, aunque se ha hecho hincapié muchas veces sobre el carácter solamente instrumental de los contenidos, es decir, sobre su naturaleza de medio para conseguir otra cosa, debemos precisar que esta definición no es muy exacta, porque se pondría en duda la importancia de la transmisión cultural y científica. Deben verse como objetos de conocimiento a los que el hombre accede si son suficientemente motivadores para estimular sus procesos mentales.

Siguiendo las propuestas de L. A. García[9], una vez que se han determinado los contenidos, debemos establecer su grado de importancia para seleccionarlos

---

[6] Cf. sobre el problema de los objetivos M. A. Zabalza, *Diseño y desarrollo curricular*, Narcea, Madrid, 1991, pp. 89-120.

[7] Sobre el enfoque, la secuenciación y la estructuración de los contenidos de aprendizaje puede verse el clásico trabajo de M. A. Zabalza, *Diseño...*, pp. 121-148.

[8] Cf. H. Taba, *Elaboración del currículo*, Troquel, Buenos Aires, 1990, pp. 257-279.

[9] Cf. L. A. García García, «Análisis y organización de los contenidos» *apud* AA. VV., *Diseñar...*, pág. 91

y darles un orden jerárquico[10]. Por ello, presentamos una propuesta de selección y orden temático que actualiza los presupuestos teóricos en los que se basa nuestra concepción de la materia.

Sin embargo, el profesor no debe quedarse solo en ello sino que debe, además, organizar los contenidos relacionando y ordenando las cuestiones secuencialmente dentro de cada tema (sea cual fuere el modelo adoptado)[11].

Tal organización de los contenidos no es otra cosa que la concreción de los objetivos específicos de conocimiento o conceptuales[12] con los que vamos a comenzar el desarrollo de cada uno de los temas que componen nuestra visión de la materia objeto de estudio[13].

Pasemos, pues, al desarrollo de estos puntos.

1. IDENTIFICACIÓN/CONTEXTUALIZACIÓN.

Nuestra asignatura ofrece en su contenido los pilares básicos de lo que se ha consagrado con el título de Lingüística general. En última instancia, el curso está al servicio de una gran finalidad, que podríamos formular en términos de conocimiento de las bases y fundamentos de todo discurrir en el dominio de la Lingüística y de todo futuro trabajo en la materia, y de aplicación a la descripción del sistema lingüístico; todo ello mediante un acercamiento al objeto lingüístico a través de la Teoría del lenguaje.

---

[10] Sobre la organización de los contenidos puede verse H. Taba, *Elaboración...*, pp. 381-407.

[11] Nos estamos refiriendo, obviamente, al modelo *academicista*, centrado en el conocimiento y representación objetiva de la realidad; al modelo *humanista expresivo*, basado en el conocimiento, pero con interpretaciones subjetivas del alumno; al modelo *tecnológico*, centrado en la realidad, con énfasis en el conocimiento para la eficacia; o al modelo *crítico*, basado en la interpretación subjetiva, con el objeto de conseguir el desarrollo intelectual y el cambio social; por poner unos casos.

[12] Una clara formulación de los diferentes tipos de objetivos puede verse en H. Taba, *Elaboración...*, pp. 279-305.

[13] Sobre los criterios para la organización de los objetivos puede verse el trabajo de P. Hernández, «Pautas y estrategias para el diagnóstico inicial y la concreción de objetivos» *apud* AA. VV., *Diseñar...*, pp. 81 y ss.

2. REQUISITOS.

Como ya explicamos con anterioridad[14], para establecer estos requisitos, hemos realizado a lo largo de años de docencia un análisis de las dificultades a las que se enfrentaban los alumnos y que tenían consecuencias negativas en la evaluación de la materia. En realidad, no existen requisitos previos de obligado cumplimiento para los alumnos, ya sea por exigencias legales o administrativas (titulación previa, por ejemplo), pero sí recomendaciones, que mejorarán el resultado académico final.

Aunque podemos admitir que los alumnos tienen un nivel de conocimientos previos derivados del aprendizaje de las lenguas en el bachillerato y podíamos planificar nuestra asignatura contando con el conocimiento de tal base teórica y metodológica, creemos más útil didácticamente renunciar a presuponer conocimientos previos de Lingüística por varias razones:

1. Porque han estudiado lenguas y no Lingüística, supeditando los conocimientos lingüísticos adquiridos al aprendizaje de una lengua en concreto, ya sea español, valenciano, inglés, etc.

2. Porque, debido a lo anterior, los conocimientos en el ámbito de la teoría del lenguaje son muy reducidos.

3. Porque planificar la asignatura contando con el conocimiento de la Teoría lingüística por parte de todos los alumnos podría suponer la dificultad por parte de una mayoría para seguir con buen ritmo el curso.

4. Porque la experiencia nos ha confirmado que alumnos sin ninguna base inicial han ido madurando y han superado sin dificultad el aprendizaje de nuestra asignatura.

Por todo ello, renunciamos a los conocimientos previos en Lingüística general planificando el proceso de enseñanza y aprendizaje de tal manera que todos los alumnos, con o sin nivel inicial, puedan seguir la marcha del curso.

De ningún modo ello quiere decir que conocimientos lingüísticos adquiridos previamente durante el bachillerato no vayan a repercutir positivamente en el proceso de enseñanza y aprendizaje de nuestra materia. Sin embargo, lo harán en una propuesta teórica diferente, con unos objetivos también distintos a los adquiridos durante su formación previa: el conocimiento de la organización metodológica que prepara la esquematización de la descripción estructural de los distintos sistemas lingüísticos.

---

[14] Cf. Nuestro trabajo, AA. VV., «Propuesta metodológica para la aplicación de créditos ECTS en Lingüística» *apud* Martínez, M. A. y V. Carrasco, *La multidimensionalidad de la Educación universitaria*, Marfil, Alcoy, 2007, pp. 421-438.

También consideramos necesarios unos requisitos, en forma de *competencias y contenidos mínimos* que, aún siendo comunes a todas las asignaturas de Filología, son imprescindibles para superar el estudio de la Lingüística. Entre las *competencias* mínimas que deben exigirse a un alumno de primero de Filología en la asignatura de Lingüística podemos destacar las siguientes:

1. Capacidad de expresión oral y escrita de forma correcta, clara y coherente en la lengua vehicular.

2. Capacidad de lectura y escucha comprensiva.

Por lo que se refiere a los *contenidos* mínimos, y debido a que la asignatura de "Lingüística" no existe como tal en los estudios preuniversitarios, tal como decíamos anteriormente, se entiende que nuestros alumnos parten de cero en lo relativo a conocimientos teóricos sobre la materia, si bien es cierto que en otras asignaturas cursadas durante el Bachillerato tales como "Castellano" y "Valenciano" sí se ofrecen informaciones y referencias que pueden ser aprovechadas en el primer curso de Lingüística ya en la universidad. En concreto, es muy usual que los alumnos hayan leído a instancias del profesor en la asignatura de valenciano alguna obra sobre cuestiones sociolingüísticas (como, por ejemplo, *Manual de sociolingüística per a joves, Mal de llengües, Una imatge no val més que mil paraules*, etc.). Teniendo todo ello en cuenta, podemos establecer como contenidos mínimos los siguientes:

1. Conocimiento de la realidad lingüística de España y del mundo

2. Dominio de la gramática básica de la lengua propia y conocimientos básicos de sintaxis aplicables a cualquier lengua.

3. Dominio de un vocabulario amplio de la lengua propia, con especial atención a la terminología lingüística básica.

4. Conocimientos básicos de una segunda lengua para poder, por un lado, entender determinados fenómenos lingüísticos generales de todas las lenguas y los ejemplos a este respecto se pongan en la clase, y, por otro lado, para acceder en su caso a bibliografía de especial interés escrita en inglés o francés.

3. OBJETIVOS/RESULTADOS DE APRENDIZAJE.

Teniendo en cuenta el perfil de la titulación de los distintos grados de Filología, las previsiones globales que queremos obtener de los alumnos al final del proceso de enseñanza y aprendizaje de nuestra materia son las siguientes:

A) Objetivos conceptuales:

1. *Reflexionar* sobre el papel del lenguaje y las lenguas, teniendo en cuenta su importancia en el desarrollo personal de los seres humanos y en la configuración de la vida social.

2. *Entender* la relevancia de la Lingüística como disciplina dedicada al estudio del lenguaje y las lenguas.

3. *Adquirir* un conocimiento general sobre los principios, objetivos, disciplinas y métodos de la Lingüística actual.

4. *Conocer* la evolución del pensamiento lingüístico, distinguiendo épocas, escuelas y autores más relevantes.

5. *Profundizar* en las características del lenguaje natural humano como sistema semiótico, conociendo las principales teorías sobre sus orígenes y funcionamiento.

6. *Entender* el carácter comunicativo del lenguaje, conociendo las bases semióticas de la comunicación y diferenciando entre el lenguaje verbal como sistema semiótico y los aspectos no verbales de la comunicación.

7. *Conocer* los fundamentos neuropsicológicos del lenguaje, comprendiendo la organización cerebral del mismo, precisando los centros corticales relevantes y relacionando los hemisferios cerebrales con las distintas potencialidades lingüísticas.

8. *Analizar* la situación de las lenguas en el mundo (el número de lenguas, su distribución geográfica y su posible clasificación).

B) Objetivos procedimentales:

9. *Aplicar* las técnicas instrumentales para la investigación lingüística.

10. *Desarrollar* las destrezas para la utilización de estas técnicas.

11. *Desarrollar* la capacidad de comprender y elaborar discursos propios del ámbito académico, manejando las nociones básicas y las teorías más relevantes de las disciplinas lingüísticas y aprendiendo los procedimientos de trabajo intelectual.

12. *Aplicar* los conocimientos teóricos en la realización de una serie de actividades prácticas sobre los contenidos de la asignatura.

C) Objetivos actitudinales:

13. *Ser consciente* del papel de las lenguas en la conformación de las culturas de las comunidades que las hablan.

14. *Ser consciente* de la importancia de esta disciplina en la configuración de los estudios filológicos, ubicándola en el conjunto de las ciencias humanas.

15. *Desarrollar* una visión personal y razonada de la disciplina lingüística.

16. *Valorar* la importancia de la diversidad lingüística, entender la igualdad de las lenguas y ser sensible a las consecuencias negativas de la desaparición de las lenguas.

17. *Desarrollar* una actitud de respeto e interés hacia todas las lenguas, a partir de la identificación de los patrones formales y funcionales comunes a todas ellas.

4. CONTENIDOS.

El temario de nuestra materia refleja el marco común al que debe acomodarse su tarea educativa (por ello se afirma el carácter normativo del mismo), adecuándose a los objetivos anteriores.

En este sentido, y puesto que se plantea en términos prescriptivos, podemos referirnos a él como el conjunto de experiencias de aprendizaje que deben pasar los alumnos que cursen nuestra materia.

Desde un punto de vista funcional (atendiendo a su capacidad para generar una dinámica educativa efectiva), el temario está vinculado a determinadas condiciones, entre las que podríamos destacar las siguientes[15]:

A) Su virtualidad para integrar lo antiguo y válido todavía con las nuevas propuestas tanto teóricas como metodológicas.

B) La posibilidad de introducir ordenadamente la visión particular del profesor que elabora el mismo.

C) La posibilidad de verificar la adquisición de la competencia glotológica al final del período de enseñanza y aprendizaje, atendiendo a los diferentes puntos programáticos.

D) El hecho de concretar desde el principio de la tarea educativa los puntos principales sobre los que va a trabajar el profesor, para que exista un conocimiento directo por parte del alumno de la planificación general del curso.

E) Finalmente, esto exige una indicación del compromiso que se les pide a los alumnos para la superación de la asignatura, haciéndoles conscientes

---

[15] Véase para todo ello, M. A. Zabalza, *Diseño...*, pp. 16 y ss.

del sentido y dirección del proceso formativo y de la colaboración que deben prestar para el éxito final[16].

Todo ello pone de relieve la necesidad de cuidar los aspectos formales de nuestro temario con el objeto de evitar la ambigüedad. En este sentido, el temario no solo debe estar formulado en términos claros y comprensibles, sino que debe presentarse con caracteres de legibilidad, descifrabilidad y practicabilidad, para que sea una ayuda al alumno y no una complicación añadida.

A su vez, en el aspecto epistémico, la selección de los contenidos debe hacerse atendiendo, primero, a la particular concepción que el profesor tenga de la asignatura (por lo que, lo que ofrecemos ahora, es simplemente una sugerencia teórica, susceptible, obviamente, de ampliaciones o restricciones y, en definitiva, de un desarrollo distinto al que proponemos, fruto de la visión particular de cada profesor) y, segundo, a los aspectos prácticos de todo desarrollo curricular; a saber, el número de créditos, el tiempo disponible, los objetivos de esta materia respecto de los de la titulación en que se inserta y la amplitud temática.

Por ello, podemos decir que el temario, en cuanto maqueta de lo que es el *iter* formativo para el conjunto de los alumnos es una pieza de considerable importancia en el modelo curricular universitario y, consecuentemente, en la *Guía docente* que presentamos.

Considerados todos estos aspectos, hemos decidido establecer 6 unidades temáticas que se agrupan a su vez en dos módulos, tal como puede verse de manera general a continuación:

---

[16] Un interesante trabajo en el que se organizan las principales funciones tanto de profesores como de alumnos en el diseño curricular puede verse en C. Scurati, «Dal Programma alla programmazione: L'ipotesi del curricolo» *apud* F. Frabboni (ed.), *L'Innovazione nella Scuola*, La Nuova Italia, Florencia, 1982, pp. 85-123.

MÓDULO I. FUNDAMENTOS TEÓRICOS Y METODOLÓGICOS.

Tema 1: La Lingüística como disciplina.

1. Definición: enfoques, orientaciones y vías de la Lingüística.
2. La Lingüística en el conjunto de las ciencias.
3. Fundamentos de la Lingüística como campo del saber.
4. Objetivos y metodología de la investigación lingüística.
5. Principios de la Lingüística moderna.
6. Divisiones y ramas de la Lingüística.
7. Organización del estudio del lenguaje y las lenguas en las asignaturas de Lingüística.

Tema 2: Aproximación a la historia del pensamiento lingüístico.

1. Reflexión filosófica, Gramática y Retórica en el mundo grecolatino.
2. Gramática y Retórica en la Edad Media.
3. Gramáticas prácticas y teóricas del Renacimiento.
4. La Lingüística histórica y comparada del s. XIX.
5. El Estructuralismo.
6. La Gramática generativa.
7. La diversificación de los estudios lingüísticos a finales del s. XX.

MÓDULO II. PRIMERA VÍA DE LOS ESTUDIOS LINGÜÍSTICOS: LA TEORÍA DEL LENGUAJE.

Tema 3: El estudio del lenguaje natural humano.

1. Las características del lenguaje natural humano.
2. El estudio del lenguaje desde el punto de vista especulativo y antropológico: los orígenes del lenguaje.
3. El estudio del lenguaje desde el punto de vista instrumental: las funciones del lenguaje.
4. La naturaleza simbólica, biológica y social del lenguaje.

Tema 4: El lenguaje como fenómeno simbólico: el universo semiótico.

1. Introducción: Lingüística y Semiótica (Saussure, Peirce, Morris, Barthes).
2. Las unidades semióticas.
3. El lenguaje natural humano como sistema semiótico: el signo lingüístico.
4. El carácter comunicativo del lenguaje.
5. Bases semióticas de la comunicación: sistemas verbales y no verbales.
6. La comunicación animal.
7. Comunicación animal y comunicación humana.
8. La organización semiótica de las lenguas.

Tema 5: El lenguaje como fenómeno biológico.

1. Fundamentos biológicos del lenguaje: la emisión, recepción y procesamiento de la información.
2. El lenguaje como fenómeno neuropsicológico: planteamientos previos.
3. Neurofisiología del lenguaje: su organización en el cerebro. Hemisferios cerebrales y lenguaje.
4. Análisis funcional del desarrollo del lenguaje: estudios clínicos y experimentales.
5. Fisiopatología del lenguaje: la afasia.
6. Lingüística y afasia.

Tema 6: El lenguaje como fenómeno social: la diversidad lingüística.

1. El fenómeno de la variedad en las lenguas.
2. La variación lingüística: propuestas de caracterización.
3. La variación intraidiomática:
     - Las variedades diacrónicas, diatópicas, diastráticas y diafásicas.
     - La variedad estándar.
4. La variación interidiomática. Las lenguas del mundo:
     - Criterios para su clasificación: genético y tipológico.
     - Estudio de la distribución geográfica de las lenguas.
5. La escritura.
     - Oralidad y escritura.
     - La evolución de la escritura.

5. METODOLOGÍA DOCENTE Y PLAN DE APRENDIZAJE.

La asignatura de *Lingüística General I* tiene asignados 6 créditos ECTS, que equivalen a 150 horas de trabajo del alumno. El estudiante tendrá 60 *horas presenciales* (2,4 créditos) en las diversas modalidades descritas a continuación, para las cuales se prevén aproximadamente, según el factor aplicable que consta en el cuadro expuesto al final de este epígrafe, unas 90 horas de trabajo personal *no presencial* (3,6 créditos), que sumadas a las 60 anteriores, completan la dedicación prevista para los 6 créditos de la asignatura (150 h. en total).

1/ Las 60 *horas presenciales (2,4 créditos)* se distribuyen del siguiente modo:
• **Sesiones teóricas**, con todo el grupo de estudiantes: 30 h. (1,2 créditos). Se dedicarán a la exposición panorámica de los contenidos de la materia, tras la lectura obligada de los puntos específicos de la *Guía* y de la bibliografía que se le indique, con una metodología de enseñanza-aprendizaje basada en la lección magistral, la resolución de dudas y el debate y/u otras estrategias didácticas, como el aprendizaje cooperativo (AC) o el aprendizaje basado en proyectos (PBL), con el objetivo de cubrir principalmente las competencias conceptuales. En el caso de AC y PBL, el elemento vertebrador de la materia no serán sus contenidos, sino el trabajo individual y grupal en torno a casos y proyectos.

Con la *lectura previa* de los contenidos que se van a tratar en la clase se evita el problema de la falta de reflexión por parte del alumno mientras se dedica a la toma de apuntes. Al contar con estos apuntes ya plasmados en la propia *Guía* que presentamos, el alumno aprovechará las sesiones teóricas para la mejor comprensión del tema y para la resolución de las dudas que tuviere tras la lectura realizada con anterioridad a la exposición general.

Las sesiones teóricas comienzan con una introducción en la que se presentan brevemente los objetivos específicos cognoscitivos que se pretenden alcanzar, los contenidos que se van a tratar, así como un breve comentario sobre nociones ya vistas en clases anteriores y que tengan incidencia en los puntos que se van a desarrollar. A continuación, se hará una *exposición panorámica* de los puntos correspondientes, haciendo uso de los medios audiovisuales adecuados, principalmente el retroproyector, y se responderán a las dudas que presenten los alumnos. Se tratarán los elementos importantes, de forma que el alumno pueda discernir lo relevante de los aspectos secundarios. Finalmente, las nociones introducidas serán resumidas y se elaborarán las conclusiones pertinentes.

Utilizaremos en estas sesiones las *transparencias* como material de apoyo. Puesto que el alumno ya tiene los apuntes resumidos en la propia *Guía*, es un medio de acelerar el ritmo de la clase sin que ello vaya en detrimento de la eficiencia del aprendizaje.

Se facilitará la *resolución de dudas* en clase mediante las preguntas directas al profesor. Ocurre en muchos casos que las dudas son compartidas por una proporción alta de alumnos y que a veces el alumno tiene una dificultad para expresarlas utilizando técnicamente el lenguaje de manera adecuada. Para solventarlo, en la propia *Guía* el alumno deberá anotar las dudas que le van surgiendo tras la lectura de los distintos puntos del tema y, después, la resolución de las mismas tras su pregunta en clase. Al realizarse de esta manera, los alumnos que tuviesen la misma duda la habrán solventado también. Este proceso le servirá tanto para la mejor compresión de la materia como para la preparación de la prueba final.

En estas sesiones se comentarán, además, los errores más comunes que se cometen al estudiar las nociones de la asignatura y se propondrán las actividades que el alumno debe realizar en las horas no presenciales para preparar las sesiones prácticas.

• **Sesiones prácticas**, con todo el grupo de estudiantes o con grupos reducidos: 30 h. (1,2 créditos). Las actividades prácticas propuestas para cada módulo (destinadas a adquirir o profundizar en las competencias procedimentales y actitudinales) se centrarán en una serie de actividades relativas a la aplicación práctica de los contenidos teóricos trabajados en clase. Su objetivo será reforzar y aplicar las nociones básicas estudiadas, fomentando la capacidad de análisis y síntesis.

Dichas actividades podrán ser las siguientes:

– Confección de una reseña de uno de los libros de la bibliografía de la asignatura indicada a tal efecto, con el fin de favorecer la reflexión sobre alguno de los contenidos de la materia, así como el progreso en el dominio del discurso académico.

– Confección de un fichero bibliográfico y temático sobre las lecturas realizadas durante el curso.

– Realización de cuadros sinópticos o esquemas en los que aparezcan las principales divisiones y ramas de la Lingüística, las principales aportaciones relativas al estudio del lenguaje a lo largo de la historia, etc.

– Análisis y debates sobre algunos de los tópicos y creencias erróneas más comunes sobre la Lingüística y su objeto de estudio, su estatuto como ámbito del saber, etc. con el fin de conocer realmente la disciplina.

– Comentario de diversos textos sobre el lenguaje, las lenguas y la Lingüística.

– Visionado de vídeos con reportajes sobre el lenguaje y posterior redacción de un breve comentario con la valoración personal del mismo: aspectos de mayor interés o novedad, utilidad de cara a la asignatura, etc.

– Búsqueda de documentos escritos o visuales que ejemplifiquen aspectos estudiados a lo largo de la asignatura y posterior análisis de los mismos.

– Realización de ejercicios que conlleven la aplicación práctica de los contendidos así como el uso correcto de la terminología específica de la Lingüística de manera tanto escrita como oral.

– Diseño y resolución de un proyecto a partir de una 'pregunta motriz' de carácter lingüístico.

– Actividades de autoevaluación de los conocimientos mínimos exigidos para superar la materia.

2/ Las 90 horas de *trabajo personal no presencial (3,6 créditos)*, se reparten del siguiente modo:

• **Estudio personal de cada tema**, 36 horas. El alumno deberá leer previamente a su explicación en las sesiones teóricas los contenidos que se van a tratar en cada una de ellas, anotando en la *Guía* las dudas que le van surgiendo. A continuación deberá realizar un estudio comprehensivo, una vez resueltas. Finalmente el proceso de autoevaluación al final de cada tema le ayudará a un estudio final de asimilación general.

• **Realización de ejercicios teóricos y prácticos fuera del horario de cada tema**, 30 horas. En ellas, el alumno deberá realizar las *cuestiones* y *comentario de textos* que se le proponen en la *Guía* antes de su revisión en la sesiones prácticas.

Como orientación para el análisis crítico de textos sugerimos el presente modelo:

1. Breve noticia sobre el autor del texto.
2. Determinación de la problemática del texto, señalando su unidad específica y la formulación teórica en la que se ubica la misma.
3. Establecimiento de la estructura que presenta el texto; esto es, división en partes temáticas.
4. Exposición de la tesis que defiende el autor sobre la problemática planteada, señalando:
    4.1. La filosofía espontánea que afecta a su propuesta.
    4.2. Las ideas principales y secundarias del texto.

5. Precisión como conclusión de la respuesta que se pueda dar a la problemática planteada.

6. Valoración del texto en su conjunto a partir de una breve opinión personal.

• **Tutorías no presenciales**, en las que, tras el trabajo autónomo del alumno, ya sea individual o en grupo, el profesor podrá comprobar el seguimiento del proceso de enseñanza y aprendizaje, y orientar las prácticas y el estudio de la materia, atendiendo las dudas y consultas tanto de los créditos teóricos como de los prácticos de cada tema. 4 horas por 6 temas 24 horas. En caso de que el alumno no haya resuelto sus dudas en las sesiones presenciales, podrá optar por pasar por el despacho del profesor en las horas indicadas para cada tema, ponerse en contacto con el/ella a través del campus virtual en las fechas previstas para cada tema o emplear estas horas en un ejercicio de autorresolución de dudas consultando los materiales disponibles.

Por tanto, además de las tutorías individualizadas, el alumno dispondrá de tutorías grupales (en las fechas que se indican en el cronograma detallado de todos los temas de la *Guía*) para la resolución de las dudas correspondientes a los puntos específicos de cada tema.

ACTIVIDAD DOCENTE	METODOLOGÍA	HORAS PRESEN-CIALES	HORAS NO PRESEN-CIALES
Clase de teoría (T)	Clases teóricas en las que se trabajan los contenidos conceptuales, con una metodología de enseñanza-aprendizaje basada en la lección magistral/participativa, la resolución de dudas, el debate, el aprendizaje cooperativo y/o aprendizaje basado en proyectos.	30	
Clase de problemas (P)	Clases prácticas centradas en la resolución de problemas o casos, desarrolladas con una metodología de aprendizaje basada, según proceda, en la resolución de problemas, el estudio de casos, el análisis crítico de textos, las exposiciones discentes de trabajos individuales o grupales, los debates mediante trabajo individual y colaborativo, etc.	30	
Estudio independiente del alumno	Trabajo con bibliografía y materiales de clase.		36

Trabajo autónomo, individual o en grupo	Realización de ejercicios y actividades teóricas y prácticas.		30
Tutorías	Seguimiento del trabajo del estudiante respondiendo a sus consultas y dudas tanto de los contenidos teóricos de la asignatura como de las actividades prácticas.		24
Total volumen de trabajo			150 HORAS

6. CRONOGRAMA GENERAL.

LINGÜÍSTICA I			CRONOGRAMA ORIENTATIVO DE LA ASIGNATURA														
			Horas presenciales									Horas no presenciales					
Semana	Unidad didáctica/tema	Objetivos	Clases teóricas	Prácticas de problemas	Seminarios	Prácticas ordenador	Prácticas-salidas de campo	Prácticas de laboratorio	Pruebas de evaluación	Otras actividades	TOTAL PRESENCIAL	Trabajo individual	Trabajo cooperativo	Estudio y elaboración de materiales	Otras actividades (Tutorías, etc).	TOTAL NO PRESENCIAL
1	1	1,2,3	2	2							4		2	2		4
2	1	1,2,3	2	2							4	2		2	2	4
3	1	1,2,3	2	2							4	2		3	2	5
4	2	4	2	2							4		2	2		4
5	2	4	2	2							4	2		2	2	4
6	2	4	2	2							4	2		3	2	5
7	3	5	2	2							4		2	2	2	4
8	3	5	2	2							4	2		3	2	5
9	4	6	2	2							4		2	2		4
10	4	6	2	2							4	2		2	2	4
11	4	6	2	2							4	2		3	2	5
12	5	7	2	2							4		2	2	2	4
13	5	7	2	2							4	2		3	2	5
14	6	8	2	2							4		2	2	2	4
15	6	8	2	2							4	2		3	2	5
TOTAL HORAS			30	30							60	18	12	36	24	90
TOTAL VOLUMEN TRABAJO DEL ESTUDIANTE													150			

7. BIBLIOGRAFÍA GENERAL.

AA.VV. (1999): *Manual de Lingüística*, Xerais, Vigo.

AA. VV. (1983): *Introducción a la Lingüística*, Alhambra Universidad, Madrid.

ABAD, F. & GARCÍA BERRIO, A. (1977): *Introducción a la Lingüística*, Alhambra, Madrid.

AKMAJIAN, A. *et alii* (1984): *Lingüística: una introducción al lenguaje y a la comunicación*, Alianza Universidad, Madrid.

ALONSO CORTÉS, A. & PINTO, A. (1994): *Ejercicios de Lingüística*, Universidad Complutense, Madrid.

ALVAR, M. (dir.) (2000): *Introducción a la Lingüística española*, Ariel, Barcelona.

ARENS, H. (1975): *La Lingüística*, Gredos, Madrid.

ATKINSON, M., KILBY, D. & ROCA, I. (1982): *Foundations of General Linguistics*, G. Allen, Londres.

BENVENISTE, E. (1974): *Problemas de Lingüística General*, Siglo XXI, México.

BLOOMFIELD, L. (1976): *Language*, Allen y Unwin, Londres.

CASADO VELARDE, M. (1988): *Lenguaje y cultura*, Síntesis, Madrid, 1988.

CATALÁN, D. (1967): *La lengua de lingüística española y concepción del lenguaje*, Gredos, Madrid.

CERDÁ, R. (1979): *Lingüística hoy*, Teide, Barcelona.

CHAO, Y. R. (1975): *Introducción a la Lingüística*, Cátedra, Madrid.

CHOMSKY, N. (1970): *Aspectos de la teoría de la sintaxis*, Aguilar, Madrid.

CHOMSKY, N. (1974): *Estructuras sintácticas*, Siglo XXI, México.

CHOMSKY, N. (1975): *Lingüística cartesiana*, Gredos, Madrid.

CLARK, H. (1996): *Using language*, Cambridge University Press, Cambridge.

COLLADO, J. A. (1973): *Historia de la Lingüística*, Gredos, Madrid.

COLLADO, J. A. (1978): *Fundamentos de Lingüística general*, Gredos, Madrid.

COSERIU, E. (1967): *Teoría del lenguaje y Lingüística general*, Gredos, Madrid.

COSERIU, E. (1973): *Tradición y novedad de la ciencia del lenguaje*, Gredos, Madrid.

COSERIU, E. (1981): *Lecciones de Lingüística general*, Gredos, Madrid.

COSERIU, E. (1986): *Introducción a la Lingüística*, Gredos, Madrid.

CRANE, L., YEAGER, E. & WHITMAN, R. (1981): *An Introduction to Linguistics*, Brown, Boston.

FERNÁNDEZ PÉREZ, M. (1999): *Introducción a la Lingüística*, Ariel, Barcelona.

FINCH, G. (1998): *How to study Linguistics*, Macmillan, London.

FINCH, G. (2000): *Linguistic terms and concepts*, Series How to Study, Macmillan Press, London.

GARCÍA BERRIO, A. (1977): *La Lingüística moderna*, Planeta, Barcelona.

GLEASON, H. A. (1975): *Introducción a la Lingüística descriptiva*, Gredos, Madrid.

GRACIA, F. (1972): *Presentación del lenguaje*, Taurus, Madrid.

HEESCHEN, C. (1975): *Cuestiones fundamentales de Lingüística*, Gredos, Madrid.

HEILMANN, L. (1983): *Linguistica e Umanesimo*, Il Mulino, Bolonia.

HJELMSLEV, L. (1969): *Prolegómenos a una teoría del lenguaje,* Gredos, Madrid.

HJELMSLEV, L. (1972): *Ensayos lingüísticos*, Gredos, Madrid.

HOCKETT, H. F. (1972): *Curso de Lingüística moderna*, Eudeba, Buenos Aires.

JAKOBSON, R. (1975): *Ensayos de Lingüística general,* Seix Barral, Barcelona.

JIMÉNEZ RUIZ, J. L. (2000): *Epistemología del lenguaje*, Universidad de Alicante, Alicante.

JIMÉNEZ RUIZ, J. L. (2001): *Iniciación a la Lingüística*, Club Universitario, Alicante.

JIMÉNEZ RUIZ, J. L. (2007): *Metodología de la investigación lingüística*, Universidad de Alicante, Alicante.

KURYLOWICZ, J. (1973): *Esquisse Linguistiques*, Wilhem Fink, Munich.

LAMÍQUIZ, V. (1975): *Lingüística española*, PUS, Sevilla.

LAMÍQUIZ, V. (1987): *Lengua española. Métodos y estructuras lingüísticas*, Ariel, Barcelona.

LÁZARO CARRETER, F. (1980): *Estudios de Lingüística,* Crítica, Barcelona.

LEPSCHY, G. (1971): *La Lingüística estructural,* Anagrama, Barcelona.

LEROY, M. (1974): *Las grandes corrientes de la Lingüística*, F.C.E., México.

LLORENTE MALDONADO, A. (1967): *Teoría de la lengua e historia de la Lingüística*, Alcalá, Madrid.

LOPE BLANCH, J. M. (1990): *Estudios de historia lingüística hispánica*, Arco/Libros, Madrid.

LÓPEZ GARCÍA, A. *et alii* (1990): *Lingüística General y Aplicada*, Universidad de Valencia, Valencia.

LÓPEZ MORALES, H. (ed.) (1983): *Introducción a la Lingüística actual,* Playor, Madrid.

LYONS, J. (1975): *Nuevos horizontes de la Lingüística*, Alianza, Madrid.

LYONS, J. (1981): *Introducción en la Lingüística teórica*, Teide, Barcelona.

LYONS, J. (1993): *Introducción al lenguaje y a la Lingüística*, Teide, Barcelona.

MALMBERG, B. (1966): *La lengua y el hombre*, Istmo, Madrid.

MALMBERG, B. (1970): *Los nuevos caminos de la Lingüística*, Siglo XXI, México.

MANOLIU, M. (1977): *El estructuralismo lingüístico*, Cátedra, Madrid.

MANTECA, A. (1987): *Lingüística General*, Cátedra, Madrid.

MARCOS MARÍN, F. (1975): *Lingüística y lengua española: introducción, historia y métodos*, Cincel, Madrid.

MARCOS MARÍN, F. (1990): *Introducción a la Lingüística. Historia y modelo*, Síntesis, Madrid.

MARCOS MARÍN, R. & SÁNCHEZ LOBATO, J. (1991): *Lingüística aplicada*, Síntesis, Madrid.

MARSÁ, F. (2001): *Nuevos modelos para ejercicio lingüístico*, Ariel, Barcelona.

MARTÍN VIDE, C. (ed.) (1996): *Elementos de Lingüística*, Octaedro, Barcelona.

MARTINET, A. (1965): *Elementos de Lingüística general*, Gredos, Madrid.

MARTINET, A. (1971): *La Lingüística sincrónica*, Gredos, Madrid.

MARTINET, A. (1972): *La Lingüística*, Anagrama, Barcelona, 1972.

MARTÍNEZ CELDRÁN, E. (1995): *Bases para el estudio del lenguaje*, Octaedro, Barcelona.

MEILLET, A. (1921): *Linguistique Historique et Linguistique Générale*, Société Linguistique de París, París.

MORENO CABRERA, J. C. (1991, 1995): *Curso universitario de Lingüística general I, II,* Síntesis, Madrid.

MOUNIN, G. (1969): *Claves para la Lingüística*, Anagrama, Barcelona.

MOUNIN, G. (1976): *La Lingüística en el siglo xx*, Gredos, Madrid.

MOUNIN, G. (1983): *Historia de la Lingüística*, Gredos, Madrid, 1983.

MOURELLE DE LEMA, M. (1977): *Historia y principios fundamentales de la Lingüística*, Prensa Española, Madrid.

NEWMEYER, F. (comp.) (1988): *Panorama de la Lingüística moderna de la Universidad de Cambridge I. Teoría lingüística: Fundamentos*, Visor, Madrid.

O'GRADY, W., DOBROVOLSKY, M. & KATAMBA, F. (1997): *Contemporary Linguistics. An Introduction*, Longman, Londres.

PALMER, L. R. (1975): *Introducción crítica a la Lingüística descriptiva y comparada*, Gredos, Madrid.

PEDRETTI DE BOLÓN, A. (1978): *Antigua y nueva gramática*, Panel editores, Uruguay.

PORZIG, W. (1974): *El mundo maravilloso del lenguaje*, Gredos, Madrid.

POTTIER, B. (1968): *Lingüística moderna y filología hispánica*, Gredos, Madrid.

POTTIER, B. (1968): *Presentación de la Lingüística*, Alcalá, Madrid.

POTTIER, B. (1977): *Lingüística general*, Gredos, Madrid.

PRIETO, L. J. (1977): *Estudios de Lingüística y semiología generales*, Nueva Imagen, México.

ROBINS, R. H. (1964): *Lingüística general*, Gredos, Madrid.

ROBINS, R. H. (1980): *Breve historia de la Lingüística*, Paraninfo, Madrid.

RODRÍGUEZ ADRADOS, F. (1969): *Estudios de Lingüística general,* Planeta, Barcelona.

RODRÍGUEZ ADRADOS, F. (1969): *Lingüística estructural*, Gredos, Madrid.

RODRÍGUEZ ADRADOS, F. (1988): *Nuevos estudios de Lingüística general y de teoría literaria*, Ariel, Barcelona.

SABIN, A. & URRUTIA, J. (1974): *Semiología y Lingüística General,* Alcalá, Madrid.

SALAZAR GARCÍA, V. (1998): *Léxico y teoría gramatical en la Lingüística del siglo xx*, Sabir ediciones, Barcelona.

SANTERRE, R. (1969): *Introducción al estructuralismo*, Nueva Visión, Buenos Aires.

SAPIR, E. (1974): *El lenguaje*, F.C.E., México.

SAUSSURE, F. de (1945): *Curso de Lingüística general*, Losada, Buenos Aires.

SIMONE, R. (1993): *Fundamentos de Lingüística,* Ariel, Barcelona.

SMITH, N. & WILSON, D. (1983): *Lingüística moderna*, Anagrama Barcelona.

TODOROV, T. (1969): *Introducción al estructuralismo*, Nueva Visión, Buenos Aires.

TRASK, L. (1998): *Language: the basics*, Routledge, Londres.

TUSÓN, J. (1984): *Lingüística. Una introducción al estudio del lenguaje con textos comentados y ejercicios*, Barcanova, Barcelona.

VERA LUJÁN, A. & GARCÍA BERRIO, A. (1977): *Fundamentos de teoría lingüística*, Comunicación, Madrid.

WANDRUSZKA, M. (1980): *Interlingüística. Esbozo para una nueva ciencia del lenguaje*, Gredos, Madrid.

WARDHAUGH, R. (1993): *Investigating Language. Central problems in linguistics*, Blackwell, Oxford.

WIDDOWSON, H. G. (1996): *Linguistics*, Oxford University Press, Oxford.

YLLERA, A. *et alii* (1983): *Introducción a la Lingüística,* Alhambra, Madrid.

8. EVALUACIÓN.

La evaluación merece ser destacada especialmente. El curso cuenta con una *prueba presencial final* y un *trabajo teórico práctico continuo* que determinarán la nota de la asignatura *Lingüística general I*.
Veamos cada elemento:

1/ La *prueba presencial final* versará sobre los temas del primer y segundo módulo temático y se realizará en la fecha que determine el calendario oficial de exámenes.

El contenido de la prueba se centra en la *información comprendida y recordada*, siendo la básica, esencial, y exigible la trabajada en las clases así como la contenida en la bibliografía que se recomiende para cada tema.

2/ El *trabajo teórico práctico continuo* consistirá en la complementación de todos los ítems que se le requiere en la *Guía docente* (*esquema del tema*, *dudas y su resolución*, *cuestiones*, *comentario de textos* y *autoevaluación*). Todo ello permitirá al alumno la adquisición de las competencias procedimentales y actitudinales propuestas para el presente curso.

Por tanto, la evaluación del aprendizaje de los alumnos en relación con los objetivos de la asignatura de *Lingüística general I* se realizará de manera continuada a lo largo del curso y mediante un examen final. Los porcentajes de evaluación serán los siguientes:

• El 50% de la calificación final corresponde al examen en el que se valorará la consecución de las competencias conceptuales.

• El 40%, corresponde a las actividades teórico prácticas anteriormente descritas, mediante las que se juzgarán las competencias procedimentales y actitudinales.

• Y el 10% restante, se valorará teniendo en cuenta la asistencia, la atención y participación en clase, así como el seguimiento de los debates y actividades ya sea en clase o a través del campus virtual, lo cual permitirá evaluar también las competencias actitudinales.

EVALUACIÓN		DESCRIPCIÓN CRITERIOS	PORCENTAJE
Evaluación continua	Pruebas escritas/orales y cumplimentación de la Guía docente	5,6,7,8,9	40%
	Asistencia, atención y participación en clase	10	10%
Prueba final		1,2,3,4	50%

El estudio de la asignatura no es un mero *conocer* hechos o datos, sino que implica *comprensión, aplicación* y *valoración*, así como la *síntesis personal*, fruto del estudio reflexivo. La preparación, por tanto, de las pruebas debe realizarse teniendo en cuenta los criterios e instrumentos que se indican a continuación, entre los que el profesor podrá optar en cada momento por aquellos que considere más adecuados.

INSTRUMENTOS DE EVALUACIÓN	CRITERIOS DE EVALUACIÓN	OBJETIVOS EVALUADOS	PORCENTAJE
1. Realización de cuadros sinópticos o esquemas para la organización de los contenidos globales correspondientes al tema que se le requiera.	Con este ejercicio se pretende apreciar la capacidad de sintetizar, ordenar y estructurar una información de cierta amplitud	Conceptuales Todos las descritos en el apartado 3. sobre Objetivos/ resultados de aprendizaje en relación a las competencias de la titulación; a saber: 1,2,3,4,5,6,7,8.	50%
2. Desarrollo de los contenidos que se le propongan al alumno a través de la formulación de preguntas específicas que serán respondidas de manera breve o más amplia, según se le indique.	Las claves de valoración de este ejercicio residen además de en los aspectos materiales, tales como la presentación, corrección ortográfica, y la calidad en la expresión, en el nivel de información, la estructuración personal, la documentación científica en que se basa, el dominio y precisión en el uso técnico del lenguaje, y la calidad en la argumentación.		

3. Tema o prueba de ensayo, que debe presentar una estructura clara y, en la medida de lo posible, seguir el esquema siguiente: Introducción: * Requiere definir y delimitar el ámbito del tema propuesto desde una perspectiva sistemática como histórica o comparativa, insertándolo dentro de su contexto temático. * Destacar los aspectos esenciales de la cuestión propuesta señalando los puntos principales sobre los que giran su problemática. * Exponer el plan de trabajo que se va a seguir en el desarrollo y su lógica interna elaborando un esquema. Desarrollo: * Debe seguirse el plan de trabajo expuesto en la introducción y no otro. El desarrollo puede ser sincrónico, diacrónico, teórico, metodológico, etc. * Sería el momento de incluir gráficos y ejemplos si el tema así lo requiere. Conclusiones: * Tiene que ofrecer una respuesta clara (una o varias, obviamente) a la problemática que el tema plantea. * Según el nivel de objetivación que el tema requiera, el alumno podrá o no introducir sus propias conceptualizaciones y reflexiones sobre el mismo. Bibliografía: * Para terminar, el alumno deberá reflejar la relación de textos a los que se ha hecho referencia a lo largo del tema y que le han servido para su preparación. * También podrá citarse el resto de los trabajos conocidos relativos a dicho tema.	Las claves de valoración de esta prueba residen además de en los aspectos materiales, tales como la presentación, corrección ortográfica, y la calidad en la expresión, en el nivel de información, la estructuración personal, la documentación científica en que se basa, el dominio y precisión en el uso técnico del lenguaje, y la calidad en la argumentación.		

4. Glosario terminológico. En este ejercicio, el alumno deberá definir las nociones que se le planteen, indicar las nociones que se correspondan con las definiciones propuestas o relacionar definiciones con nociones.	La claridad, precisión y brevedad de las respuestas son los criterios a tener en cuenta.		
5. Realización de una serie de actividades sugeridas, ya sean éstas, ejercicios prácticos, cuestiones breves o pruebas objetivas, del mismo tipo de las planteadas en el apartado de actividades.	En el caso de los ejercicios, se toman en consideración tanto la corrección del planteamiento inicial y su justificación, como la correcta elaboración. En el de las cuestiones, la claridad, conocimiento, y dominio en el uso técnico del lenguaje serán los criterios de valoración. Y, finalmente, en el de las pruebas objetivas, la elección de la respuesta correcta entre varias alternativas.	Procedimentales y actitudinales. Todos los descritos en el apartado 3 sobre Objetivos/resultados de aprendizaje en relación a las competencias de la titulación; a saber, 9,10,11,12, 13,14,15,16,17.	40%
6. Realización de una serie de comentarios de texto lingüísticos a partir de las lecturas recomendadas. Aquí el alumno pondrá de relieve la lectura y conocimiento de los textos señalados, analizando críticamente los textos que se le presenten, contestando a las preguntas que se le formulen sobre los mismos, o identificando sus autorías con la consiguiente justificación.	Para los comentarios, se valorará la capacidad de análisis y crítica, el conocimiento sobre los temas planteados, la correcta identificación de autores o épocas y la capacidad para articular una valoración personal.		

7. Redacción de una reseña, atendiendo al siguiente esquema: * Referencia bibliográfica completa de la obra. * Breve información sobre el autor. * Presentación de la obra. * Descripción del esquema del libro. * Resumen del contenido. * Descripción de los recursos utilizados. Crítica de la obra y conclusión.	Los criterios a tener en cuenta son la adecuación a la extensión máxima propuesta, por lo que ello implica de capacidad de síntesis, la corrección en la redacción, la adecuación de lo expuesto con los contenidos de la obra reseñada y la calidad de la exposición, la argumentación y la opinión personal.		
8. Confección de ficheros (temático y bibliográfico) sobre las lecturas realizadas en el curso	Con este trabajo se pretende apreciar la capacidad de sintetizar, ordenar y estructurar las lecturas realizadas durante el curso y la bibliografía general consultada.		
9. Diseño y elaboración de un proyecto a partir de una 'pregunta motriz' de carácter lingüístico. Sus objetivos son: * Integrar conocimientos y habilidades de varias áreas. * Desarrollar habilidades intelectuales de nivel alto. * Promover el aprendizaje y trabajo independientes. * Promover el trabajo en equipo. * Promover la autoevaluación.	Los principales criterios a tener en cuenta serán: * Establecer un plan detallado de trabajo. * Identificar fuentes de información. * Entrega de un primer borrador del proyecto. * Escribir un informe global. * Presentar y defender el proyecto en público.		

10. Seguimiento personalizado a través de las tutorías presenciales y no presenciales, las clases teóricas y las prácticas	Se tendrá en cuenta la asistencia, atención y participación activa en las clases y tutorías, así como la implicación personal respecto de los objetivos de la asignatura; el dominio y manejo adecuado de los aspectos teóricos de la materia y del metalenguaje especializado y profesional; el cumplimiento de los requisitos de realización (fechas, formatos, etc.) de las actividades; etc.	Actitudinales. Todos los descritos en el apartado 3. sobre Objetivos/ resultados de aprendizaje en relación a las competencias de la titulación; a saber, 13,14,15,16,17.	10%
Total			100%

– Si el(la) alumno(a) suspendiese la prueba final, pero hubiese aprobado la tareas académicas dirigidas correspondientes a la actividad continua, esta última nota se le guardará para la siguiente convocatoria dentro del mismo curso académico; en caso contrario, el(la) alumno(a) podrá recuperar esa parte, si el profesor lo aprueba, con las actividades que le proponga el profesor.

– Los alumnos que no puedan asistir a las diversas modalidades organizativas previstas de modo justificado o estén matriculados a tiempo parcial, deberán ponerse en contacto con el profesor para establecer un contrato de aprendizaje específico.

– A todos los ejercicios de la asignatura escritos en español se aplicará el *Baremo de reducción de puntuación* aprobado por el Consejo de Departamento de Filología Española, Lingüística General y Teoría de la Literatura de la Universidad de Alicante (08/07/2003); a saber, la reducción de 0,5 puntos por cada falta de tipo A y 0,25 puntos por cada falta de tipo B, de acuerdo con el siguiente detalle:

Tipo A = Falta grave	1. Se consideran faltas graves las de ortografía, excluidos los acentos; la invención de palabras no incluidas en los diccionarios normativos y de uso de la lengua española o que no se consideren como tecnicismos del área de conocimiento o campo científico en cuestión; el uso de palabras con significado distinto del que tienen, por confusión con otras; los errores que atenten contra las normas elementales de la gramática, etc.
	2. Se tendrán en cuenta a partir de la segunda falta en el primer ciclo y a partir de la primera en el segundo.
	3. Solo se computará una falta por palabra, aunque ésta contenga más de un error. Si la misma palabra apareciera erróneamente más de una vez, incluso con errores diferentes, se computaría una sola falta.
Tipo B = Falta leve	1. Se consideran faltas leves las de acentuación, puntuación, uso de mayúsculas y minúsculas, cursiva, comillas, etc.
	2. Se computará una falta por cada diez errores de estos tipos.

9. EVALUACIÓN DEL PROCESO DOCENTE.

9.1. Valoración del alumnado.

Se trata de una asignatura en la que se van a utilizar diferentes metodologías docentes y estrategias de aprendizaje. Su aplicación supone el desarrollo de un proceso de evaluación continua en la que se tendrá en cuenta la opinión y participación del alumnado, tanto individual, como colectiva; la calidad de las contribuciones y, especialmente, la motivación mostrada por el alumnado por la asignatura. Por esta razón, en el desarrollo de la misma se tendrá en cuenta las reacciones del alumnado, las sugerencias que puedan ir realizando en la mejora del proceso docente, en las dificultades que puedan ir encontrando en su proceso de aprendizaje y en la evaluación de los aprendizajes.

Es obvio que la opinión de los alumnos resulta fundamental para evaluar el proceso docente, pues su perspectiva es insustituible. Su valoración por lo que respecta a la metodología y actuación del profesor, los contenidos de la asignatura y su adecuación tanto a los objetivos de la misma como a los del Grado, las actividades prácticas propuestas, los métodos de evaluación, etc. ayudan a ir perfilando año a año el programa de la materia en un sentido más amplio. En el caso del PBL, esta evaluación se realizará también mediante Cuestionarios de Incidencias Críticas (CUICs) a lo largo de la enseñanza de la materia.

La cuestión es cómo obtener esa información de una manera fidedigna. Un modo, por supuesto, es la propia encuesta que el ICE realiza desde hace años a los alumnos sobre estos temas, muy completa y detallada, que ofrece al profesor la ventaja de no tener que preocuparse de elaborarla ni de pasarla y cuyos resultados, en forma también de gráficas fácilmente interpretables, le son remitidos a través del campus virtual al final de cada curso académico. El único inconveniente es que ésta es una evaluación que se realiza al final del curso y cuyas conclusiones solo pueden ser aplicadas en el curso siguiente, con otro grupo que tal vez tenga otras características. Otro modo de ir haciendo un seguimiento de la marcha del curso, más personal y por ello también quizá más subjetivo, pero también tradicionalmente utilizado, es simplemente ir chequeando la opinión de los alumnos respecto a todas estas cuestiones, de modo que se tenga tiempo durante el propio curso para realizar alguna modificación que sea pertinente.

9.2. Valoración del profesorado y decisiones de cambio.

Para valorar el proceso docente y del profesorado se tiene previsto la realización de encuestas orales y escritas al alumnado. También se tendrán en cuenta las opiniones de otros profesores del departamento sobre posibles mejoras en aquellos aspectos en los que se observen problemas y carencias.

En el caso de observar situaciones que generen problemas que afecten al conjunto o a buena parte del alumnado, se decidirá realizar cambios consensuados que sirvan para corregir y mejorar la situación, siempre en beneficio del proceso de aprendizaje de los estudiantes.

Además de la opinión de los alumnos, la del propio profesor resulta también, como es lógico, crucial. Los instrumentos que puede usar el docente para autoevaluarse y evaluar también la marcha del curso son diversos: grabaciones de las clases, redacción de diarios de enseñanza, responder a cuestionarios para el profesor como los que hace tiempo proporcionó también el ICE, y, sobre todo, la observación crítica de hechos absolutamente objetivos como el número de alumnos no presentados teniendo en cuenta la cantidad de matriculados y el índice de suspensos y aprobados de entre los presentados. Estas cifras pueden ofrecer información muy valiosa para reflexionar desde la perspectiva del docente sobre qué es posible o debe cambiarse. Y ello, unido a la valoración de los propios alumnos, sin duda ofrecerá argumentos para mantener o modificar los aspectos del programa que contribuyan a mejorarlo en posteriores convocatorias.

MÓDULO I

FUNDAMENTOS TEÓRICOS Y METODOLÓGICOS.

A. Cronograma.

Semana 1

Actividad docente	Horas presenciales		Horas no presenciales		
	Teó-ricas	Prác-ticas	Estu-dio	Ejer-cicios	Tuto-rías
1. Lectura de los puntos 1 y 2 del tema y anotación de dudas			1		
2. Exposición panorámica de los puntos 1 y 2 y resolución de dudas	2				
3. Realización de actividades teóricas y prácticas 1, 2, 3 y 4 y texto 1				2	
4. Estudio de los contenidos y nociones de los puntos 1 y 2			1		
5. Sesión práctica sobre los contenidos y actividades realizadas		2			

Semana 2

Actividad docente	Horas presenciales		Horas no presenciales		
	Teó-ricas	Prác-ticas	Estu-dio	Ejer-cicios	Tuto-rías
1. Lectura de los puntos 3 y 4 del tema y anotación de dudas			1		
2. Exposición panorámica de los puntos 3 y 4 y resolución de dudas	2				
3. Realización de actividades teóricas y prácticas 5, 6, 7 y 8 y texto 2				2	
4. Estudio de los contenidos y nociones de los puntos 3 y 4			1		
5. Sesión práctica sobre los contenidos y actividades realizadas		2			
6. Tutorías grupales o autorresolución de dudas					2

Semana 3

Actividad docente	Horas presenciales		Horas no presenciales		
	Teóricas	Prácticas	Estudio	Ejercicios	Tutorías
1. Lectura de los puntos 5, 6 y 7 del tema y anotación de dudas			1		
2. Exposición panorámica de los puntos 5, 6 y 7 y resolución de dudas	2				
3. Realización de actividades teóricas y prácticas 9 y 10, texto 3 y lecturas recomendadas				2	
4. Estudio de los contenidos y nociones de los puntos 5, 6 y 7			1		
5. Sesión práctica sobre los contenidos y actividades realizadas		2			
6. Proceso de autoevaluación			1		
7. Tutorías grupales o autorresolución de dudas					2
Total volumen de trabajo del tema en las tres semanas	6	6	7	6	4
	12		17		

B. Objetivos.

1. Conocer la noción de Lingüística y su objeto de estudio desde un enfoque tanto teórico como empírico.

2. Entender la distinción entre orientaciones y vías que posee la Lingüística para acercarse a su objeto de estudio.

3. Valorar el panorama disciplinario actual de las distintas corrientes lingüísticas a partir de la relación de la Lingüística con otras ciencias.

4. Conocer las consecuencias del cambio del sistema de valores producido a finales del siglo XIX y sus repercusiones en el ámbito de la Lingüística.

5. Entender las particularidades de la disciplina lingüística atendiendo a su estatuto científico.

6. Entender los principales objetivos que pretende conseguir la investigación lingüística en su doble planteamiento teórico y taxonómico.

7. Conocer los principios fundamentales de la Lingüística moderna.

8. Conocer las principales divisiones y ramas de la Lingüística.

9. Entender la organización tanto teórica como conceptual de los capítulos que componen el presente libro.

C. Palabras clave.

- Lingüística general.
- Enfoque teórico.
- Lenguaje.
- Lingüística teórica.
- Lingüística interna.
- Teoría del lenguaje.
- Epistemología.
- Ruptura epistemológica.
- Elementos intracientíficos.
- Inmanencia.
- Objeto.
- Teoría.
- Método.
- Coherencia.
- Exhaustividad.
- Concepción teórica.
- Principio de oposición.
- Principio de sistematicidad.
- Divisiones lingüísticas.

- Lingüística particular.
- Enfoque empírico.
- Lengua.
- Lingüística aplicada.
- Lingüística externa.
- Teoría de la lengua.
- Tipología.
- Linealidad.
- Elementos extracientíficos.
- Trascendencia.
- Datos.
- Modelo.
- Técnica.
- Economía.
- Mutación conceptual.
- Concepción taxonómica.
- Principio de funcionalidad.
- Principio de neutralización.
- Ramas lingüísticas.

D. Organización de los contenidos.

1. Definición y enfoques. Orientaciones, concreciones y vías de la Lingüística.
    1.1. Definición y enfoques.
    1.2. Orientaciones y concreciones.
    1.3. Vías de la Lingüística.
2. La Lingüística en el conjunto de las ciencias: su relación con ellas.
    2.1. Con la Filosofía.
    2.2. Con la Lógica.
    2.3. Con la Psicología.
    2.4. Con la Historia.
    2.5. Con la Sociología.

2.6. Con la Filología.

2.7. Con otras disciplinas.

3. Fundamentos de la Lingüística como campo del saber.

   3.1. El proceso de ruptura.

   3.2. Los elementos intracientíficos.

   3.3. El saber científico.

   3.4. La Lingüística y la ciencia.

4. Objetivos y metodología de la investigación lingüística.

   4.1. Concepción taxonómica de la ciencia lingüística.

   4.2. Concepción teórica de la ciencia lingüística.

5. Principios de la Lingüística moderna.

   5.1. Principio de funcionalidad.

   5.2. Principio de oposición.

   5.3. Principio de sistematicidad.

   5.4. Principio de neutralización.

6. Divisiones y ramas de la Lingüística.

   6.1. Lingüística interna y externa.

   6.2. Lingüística pura y externa.

   6.3. Divisiones y ramas de la Lingüística.

7. Organización del estudio del lenguaje y las lenguas en la asignatura de Lingüística.

Una vez que haya estudiado el tema y con el fin de que alcance una visión panorámica del mismo que le ayude a *sintetizar, ordenar* y *estructurar* una información de cierta amplitud y a preparar una posible prueba de examen, realice un **cuadro sinóptico o esquema** en el que, partiendo de la estructuración propuesta anteriormente, organice de manera resumida los contenidos fundamentales del tema. Utilice para ello únicamente el espacio que se le propone.

E. Desarrollo de los contenidos.

1. Definición y enfoques. Orientaciones, concreciones y vías de la Lingüística.

1.1. Definición y enfoques.

Cualquier disciplina que se pretenda mínimamente organizada debe partir de una definición de su objeto de estudio para, a partir de éste, plantear las hipótesis necesarias para la definición de su campo teórico. Por ello, vamos a comenzar nuestro estudio lingüístico interrogándonos sobre el objeto de nuestra disciplina.

Podemos decir que la *Lingüística* es la disciplina que estudia el lenguaje natural humano como parte universal y considerado como fundamento de la propia esencia del hombre. Por tanto, el lenguaje es nuestro objeto de estudio. Sin embargo, puesto que la capacidad de comunicación que constituye el lenguaje se concreta en las lenguas particulares, debemos añadir que la Lingüística estudia además las lenguas.

La razón viene dada porque el lenguaje, como una entidad general, no es directamente observable por los sentidos; por ello, debe vincularse a unas realidades particulares llamadas lenguas, que están relacionadas históricamente con las comunidades de habla y que evolucionan a lo largo de la historia.

Así pues, la Lingüística debe estudiar el lenguaje y, puesto que éste no es directamente observable, la lengua para poder llegar a él; pero ¿qué lengua debemos estudiar para conseguir nuestro objetivo?, ¿la española, la inglesa, la francesa, etc.?, ¿es suficiente con estudiar una sola lengua?, ¿debemos, por el contrario, estudiar varias lenguas y realizar un análisis comparativo? Estas interrogantes son las que han posibilitado el establecimiento de dos grandes campos disciplinarios: el de la *Lingüística general* y el de la *Lingüística particular*.

Pasemos a ver las principales diferencias entre estos dos campos. Y vamos a hacerlo analizando los dos términos que constituyen el sintagma. Obviamente, el primer término —al ser el mismo en los dos campos: *Lingüística*— no supone ningún problema: tanto la *Lingüística general* como la *particular* tendrán por objeto de estudio el *lenguaje*.

Es, por tanto, en el segundo miembro del sintagma —general/particular— en el que se encuentra la diferencia. Como veremos a lo largo de las páginas de este libro, es muy frecuente la falta de unanimidad entre los lingüistas a la hora de analizar un fenómeno de nuestro ámbito disciplinario. Y en este caso no iba a ser menos. El término *general* ha sido interpretado de forma muy diversa, tomándolo en algunas ocasiones como la *totalidad* —así la Lingüística general equivaldría a la *Lingüística*— o como lo *teórico* —identificando Lingüística general con *Lingüística teórica*—.

Ninguna de las dos opciones nos parece adecuada. En su lugar vamos a seguir las propuestas de Moreno Cabrera, que explican sobre todo las distintas concepciones del término *general*, y las vamos a ampliar para diferenciarlas del término particular, y así responder a la cuestión que hemos planteado.

En este sentido, podemos establecer una doble interpretación de ambos términos:

a) *Desde un enfoque teórico*: *general* y *particular* se interpretan como abstracto o nocional y hacen referencia a los dispositivos teóricos (llamados también *gramáticas*) que los lingüistas han creado para describir o explicar las lenguas (Lingüística general) o una lengua concreta (Lingüística particular).

Estos dispositivos, basados en una serie de reglas y principios, constituyen lo que se ha venido en llamar el aspecto *glotológico* de la Lingüística, que le confiere el estatuto de Teoría de las teorías (gramáticas) sobre la lengua o las lenguas. La Lingüística (sea general o particular) es, desde un enfoque teórico, una *metateoría*.

b) *Desde un enfoque empírico*: se trata, en este caso, de una Lingüística que estudia las lenguas, ya sea en su variedad (Lingüística general) o en su especificidad (Lingüística particular). Desde este enfoque, obviamente, ya no se trata de una metateoría, sino de una teoría cuyo objeto es la lengua (o las lenguas).

Así pues, la Lingüística general estudiará en cuanto Lingüística el *lenguaje*, y en cuanto general las *lenguas*, ya sea desde un enfoque teórico o empírico.

1.2. Orientaciones y concreciones.

Como hemos visto en el apartado anterior, en la determinación de nuestro objeto de estudio está presente la dialéctica entre lenguaje (atendiendo a la definición de Lingüística) y lengua (atendiendo ahora a la concreción del segundo miembro del sintagma —general/particular—). Consecuentemente, podemos establecer dos *orientaciones* principales de la Lingüística atendiendo a esta dialéctica.

– *Externa* (considerando el término Lingüística): se concretaría en una Teoría del lenguaje natural humano.

– *Interna* (considerando en este caso la dualidad general/particular): se concretaría ahora en las siguientes teorías:

    * Enfoque teórico:

       + Teoría general de la gramática.

+ Teoría particular de la gramática.
* Enfoque empírico:
+ Teoría general de las lenguas.
+ Teoría particular de una lengua.

En un cuadro podríamos representarlo así:

	Disciplinas	Orientaciones	Concreciones			
Dialéctica entre lenguaje y lengua	Lingüística (lenguaje)	Externa	Teoría del lenguaje natural humano			
	general / particular (lengua)	Interna	Teoría general de las gramáticas	General	Enfoque teórico	E N F O Q U E S
			Teoría particular de la gramática	Particular		
			Teoría general de las lenguas	General	Enfoque empírico	
			Teoría particular de la lengua	Particular		

Fig. 1: Orientaciones y concreciones de la Lingüística

Partiendo de este cuadro, podemos precisar tanto las orientaciones como las concreciones de la Lingüística. Serían las siguientes:

– La *Lingüística externa* es una de las orientaciones de la Lingüística que, basada en la dialéctica lenguaje/lengua, se acerca al primer miembro de la misma (el lenguaje) para concretarse como una Teoría del lenguaje natural humano.

– La *Lingüística interna* es la segunda orientación de la Lingüística que, basada en la dialéctica entre lenguaje/lengua, se acerca al segundo miembro de la misma (la lengua) para concretarse desde un enfoque teórico como una Teoría de la gramática y desde un enfoque empírico como una Teoría de la lengua.

– La *Teoría general de las gramáticas* es la concreción que el enfoque teórico permite adoptar a la Lingüística general desde una orientación interna.

– La *Teoría particular de la gramática* es la concreción que el enfoque teórico permite adoptar a cada Lingüística particular desde una orientación interna.

– La *Teoría general de las lenguas* es la concreción que el enfoque empírico permite adoptar a la Lingüística general desde una orientación interna.

– La *Teoría particular de la lengua*, finalmente, es la concreción que el enfoque empírico permite adoptar a cada Lingüística particular desde una orientación interna.

Por tanto, la *Lingüística general* actualizaría la dialéctica entre lenguaje / lengua teniendo por objeto el estudio del lenguaje natural humano (en cuanto Lingüística), y el estudio de las lenguas (en cuanto general), ya sea en su enfoque glotológico (Teoría de la gramática) o en su concreción empírica (Teoría de las lenguas).

1.3. Vías de la Lingüística.

Si seguimos una vez más observando el cuadro anterior, podremos comprobar, si nos atenemos a la columna de las concreciones de la Lingüística, que éstas se pueden organizar en torno a tres grandes bloques o vías; a saber, el de la *Teoría del lenguaje*, el de la *Teoría de la lengua* y el de la *Teoría de la gramática*. Por tanto estas tres son las vías de las que dispone la Lingüística para acercarse a su objeto. Veámoslas de forma resumida:

a) *La Teoría del Lenguaje.*

El lenguaje como facultad humana es un hecho heteróclito o polimórfico (Capítulo 3), es decir, se trata de una realidad plural que no podemos percibir por los sentidos y que, por tanto, debe ser abordada de *manera idealista* desde distintos puntos de vista, entre ellos, los que vamos a adoptar para su estudio en la segunda parte del libro: el punto de vista *simbólico*, que nos permitirá acercarnos al lenguaje desde el ámbito semiótico (Capítulo 4); el punto de vista *biológico* (Capítulo 5), que nos permitirá entenderlo como fenómeno neurológico y psicológico; y, finalmente, el punto de vista social (capítulo 6), que nos permitirá abordar la diversidad lingüística.

Esta variedad de caracteres confirma que su estudio no se pueda realizar en una sola disciplina, sino que necesite de conexiones interdisciplinares para poder abordar su estudio de manera coherente.

b) *La Teoría de la Lengua.*

Por el contrario a lo que sucedía con el lenguaje, la lengua es un objeto empírico, que podemos captar a través de los sentidos y que, por tanto, puede ser abordada de *manera realista* a través de las siguientes posturas:

— *Descriptiva*: Aquí, la Lingüística descubre el fenómeno de cada lengua particular y hace un análisis teórico y empírico de ella en un momento dado de su historia. Cualquier Gramática actual de una lengua concreta sería un ejemplo de esta postura descriptiva o también llamada sincrónica, adoptada, en este caso, por la Lingüística particular.

— *Histórica*: Estudia la evolución de una lengua; es, por tanto, la postura diacrónica de la Lingüística particular.

— *Tipológica*: Resulta de la comparación de dos o más lenguas desde distintos puntos de vista. Como puede apreciarse, esta postura sería la que en rigor adopta la Lingüística general, pudiendo realizar una doble comparación; a saber, *histórica* (basada en el paso del tiempo) o *sincrónica*, fundamentada en rasgos principalmente, sin tener en cuenta la cronología de las lenguas.

Consiste en el estudio de las lenguas para establecer patrones de clasificación e intentar determinar la existencia de universales lingüísticos. En este sentido, el proceso consiste en el establecimiento de distintos niveles de *formalización teórica* para acercarnos al lenguaje a través de las lenguas, tanto desde un planteamiento *intradisciplinar* como *interdisciplinar* (todo ello se estudiará en *Lingüística general II*).

c) *La Teoría de la Gramática.*

Constituye la tercera vía lingüística para el acercamiento al estudio de nuestro objeto. Ya no estaríamos ante una teoría sin más sino ante una teoría que tiene la obligación de definirse a sí misma, ante una *epistemología*, ya que lo que se contempla no es el conocimiento de un objeto, sino el proceso que explica cómo se puede producir este conocimiento (métodos, enfoques, etc.).

Se trata, por tanto, de una reflexión *glotológica* o *metateórica* con dos vertientes posibles:

– La vertiente sincrónica, que se plasma en la *Filosofía de la ciencia*.

– La vertiente diacrónica que se plasma, en este caso, en la *Historiografía lingüística*, o estudio de los textos que han potenciado el auge de la disciplina lingüística a lo largo de los años.

Vías de la Lingüística	Puntos de vista, posturas o vertientes	Perspectiva
Teoría del lenguaje	Social	Idealista
	Simbólica	
	Biológica	
Teoría de la lengua	Descriptiva	Realista
	Histórica	
	Tipológica	
Teoría de la gramática	Filosofía de la ciencia	Epistemológica
	Historiografía lingüística	

Fig. 2: Vías, puntos de vista y perspectivas de la Lingüística.

A partir del cuadro propuesto podemos dar una definición más precisa de las distintas vías de la Lingüística que quedaban sin precisar en la figura nº 1. Se trata de hacer una definición relacional señalando todos los aspectos que aparecen horizontalmente en el cuadro. Así podríamos definir nuestras vías de acceso al objeto lingüístico de la siguiente manera:

- *Teoría del lenguaje*: primera vía de los estudios lingüísticos que, a partir de la dialéctica entre lenguaje y lengua, se acerca al primer miembro de la dialéctica (el lenguaje), desde una orientación externa, adoptando el punto de vista social, simbólico o biológico y la perspectiva de estudio idealista.

- *Teoría de la lengua*: segunda vía de los estudios lingüísticos que, a partir de la dialéctica entre lenguaje y lengua, se acerca al segundo miembro de la dialéctica (la lengua) con un enfoque empírico, desde una orientación interna, adoptando las posturas descriptiva e histórica (en el caso de la Lingüística particular) o tipológica (en el caso de la Lingüística general) y la perspectiva de estudio realista.

- *Teoría de la gramática*: tercera vía de los estudios lingüísticos que, a partir de la dialéctica entre lenguaje y lengua, se acerca al segundo miembro de la dialéctica (la lengua) con un enfoque teórico, desde una orientación interna, adoptando las vertientes sincrónica (Filosofía de la ciencia) y diacrónica (Historiografía lingüística) y la perspectiva de estudio epistemológica.

Obviamente, también podríamos definir las nociones que aparecen en la segunda columna y en la tercera. Sirvan solo como ejemplo las citadas a continuación (el resto puede consultarse en el glosario de términos que aparece en este mismo capítulo):

- *Simbolismo lingüístico*: punto de vista que adopta la primera vía de los estudios lingüísticos (la Teoría del lenguaje) para, a partir de la dialéctica entre lenguaje y lengua, acercarse al primer miembro de la dialéctica (el lenguaje), desde una orientación externa y con una perspectiva de estudio idealista.

- *Descriptivismo lingüístico*: postura que adopta la segunda vía de la Lingüística particular (la Teoría de la lengua) para, a partir de la dialéctica entre lenguaje y lengua, acercarse al segundo miembro de la dialéctica (la lengua) con un enfoque empírico, desde una orientación interna y con una perspectiva de estudio realista.

- *Tipología lingüística*: postura que adopta la segunda vía de la Lingüística general (la Teoría de las lenguas) para, a partir de la dialéctica entre lenguaje y lengua, acercarse al segundo miembro de la dialéctica (las lenguas) con un enfoque empírico, desde una orientación interna y con una perspectiva de estudio realista.

- *Idealismo lingüístico*: perspectiva que adopta la primera vía de los estudios lingüísticos (la Teoría del lenguaje) para, a partir de la dialéctica entre lenguaje y lengua, acercarse al primer miembro de la dialéctica (el lenguaje), desde una orientación externa y adoptando el punto de vista social, simbólico o biológico.

2. La Lingüística en el conjunto de las ciencias: su relación con ellas.

Muchas de las disciplinas lingüísticas se siguen moviendo todavía en la actualidad bajo la problemática que actualiza, a veces implícitamente, la oposición teoricometodológica entre los dos grandes paradigmas que han organizado la historia del saber lingüístico: el *Realista*, que considera el lenguaje exclusivamente como un Objeto de estudio que hay que investigar científicamente, y el *Idealista*, que lo considera como auténtico Sujeto de la Lingüística, que hay que abordar de manera más filosófica.

Con todo, ambos paradigmas no son excluyentes, y no lo son porque la separación epistémica dejaría entrever la escisión entre los planos *lingüístico* o de la realidad lingüística y *glotológico* o de la reflexión teórica sobre el lenguaje, y porque la trascendencia del Sujeto lingüístico necesita, dado su carácter espiritual, la inmanencia de objetos lingüísticos a través de los cuales hacerse patente y existir. Así se podrá aglutinar el *objetivismo cientificista* con la recuperación de los *valores del hablante.*

Por ello, y a pesar de los elementos diferenciales de las distintas corrientes lingüísticas; a saber, la *diversidad de terminología* (que opone una serie de nociones que, en el fondo, son las mismas, aunque con distintos nombres), y la *actitud mental que lleva a pensar que la unanimidad de criterios y escuelas no es oportuna*, existen una serie de *elementos comunes* a todas las corrientes lingüísticas que permiten la visión globalizante (realista e idealista):

a)   Los hechos lingüísticos están sometidos a reglas que no se refieren a unidades aisladas, sino a *conjuntos*, a clases de unidades.

b)   La *estructura* está por encima de las unidades.

c)   Se considera la estructura de una lengua como un *conjunto de ampliaciones y restricciones.*

La Lingüística, es así, investigación del lenguaje natural humano: En este sentido, es una disciplina que está relacionada con otras. Veamos ahora la relación de la Lingüística con algunas:

2.1. Con la Filosofía.

Se relaciona con la Filosofía (en la antigüedad, por ejemplo, la Gramática era parte de la Filosofía), puesto que existen muchos problemas del lenguaje relacionados con la Filosofía. De hecho, para explicar la realidad y cómo el hombre la entiende es necesario explicar el lenguaje, lo mismo que para explicar el origen y la expresión de los pensamientos.

Por tanto, Filosofía, lenguaje y Lingüística van a estar muy relacionados entre sí, hasta el punto de que la Lingüística va a ser la que aporte el significado actual a la Filosofía; o, dicho de otra forma, el lenguaje es el responsable del «giro lingüístico» que está dando la Filosofía actualmente.

2.2. Con la Lógica.

También se relacionará la Lingüística con la Lógica, es decir, con el estudio de la estructura y la expresión formal del pensamiento. Además, la Lingüística utilizará la Lógica no para explicar el lenguaje sino como método para la elaboración de sus teorías. En este sentido, la Lógica será la aplicación metodológica que va a hacer posible parte de la explicación del lenguaje (sería, por ejemplo, como el acero que permite la construcción de un microscopio a través del cual se va a estudiar un compuesto: el acero sería la Lógica, el microscopio la Lingüística y el compuesto el lenguaje).

2.3. Con la Psicología.

Otra ciencia con la que se va a relacionar la Lingüística es la Psicología moderna, puesto que el lenguaje puede ser no solo expresión del pensamiento sino también de la propia personalidad del ser humano. De hecho, el lenguaje es un proceso en el que está integrada la estructura psíquica de la persona.

2.4. Con la Historia.

Se relaciona además con la Historia, hasta el punto de que ha sido una ciencia humana que la ha apoyado mucho —piénsese que la evolución de los hechos de las lenguas se apoya en los sucesos de la historia—. Por ello, para entender un fenómeno lingüístico por completo y dar una explicación coherente de él, se tiene que pasar por una consideración histórica (por ejemplo, para explicar las razones por las que vuelven a aparecer lenguas que antes no existían).

2.5. Con la Sociología.

La Sociología es otra disciplina con la que también se relaciona la Lingüística. La razón es que a la Lingüística le interesa el hombre como productor del lenguaje natural humano, y no se puede explicar el hombre sin explicar su comportamiento social. De ahí que las leyes enunciadas por la Lingüística deban enmarcarse en las características sociológicas de los hablantes.

2.6. Con la Filología.

También se relaciona con la Filología hasta el punto de que suelen confundirse. Para comprender la noción exacta de Filología hay que recurrir a la concepción alemana de la misma que la concibe como el estudio de los textos literarios, generalmente clásicos, con la finalidad de establecer versiones exactas de los mismos. Por tanto, no es el lenguaje lo que le preocupa, sino el estudio de lo social e histórico, mientras que a la Lingüística le interesa el lenguaje y los textos no solo escritos sino también orales.

2.7. Con otras disciplinas.

Finalmente, se relaciona con otras disciplinas como la Biología, la Fisiología, la Física, etc. en cuanto ciencias empíricas que ayudan al estudio del lenguaje, diciéndonos cómo se comporta el lenguaje como organismo, cómo se produce el sonido, o explicándonos el aspecto acústico del lenguaje, por poner unos casos.

3. Fundamentos de la Lingüística como campo del saber.

El objeto de estudio de la Lingüística (el lenguaje) interesó al hombre desde la Antigüedad. Antes que la Química o la Biología, por poner unos casos, las preocupaciones sobre el lenguaje estaban presentes en la mentalidad del hombre. Lo que ocurrió es que los estudios lingüísticos no tuvieron una entidad independiente —por ejemplo, los griegos lo unieron a la Filosofía (como veremos en el capítulo 2)— y no alcanzaron el rango que poseen en la actualidad.

La aparición del término Lingüística se produjo en el siglo XIX, gracias a dos factores principalmente: el *positivismo* y la *filosofía kantiana*. Ambos posibilitaron que la Lingüística adquiriese una metodología técnica específica de aproximación al lenguaje desde un ámbito estrictamente lingüístico.

A partir de entonces, el lingüista se dedicó a este quehacer, influenciado obviamente por las condiciones históricas de cada época. No olvidemos que el lingüista es ante todo un ser humano y, como tal, se ve condicionado por el sistema de valores de cada época. Sin embargo, es además un investigador, por lo que se va a ver también condicionado por la organización que tenga la ciencia en cuanto investigación en cada época.

En este sentido, la Lingüística de finales del siglo XIX y de todo el siglo XX va a vivir una etapa importantísima de su constitución a partir de la asunción de un nuevo sistema de valores opuesto a la concepción del mundo heredada del período clásico de la ciencia. Y esto va a suponer la sustitución de la preocupación por saber cosas por el interés en saber sobre el hombre.

Las consecuencias de este cambio radical han sido las siguientes:

a)   En primer lugar, cuando se elabora una nueva ciencia se produce un proceso de *mutación conceptual* mediante el cual se abandonan los elementos epistemológicos anteriores a la aparición de esta ciencia. En el caso de la Lingüística, la reflexión seria, coherente y ordenada se produjo no solo sobre la naturaleza de los elementos lingüísticos y el objeto resultante —el lenguaje— (IIª parte), sino también sobre la metodología técnica específica de aproximación a los fundamentos del lenguaje.

b)   En segundo lugar, este nuevo conocimiento teórico tuvo que auto-definirse puesto que nuestro objeto de estudio (el lenguaje), dado su carácter heteróclito y polimórfico, presentaba serias dificultades de ser conocido científicamente, tal y como se postulaba en los presupuestos positivistas.

c)   En tercer lugar, el carácter globalizante, deductivo e hipotético de la investigación científica posibilitó el paso del conocimiento aislado al conocimiento relacional, fomentando así la aparición en algunos casos y el desarrollo en otros de las distintas *ramas de la Lingüística teórica.*

d)   Finalmente, el auge de los descubrimientos en nuestra sociedad así como el gran avance tecnológico que todavía vivimos posibilitaron que el estudio teórico anterior se completase con los análisis de aplicación práctica que constituyen la *Lingüística aplicada.*

No sabemos a ciencia cierta cuando se produjo esta transformación en nuestro campo del saber. Sin embargo, tampoco creemos que sea algo tan importante, puesto que pensamos que se produjo de manera paulatina. Con todo, sí debemos destacar la figura de Ferdinand de Saussure, quien en su obra *Curso de Lingüística general* (1916), establece las bases para esta nueva forma de estudio lingüístico.

Lo que sí nos interesa en este capítulo es el carácter de esta ciencia lingüística puesto que, aunque apareció auspiciada por el positivismo, la naturaleza heteróclita del lenguaje dificultaba la formulación científica rigurosa que la coyuntura histórica exigía. Por ello, vamos a precisar a continuación en qué consiste la ciencia para, posteriormente, dilucidar si la Lingüística es realmente una ciencia y si lo es, qué tipo de ciencia constituye, y cuáles son sus principales fundamentos como ámbito disciplinario.

Esto debemos hacerlo porque la ciencia es solo un tipo de conocimiento o saber. Por ello, no todo saber es científico. Sabemos caminar, hablar, escribir, pero estos conocimientos no los hemos aprendido científicamente; son conocimientos que hemos adquirido fruto de nuestra experiencia. En este sentido, Wittgenstein diferenció dos tipos de comportamientos, desarrollados posteriormente por Searle:

–   Los sometidos a *reglas constitutivas* (como los juegos, el uso de una máquina con manuales de instrucciones), dotados de reglas explícitas que por sí mismas producen el acontecimiento. Estos comportamientos se podrían automatizar.

–   Los sometidos a *reglas regulativas* (como el caminar, la cortesía, el hablar, etc.), dotados de reglas implícitas, que no se pueden automatizar, y que siempre son relativas (no hay un caminar 'perfecto').

Muchos comportamientos incluyen ambas reglas. El lenguaje tiene aspectos constitutivos (por ejemplo, la gramática) y regulativos (por ejemplo, la repetición), pero, sobre todo, son regulativos.

La aparición de cualquier ciencia viene determinada principalmente por dos factores: el que se conoce como *proceso de ruptura* y el constituido por la *naturaleza interna* de sus propios elementos. Veamos cada uno de estos apartados y lo que caracteriza principalmente el saber científico.

3.1. El proceso de ruptura.

El *proceso de ruptura* con todo lo anterior es el cambio de una problemática precientífica a una científica. Ello exige que, cuando aparece una ciencia, deba romperse con todo lo precedente e iniciar una nueva andadura totalmente diferente a la anterior y sin que tenga que ver nada con ella.

Por tanto, puesto que es precisamente el proceso de ruptura con todo lo anterior el que determina el nacimiento de cualquier ciencia, conviene reflexionar, aunque sea de manera somera, sobre las características de la ruptura epistemológica para, posteriormente, dilucidar si tal ruptura se ha producido realmente en la Lingüística o ha sido simplemente un efecto especular, herencia de la coyuntura histórica y del voluntarismo consciente de los propios lingüistas.

Para caracterizar la ruptura, Bachelard le adjudicó una serie de características atendiendo a los resultados que la propia ruptura producía. Estas *características* determinan una serie de efectos explicados por Pêcheux:

a) *Abandono* de los elementos epistemológicos previos a la aparición del discurso científico.

b) *Instauración* de un sistema de conceptos que constituirá la teoría del nuevo dominio científico.

c) *Especificidad* del proceso, ya que una ciencia no puede efectuar un proceso de ruptura que corresponda a otro dominio científico.

3.2. Los elementos intracientíficos.

En segundo lugar, la ciencia está constituida por un conjunto de elementos que Althusser denomina *intracientíficos* y que están constituidos por los siguientes núcleos:

a) *Objeto*: es la finalidad propia de las ciencias, es decir, el conocimiento de los objetos reales.

b) *Teorías*: entramados conceptuales construidos sobre el objeto, basados en razonamientos, pruebas y deducciones.

c) *Método*: camino que recorre el saber científico para llegar al conocimiento del objeto real y, consecuentemente, a la verdad del mismo.

3.3. El saber científico.

Entonces, ¿qué es un saber científico? Vamos a responder a esta pregunta considerando un doble sentido; a saber, el coloquial y el riguroso de lo que es la ciencia:

a) En un sentido *coloquial*, la ciencia es el estudio objetivo de los hechos observables. Con dicho estudio se busca, en una primera instancia precientífica, una clasificación de los hechos; en un sentido científico, la descripción de los mismos, que acude muchas veces a entes no observables. Pensemos en la física de la gravedad. Las palabras claves son aquí: objetivo, observable, descripción.

La ciencia, en este sentido, podría entenderse como la observación teórica de los hechos, que revela las ideas que los describen.

b) En un sentido *riguroso*, el criterio científico fundamental a la hora de ofrecer descripciones objetivas de hechos observables es la *falsabilidad*, es decir, que se establezcan hipótesis y teorías demostrables o refutables. A esta propiedad nos referimos cuando decimos que el estudio debe ser objetivo.

Las ciencias tratan sobre los hechos observables. No son hechos singulares sino hechos que constituyen el campo de aplicación de la ciencia. Toda ciencia tiene que tener un campo de aplicación definido. Así, las teorías científicas se convierten en predictivas (una vez demostrada la hipótesis, se cumplirá para todos los casos futuros de ese campo).

Los hechos observables pueden ser habituales o no, ser observables por nuestros sentidos o a través de instrumentos que amplían nuestros sentidos, pero, en todo caso, deben tener consecuencias significativas.

La lógica de la demostración científica puede ser de tres tipos:

a) En las *deducciones* demostramos un hecho aplicando una ley conocida. Por ejemplo, cuando demostramos la velocidad que alcanzará un cuerpo, aplicando las leyes de la física del movimiento. Suponemos que las leyes deductivas se aplican sin distinción a todos los casos de su campo. Están fuera de duda.

b) En las *inducciones* demostramos un hecho aplicando lo que sabemos de hechos similares, es decir, generalizando. Por ejemplo, cuando hacemos una predicción sobre una enfermedad, basándonos en lo que ha ocurrido en casos similares, o cuando hacemos predicciones del tiempo. Las leyes inductivas podrían fallar. Los conocimientos de experiencia son en general inductivos.

c) En las *abducciones*, según Pierce, demostramos un hecho (habitual pero no explicado, o extraordinario) aplicando una ley nueva o que no se ha aplicado hasta entonces a ese tipo de objetos; la ley se aplica por las consecuencias favorables de esta aplicación (por ejemplo, la abducción de Kepler de que la trayectoria de Venus era elíptica. Se conocía la elipse, pero no se había aplicado al movimiento planetario).

3.4. La Lingüística y la ciencia.

Tras precisar las características de la ruptura epistemológica y los núcleos del elemento intracientífico vamos a verlos ahora relacionados con la Lingüística.

Comenzaremos viendo si se ha producido alguna vez en los discursos lingüísticos el proceso de ruptura que le otorgaría el rango cientificista.

Cualquier discurso científico, desde el momento en que realiza el proceso de ruptura, tiene un comienzo, un punto de no retorno a la epistemología pasada. La historicidad de la ruptura produce, pues, dos efectos:

– el *comienzo* de una nueva ciencia;

– y la *imposibilidad* de volver a la preciencia.

Por ello, la historia de las ciencias es discontinua, de carácter kantiano, basada en el rechazo de los precursores anteriores.

Si observamos ahora la historia de la Lingüística podemos decir que es de carácter lineal, hegeliano, sin procesos de rupturas, entre otras por las siguientes razones:

a) Porque muchos de los llamados conceptos lingüísticos ya existían con *anterioridad* a la nueva Lingüística del siglo XIX. Así, por ejemplo, tal y como afirma Mounin, la noción de fonema, que ya existía en el Sánscrito, determina que el planteamiento elaborado por Trubetzkoy en 1929 sea solo el desarrollo de una misma noción (no de un concepto nuevo), ya que no se abandonan los elementos epistemológicos previos.

b) Consecuentemente, tampoco se ha producido la instauración de un sistema conceptual, sino el desarrollo *lineal* de un sistema nocional que, a partir del positivismo, se ve revestido de la apariencia conceptual.

c) Finalmente, el cientificismo lingüístico es el resultado de un proceso de *importación* a imitación de otros ámbitos de saber positivistas, sin especificidad propia.

La consecuencia de estas reflexiones exige una historia lineal, en la que el llamado nacimiento de la Lingüística durante el siglo XIX debe entenderse como el nacimiento de un nuevo término (puesto que las preocupaciones sobre la lengua y el lenguaje ya existían con anterioridad). Se trata pues de una Lingüística en la que en un primer momento se estudia nuestro objeto desde planteamiento más lógico, psicológico o filosófico y que a partir de Saussure y de la nueva mentalidad positivista se estudiará desde un ámbito más estrictamente lingüístico (como estudiaremos en el capítulo 2).

Unido a lo anterior, debemos ver ahora qué tipo de elementos utiliza el lingüista en la construcción de sus formulaciones con la finalidad de estudiar su objeto.

En este sentido, el lenguaje posee una doble naturaleza: *trascendental*, que no se puede percibir por los sentidos, e *inmanente*, que en este caso sí se puede percibir (a través de la lengua como expresión del lenguaje). Ello posibilita, obviamente, que para aprehender lo empírico y visible se puedan construir elementos intracientíficos. El problema surge cuando lo que se trata de estudiar es el lenguaje desde el punto de vista trascendental.

En este caso, la Lingüística ya no puede utilizar elementos intracientíficos, propios de la ciencia. En su lugar utilizará elementos *extracientíficos*; a saber:

a) *Datos de experiencias*: son comportamientos que no surgen del conocimiento del objeto sino del mismo objeto real, y que constituyen el principio del discurrir filosófico.

b) *Modelos*: procesos intuitivos o hipotéticos no basados en procesos de razonamientos y deducciones.

c) *Técnicas*: camino que recorre el saber filosófico para llegar de los datos de la experiencia al Sujeto trascendente.

Todo ello otorgará a la Lingüística un estatuto particular que entremezcla ciencia e ideología y que merece ser señalado.

Como hemos dicho, cuando la Lingüística estudia la faceta empírica del lenguaje se comporta como una ciencia, pero cuando estudia la faceta trascendental no lo hace así. Además, tampoco cumple el requisito de la ruptura para ser exactamente una ciencia. ¿Qué estatuto científico posee, pues, la Lingüística?

a) El de *investigación*: puesto que el lenguaje ha preocupado al hombre desde muy antiguo y ha elaborado una serie de formulaciones teóricas para explicarlo.

b) El de una serie de *requisitos que la Lingüística comparte con las ciencias*:

– La *exhaustividad*, puesto que explica todos y cada uno de los fenómenos del lenguaje.

– La *coherencia*, porque en la explicación de estos fenómenos no hay contradicciones, sino puntos de vistas diferentes.

– Y, finalmente, la *economía*, ya que la explicación de estos fenómenos lingüísticos se sustentan en el menor número de razonamientos posible.

Todo ello nos lleva a considerar que esta mezcla de ciencia e ideología constituye una parcela específica de unas ciencias también específicas: las *ciencias humanas*.

Estas ciencias son las que giran en torno al hombre, estudiándolo cada una desde un planteamiento determinado. Unas son antiguas, como la Filosofía, otras son modernas como la Psicología, y, finalmente, otras, como la Lingüística, aún siendo antiguas, han sido reorganizadas y reenfocadas.

Y la razón para ello es que los hechos observables pueden ser naturales o humanos (sociales). La Física, la Biología, la Geología, la Medicina, serían así ciencias naturales. La Psicología, la Economía, la Lingüística, serían disciplinas sociales. Las primeras tratan hechos independientes de la voluntad humana, las segundas implican al hombre, y por ello su observación es más compleja.

En el caso de la Lingüística, la investigación pasaría por la elaboración de deducciones. En las lenguas serían los universales. Por ejemplo: toda lengua tiene una gramática, la eliminación de sujeto pronominal en español o el hecho de que todo sustantivo tiene género.

Otros hechos se tratan inductivamente, ya sea dentro de una lengua en particular (por ejemplo, en español, el género de las palabras en –o) ya sea de forma general en todas las lenguas: por ejemplo la tipología morfológica de lenguas (que clasifica las lenguas en lenguas aislantes, aglutinantes, flexivas y polisintéticas). La mayoría de los significados de las palabras de una lengua sólo se pueden comprender inductivamente, en base a su uso en distintos contextos.

Finalmente, otros hechos serán estudiados abductivamente (con leyes hipotéticas) elaboradas sobre fenómenos aún no explicados, como la glosolalia (la capacidad de hablar lenguas nunca oídas por el sujeto), si la explicamos por ejemplo por una propiedad genética. Saussure formuló la abducción del fonema (conjunto de haces distintivos de los sonidos), o Chomsky, la teoría de la estructura profunda, que explica las transformaciones de una oración en otra (lo estudiaremos en el Capítulo 2).

Ello exige una reflexión sobre nuestra parcela del saber teniendo en cuenta esta lógica de la investigación, puesto que en nuestra actividad lingüística empleamos las tres, según la dimensión del problema que estudiemos. *Deductivamente* partiremos de conocimientos universales sobre una lengua nueva que queramos estudiar. Para analizar fenómenos más concretos, nos moveremos *inductivamente*, por generalizaciones. Y, finalmente, acudiremos a la *abducción* para lanzar hipótesis sobre esta nueva lengua. Y si, además, tenemos que estudiar el lenguaje, debemos reorganizar nuestro estudio.

Esta reorganización pasa por el estudio inmanente y científico en sentido estricto del lenguaje a través de su objeto lengua al estudio trascendente del mismo. Por ello, la Lingüística tendrá dos caracteres dependiendo del estudio que realice:

a) *Empírico*: cuando analice el lenguaje como objeto científico, es decir, como un objeto que se pueda captar a través de los sentidos, y nos ofrezca un conjunto de teorías que puedan contrastarse con los hechos reales, constituidas por una serie de conceptos científicos.

b) *Hermenéutico*: cuando se acerque en este caso al lenguaje como un objeto trascendente (Sujeto), que no puede ser captado por los sentidos y que, por tanto, debe ser interpretado a partir de un conjunto de modelos intuitivos, constituidos por una serie de categorías filosóficas.

Por ello, no podemos reivindicar la verdad, exactitud y validez objetiva de las investigaciones lingüísticas como si fuesen investigaciones de las llamadas ciencias exactas, ya que el lenguaje como acontecimiento humano por excelencia es uno de los más complejos.

	Elemento Intracientífico	**Elemento Extracientífico**	
OBJETO	Conocimiento del objeto real	Análisis de datos que provocan una visión del mundo	DATOS
TEORÍAS	Deductivo y racional	Intuitivo e hipotético	MODELOS
MÉTODO	Científico. Se mide por la verdad de sus resultados	Filosófica. Se mide por la corrección del planteamiento.	TÉCNICA

Fig. 3: Elementos intracientíficos y extracientíficos de la investigación lingüística.

Como lingüistas, no podemos quedarnos solo en la especulación, sino que debemos utilizar la experimentación a partir de un conjunto amplio de observaciones, añadiendo al humanismo que nos aporta nuestro objeto de estudio la experimentalidad de la investigación científica llamémosle exacta.

De esta forma aunaremos la versión *cientificista* propia del acercamiento objetual con la versión más *ideológica* o *filosófica* del acercamiento humanista. Así se trasciende la inmanencia de lo empírico (la lengua y el habla) para llegar a la auténtica trascendencia de la Lingüística (el lenguaje).

Consecuentemente, podemos concluir afirmando que la Lingüística es una *ciencia humana* que adopta los elementos *intracientíficos* para estudiar el objeto (lengua) y los *extracientíficos* para estudiar el sujeto (lenguaje), siendo, por ello, tanto *empírica* (cuando es científica experimental) como *hermenéutica* (cuando es filosófica).

Todo ello le otorga un carácter *epistemológico* (fruto de esta dualidad) que nos hace concebir las unidades específicas de los discursos lingüísticos como *nociones*, que pueden presentar apariencia tanto de *conceptos* (cuando estamos en el estudio empírico del objeto) como de *categorías* (cuando estamos, en este otro caso, en el estudio hermenéutico del sujeto).

4. Objetivos y metodología de la investigación lingüística.

A continuación, vamos a precisar los principales objetivos que tiene la investigación Lingüística como campo peculiar del saber.

Partiendo de los textos sobre el lenguaje (que son los que recogen las investigaciones realizadas sobre nuestro objeto a lo largo de la historia) podemos decir que éstos contienen una *problemática* autónoma que aparece reflejada en las propias palabras del texto en cuestión. La tarea del lingüista es, precisamente, deslindar esta problemática (tal y como se propone en los comentarios de textos de las actividades que aparecen a lo largo de cada tema). Crespillo ofrece para ello la precisión de la noción de la misma, el establecimiento de sus funciones, y la identificación de las distintas unidades que permiten su reconocimiento como paso previo para la diferenciación de los distintos discursos (científico, filosófico o epistemológico). Veamos su propuesta:

a) *Noción de problemática*: ésta puede ser definida como la unidad específica de toda formación teórica general y el lugar en el que ubica esa unidad. Así, podíamos poner como ejemplo la siguiente problemática:

¿Cómo es el Lenguaje en el siglo xx?

formada por la unión de la unidad específica (el Lenguaje) y la formulación teórica en la que se ubica (en el siglo xx) y siempre formulada en forma de interrogante que es el que se pretende resolver tras el estudio en cuestión.

b) *Funciones de la problemática*: Son tres las funciones de la problemática, que aparecen relacionadas entre sí:

– *Ocultamiento*: debido al hecho de que los textos suelen esconder su problemática, lo que posibilita, ciertamente, la manipulación textual, tan frecuente en la cultura contemporánea.

– *Ignorancia*: a veces, incluso los textos pueden llegar a ignorar su propia problemática, fruto de una filosofía espontánea de carácter consciente o inconsciente que existe en la mente del autor.

– *Intervención en la propia contextura del texto:* la problemática es un elemento activo que participa en la propia organización textual y le es inherente.

c) *Unidades* para deslindar la problemática de un texto y diferenciar discursos:

– *Noción*: unidad específica del discurso epistemológico.

– *Categoría*: unidad específica del discurso filosófico.

– *Concepto*: unidad específica del discurso científico.

Ello depende, obviamente, de la concepción científica que adopte el investigador. Veamos alguna de ellas.

4.1. Concepción taxonómica de la ciencia lingüística.

Esta concepción se basa en la idea de que el trabajo científico consiste en la observación de los hechos y los datos y en la extracción de conclusiones. Ésta es quizá la concepción que ha prevalecido en la Lingüística, basada en la observación y clasificación de los hechos lingüísticos, teniendo en cuenta los siguientes presupuestos:

– La *objetividad* en la selección de los datos que deben ser observados. En este sentido, los lingüistas son críticos, aspirando a la coherencia (racionalidad) y a adaptarse a los hechos en lugar de a las especulaciones (objetividad).

– La atención no solo al aspecto escrito del lenguaje sino también al *oral*.

– *Eliminación del preceptismo*, arbitrando conjeturas fundadas y contrastables con las experiencias lingüísticas directamente observadas.

4.2. Concepción teórica de la ciencia lingüística.

Por el contrario, esta concepción se basa en la idea de que la ciencia no colecciona ni clasifica sino que elabora teorías generales, en nuestro caso, sobre el lenguaje. Éstas deben ser:

– *Descriptivas*, utilizando criterios estrictamente lingüísticos.

– *Sistemáticas*, con estructura coherente, presentando con riguroso ordenamiento lógico las proposiciones y las reglas que rigen la realidad lingüística estudiada.

– *Generalizadoras*, presentando un esquema de conceptos que relacionan los fenómenos lingüísticos pertinentes, ofreciendo generalizaciones empíricas o integrando sistemas de generalizaciones.

Sin embargo, sea cual sea la concepción que se adopte, el lingüista debe examinar en primer lugar los hechos de habla concretos y después ofrecer un cuerpo teórico. No olvidemos que la Lingüística es una disciplina *empírica*, pero además, al ser tan amplia y heteróclita la realidad estudiada (el lenguaje), debe ser también *teórica*, y no solo esto, sino también *hermenéutica*. Y el camino para conseguir estos objetivos tan amplios y su autocalificación como ciencia humana madura pasa por la integración de sus distintas ramas en un proyecto globalizante.

5. Principios de la Lingüística moderna.

En el ámbito de la Lingüística existen una serie de principios aceptados por todas las escuelas y otros que son particulares de cada una de ellas. Lo mismo ocurre con los métodos. Sin embargo todos ellos tienen por objetivo el estudio del lenguaje y para tal menester la Lingüística aplica una serie de métodos objetivos y experimentales, basados en unos principios específicos.

Estos principios, suscritos por la mayoría de los lingüistas, emanan de la propia lengua y son los siguientes.

5.1. Principio de funcionalidad.

Se basa en la idea de que la Lingüística debe ser descripción y análisis de la naturaleza y de la realidad interna del lenguaje (de su estructura) y además de su funcionalidad. Para ello la Lingüística debe describir (no prescribir) los fenómenos propios del lenguaje natural humano, a partir de un proceso de observación que caracterice el lenguaje como tal. En este sentido, para que una unidad sea de la lengua debe cumplir el principio de funcionalidad, es decir que cuando se conmute esta unidad por otra se produzca un cambio de significación.

Es lo que ocurre, por ejemplo, entre la lexía «bar» y la lexía «par». Comprobamos que tienen un significado diferente y éste se debe precisamente a la variación entre el fonema /b/ bilabial, oclusivo, sonoro y el fonema /p/ bilabial, oclusivo, sordo. De ello se desprende que las unidades /b/ y /p/ pertenecen a la lengua española porque son *funcionales*.

5.2. Principio de oposición.

Este principio trata de precisar de dónde surge precisamente el valor funcional que poseen las formas lingüísticas. Si observamos el ejemplo anterior podemos apreciar que las unidades funcionales /b/ y /p/ tienen cada una un conjunto de rasgos. Éstos son algunos comunes (por ejemplo, el carácter bilabial y oclusivo) y otros son diferenciales (por ejemplo, el carácter sonoro de la /b/ frente al sordo de la /p/). Los rasgos comunes son redundantes porque no ayudan a la funcionalidad, mientras que los rasgos diferenciales son *distintivos* o *pertinentes* porque son los que precisan la funcionalidad lingüística.

Pues bien, la *oposición* es el mecanismo lingüístico que nos permite precisar esta funcionalidad y que consiste en la comparación de unidades lingüísticas para poder diferenciarse y adquirir un valor dentro del sistema de una lengua.

5.3. Principio de sistematicidad.

Como consecuencia de los dos principios anteriores surge este tercer principio que consiste en otorgar al lenguaje un carácter sistemático. De esta forma el lenguaje natural humano será un sistema semiótico (de signos) que constituirán las lenguas, formadas, a su vez, por distintos sistemas.

De esta forma, el lenguaje será, en el fondo, un sistema estructurado formado por un conjunto de sistemas.

5.4. Principio de neutralización.

Finalmente, la neutralización es el procedimiento por el que se eliminan las excepciones dentro del sistema lingüístico o por el que se pierden dos oposiciones. Dicho de otra forma, dos elementos se neutralizan cuando dejan de funcionar sus rasgos diferenciales. Es el caso, por ejemplo, de la lexía «hombre» y «ser humano».

Esta nueva Lingüística que estamos explicando, aunque no surge como un proceso de ruptura con todo lo anterior, sí realiza una serie de críticas a algunos planteamientos lingüísticos previos. Veamos algunas de ellas.

a)   Critica la prioridad que se otorgaba anteriormente a la lengua escrita sobre la hablada, consecuencia de la admiración que los griegos sintieron por los grandes escritores. Se consideraba la lengua hablada inferior por ser inestable. Sin embargo, esto es un error ya que la lengua escrita es una variante de la oral: primero se aprende a hablar y después a escribir. Se trata, por tanto, de dos variantes complementarias.

b)   Critica además la idea de que la lengua alcanzó su perfección en un momento dado y a partir de ese momento se constituye en modelo. Así, la lengua española, por ejemplo, alcanzaría ese momento de esplendor con Cervantes y la inglesa con Shakespeare, etc. Evidentemente, esto no es cierto, puesto que no existe un momento de máxima perfección sino una evolución lingüística conforme a las necesidades de las sociedades.

c)   No acepta la idea de que la Gramática tenga por finalidad enseñar a hablar y a escribir correctamente. En un principio la Gramática sí era normativa, convirtiéndose incluso en arte. Sin embargo, hoy es descriptiva, puesto que puede hablarse y escribirse sin estudios gramaticales.

d)   Tampoco acepta que las categorías del lenguaje sean las mismas que las del pensamiento. Ya en el siglo XIX se ve la incapacidad de describir unas lenguas indígenas con categorías universales.

e)   Finalmente, critica el tipo de análisis lingüístico realizado en el que no se estudia el lenguaje como sistema, sino las analogías y las anomalías, pero no el sistema. De ahí que el proceder sea totalmente subjetivo y se confundan los niveles de estudio.

6. Divisiones y ramas de la Lingüística.

Para organizar el estudio de nuestro objeto, los lingüistas han realizado una serie de propuestas, concretando las grandes ramas de la Lingüística y sus subdivisiones metodológicas. Vamos a continuación a reflexionar sobre alguna de ellas.

6.1. Lingüística interna y Lingüística externa.

Es necesaria esta reflexión porque el criterio de agrupación de los contenidos lingüísticos que se emplee puede incluso determinar distintas denominaciones para nuestra disciplina. Es el caso, por ejemplo, de la distinción que Saussure realizó y que hemos ampliado anteriormente entre *Lingüística interna* (la que se ocupaba del estudio de la lengua como sistema) y *Lingüística externa* (la que estudiaba la lengua en sus relaciones con la sociedad, la situación geográfica, etc.).

6.2. *Lingüística pura y externa.*

Roca Pons establece la distinción entre disciplinas *extralingüísticas puras* (Lógica, Psicología, Sociología, Antropología, Etnografía, Historia, Cibernética, Informática, Biología, etc.) y disciplinas *lingüísticas externas*, ya sean de primer grado (Lingüística general, comparada, diacrónica, etc.) como de segundo grado (Filosofía del lenguaje, Dialectología, Crítica literaria, etc.). Todas ellas solo sirven de apoyo a las auténticas disciplinas *lingüísticas puras*, que englobarían la propuesta interna saussureana.

6.3. *Divisiones y ramas de la Lingüística.*

Por su parte Fernández Pérez sistematiza las disciplinas lingüísticas que se han perfilado a lo largo del tiempo y diferencia entre una Lingüística de carácter *teórico* y otra de carácter *aplicado*. Dentro de las primeras estarían aquellas que se ocupan de la organización interna de las lenguas —llamadas *divisiones de la Lingüística*— y que estudiaremos en Lingüística general II (Fonética y Fonología, Morfología y Sintaxis, Lexicología y Semántica); y las que se interesan por la situación y los marcos de existencia de los hechos lingüísticos —llamadas ahora *ramas de la Lingüística*— y que estudiaremos también en el curso que viene (Psicolingüística, Neurolingüística, Sociolingüística, Antropología lingüística, Pragmática y Filosofía del lenguaje). Finalmente, la *Lingüística aplicada* estudiará las aplicaciones de la Lingüística destinadas a resolver problemas reales (Planificación lingüística, Didáctica de lenguas, Traductología, Lingüística clínica, Lingüística computacional, etc.).

De manera esquemática el planteamiento es el siguiente:

Lingüística	Teórica	Divisiones	Fonética y Fonología, Morfología y Sintaxis, Lexicología y Semántica
		Ramas	Psicolingüística, Neurolingüística, Sociolingüística, Antropología lingüística, Pragmática, Filosofía del lenguaje
	Aplicada	Ramas	Planificación lingüística, Didáctica de lenguas, Traductología, Lingüística clínica, Lingüística computacional

Fig. 4: Lingüística teórica y aplicada.

Estas ramas surgen, obviamente, de la relación de la Lingüística con otras disciplinas. Veámoslo de forma esquemática:

Disciplinas	Psicología	Sociología			Filosofía	Matemáticas	Biología
Ramas de la Lingüística teórica	Psicolingüística	Sociolingüística	Pragmática	Antropología Ling.	Filosofía del lenguaje	Lingüística matemática	Neurolingüística
LINGÜÍSTICA							
Ramas de la Lingüística aplicada	Glosodidáctica	Traductología			Planificación lingüística	Lingüística clínica	Lingüística computacional
Disciplinas	Psicología	Sociología				Biología	

Fig. 5: Ramas de la Lingüística teórica y aplicada.

A partir de aquí podemos dar una primera definición aproximada de estas ramas hasta que en *Lingüística general II* se estudien con más rigor. Así podríamos definirlas de la siguiente manera:

– *Psicolingüística*: rama de la Lingüística teórica surgida de la relación de la Lingüística con la Psicología.

– *Sociolingüística, Pragmática* y *Antropología lingüística*: rama de la Lingüística teórica surgida de la relación de la Lingüística con la Sociología.

– *Filosofía del lenguaje*: rama de la Lingüística teórica surgida de la relación de la Lingüística con la Filosofía.

– *Lingüística matemática*: rama de la Lingüística teórica surgida de la relación de la Lingüística con las Matemáticas.

– *Neurolingüística*: rama de la Lingüística teórica surgida de la relación de la Lingüística con la Biología.

– *Glosodidáctica*: rama de la Lingüística aplicada surgida de la relación de la Lingüística con la Psicología.

– *Traductología* y *Planificación lingüística*: rama de la Lingüística aplicada surgida de la relación de la Lingüística con la Sociología.

– *Lingüística clínica* y *Lingüística computacional*: rama de la Lingüística aplicada surgida de la relación de la Lingüística con la Biología.

Como puede apreciarse, ramas como la *Sociolingüística, Pragmática* y *Antropología lingüística* por un lado; *Traductología* y *Planificación* y *Lingüística clínica* y *computacional*, por otro, tendrían la misma definición. De ahí que sean los criterios del punto de vista adoptado por cada rama y de la finalidad del estudio de su objeto los que nos permitirán la definición diferencial en *Lingüística general II*.

7. Organización del estudio del lenguaje y las lenguas en la asignatura de Lingüística.

Todo lo expuesto nos hace precisar la necesidad de recapitular a modo de conclusión los objetivos que pretendemos conseguir así como el recorrido metodológico que proponemos para ello.

Nuestro objeto de estudio es el lenguaje natural humano, pero, puesto que éste es inaprehensible a través de los sentidos, tendremos que acercarnos a él de varias maneras para poder estudiarlo completamente: *primero* lo haremos de forma *ontológica*, es decir, presentando en primer lugar una caracterización general del mismo como objeto de estudio e investigación —con lo que abordaremos la primera parte del sintagma *Lingüística* general (Capítulo 3)— y después estudiando sus peculiaridades desde distintos puntos de vista: el *simbólico*, que nos permitirá acercarnos al lenguaje desde el ámbito semiótico (Capítulo 4); el punto de vista *biológico* (Capítulo 5), que nos permitirá entenderlo como fenómeno neurológico y psicológico; y, finalmente, el punto de vista social (Capítulo 6), que nos permitirá abordar la diversidad lingüística.

Con ello quedaría cubierta una de las tres vías de estudios lingüísticos que hemos propuesto (la *Teoría del lenguaje*), pero no lo conoceríamos completamente. Por ello, proponemos la *segunda* forma de hacerlo. Se trata de una aproximación *metodológica* ya, es decir, al análisis lingüístico de nuestro objeto (tarea de la asignatura *Lingüística general II*). Y, puesto que como hemos dicho, no podemos aprehenderlo a través de los sentidos, lo haremos ahora a través de las lenguas como objetos materiales que actualizan nuestra capacidad de lenguaje (con lo que culminaremos el segundo miembro del sintagma Lingüística *general*). Así, iniciaremos la *segunda vía* de estudios lingüísticos (la *Teoría de la lengua*), precisando primero los distintos *niveles de análisis* que se pueden realizar, y elaborando después un análisis de la Lingüística desde un planteamiento *intradisciplinar*, es decir estudiando las distintas *divisiones* de la Lingüística señaladas anteriormente (Fonética y Fonología, Morfología y Sintaxis, Lexicología y Semántica). Continuaremos, tras ello, con el análisis de la Lingüística desde un planteamiento *interdisciplinar*, estudiando en este caso tanto las *ramas de la Lingüística teórica* como las de la *Lingüística aplicada* establecidas anteriormente.

Ya solo nos quedaría por cubrir la *tercera vía* de estudios lingüísticos; a saber, la que reflexiona sobre el propio conocimiento del objeto lingüístico. Se trata de la *Teoría de la gramática* que adopta la perspectiva *epistemológica* y que estudiaremos también en el curso que viene.

Todo ello se completará con una visión panorámica de las principales aportaciones al estudio del lenguaje y las lenguas a lo largo de la historia (Capítulo 2).

Vías	Aproxi-mación	Estudios	Asignatura y capítulo
Propuesta metodoló-gica			
Teoría del lenguaje	Onto-lógica	El lenguaje como objeto de investigación	LG I; 3
		El lenguaje como hecho simbólico: la semiótica	LG I; 4
		El lenguaje como hecho biológico	LG I; 5
		El lenguaje como hecho social: la diversidad lingüística	LG I; 6
Teoría de la lengua	Metodo-lógica	Niveles de formalización teórica	LG II
		La Lingüística desde un planteamiento intradisciplinar	LG II
		La Lingüística desde un planteamiento interdisciplinar: las ramas de la Lingüística teórica	LG II
		La Lingüística desde un planteamiento interdisciplinar: las ramas de la Lingüística aplicada	LG II
Teoría de la gramática	Global	Consideraciones epistemológicas de la Lingüística	LG II

Fig. 6: Organización de los distintos capítulos que proponemos como desarrollo de nuestra materia.

Finalmente, considere que para haber alcanzado correctamente los objetivos propuestos en el proceso de enseñanza y aprendizaje del tema finalizado, debe haber comprendido con claridad que:

1. La Lingüística es la disciplina humana que estudia el lenguaje, considerado como algo universal y constitutivo de la esencia del hombre. Como este lenguaje es heteróclito, polimórfico y no es captable por los sentidos, debe ser estudiado a través de las lenguas. Ello diferencia entre *Lingüística particular* (la de aquellos lingüistas que sostienen que con el estudio de una lengua es suficiente) y *Lingüística general* (la de aquellos lingüistas que sostienen que es necesario el estudio de varias lenguas para llegar al lenguaje). Para entender la diferencia entre ambas Lingüísticas diferenciamos las nociones de general y particular desde dos enfoques: *teórico* (teoría de la gramática o las gramáticas) y *empírico* (teoría de la lengua o las lenguas).

2. La Lingüística puede orientarse de dos maneras para estudiar su objeto: *externamente* (considerando el término Lingüística) y concretándose en una Teoría del lenguaje natural humano (primera vía de los estudios lingüísticos); e *internamente* (considerando en este caso la dualidad general/

particular) y concretándose ahora en una Teoría de las lenguas y en una Teoría de las gramáticas (segunda y tercera vía de la Lingüística). En la primera vía se adoptarían tres puntos de vista para estudiar el lenguaje (simbólico, social y biológico); en la segunda, la postura tipológica; y en la tercera, las vertientes sincrónica y diacrónica plasmadas en la Filosofía de la Ciencia y en la Historiografía lingüística.

3. La Lingüística en cuanto investigación del lenguaje natural humano es una disciplina relacionada con otras, a saber, con la Filosofía, Lógica, Psicología, Historia, Sociología y Filología, entre otras.

4. A finales del siglo XIX dos factores principalmente (el positivismo y la filosofía kantiana) posibilitaron que la Lingüística adquiriese una metodología técnica específica de aproximación al lenguaje desde un planteamiento estrictamente lingüístico.

5. La Lingüística es una disciplina empírica y hermenéutica, que estudia realistamente la lengua e idealistamente el lenguaje, utilizando, por ello, elementos intracientíficos (teorías y métodos para llegar al objeto) y extracientíficos (modelos y técnicas para llegar al sujeto).

6. La investigación lingüística considerada taxonómicamente pretende observar los hechos lingüísticos y extraer conclusiones; considerada teóricamente pretende elaborar teorías sobre nuestro objeto de estudio.

7. En el ámbito de la Lingüística existen una serie de principios aceptados por todas las escuelas: funcionalidad, oposición, sistematicidad y neutralización.

8. Para organizar el estudio de nuestro objeto, los lingüistas han realizado una serie de propuestas entre disciplinas que se encargan de la organización interna de las lenguas (llamadas divisiones de la Lingüística); a saber, la Fonética y Fonología, Morfología y Sintaxis, Lexicología y Semántica; y las que se encargan de la situación y los marcos de existencia de los hechos lingüísticos (llamadas ahora ramas de la Lingüística); a saber, Psicolingüística, Neurolingüística, Sociolingüística, Antropología lingüística, Pragmática, Filosofía del lenguaje, Planificación lingüística, Didáctica de lenguas, Traductología, Lingüística clínica y Lingüística computacional.

9. En *Lingüística general I* estudiaremos al primera vía de los estudios lingüísticos (la Teoría del lenguaje) y en *Lingüística general II* la segunda y tercera vía de los estudios lingüísticos (la Teoría de las lenguas y la Teoría de las gramáticas).

F. Actividades sugeridas.

— A continuación vaya anotando las dudas que le van surgiendo tras la lectura de los distintos puntos del tema y después la resolución de las mismas, ya sea por las clases recibidas, el estudio personal o las tutorías realizadas. Este proceso le servirá tanto para la mejor compresión de la materia como para la preparación de la prueba final.

— Conteste a las siguientes cuestiones:

1. ¿Es la Lingüística una disciplina glotológica? ¿Cuáles son las consecuencias metodológicas que se derivan de la respuesta que ha dado?

2. ¿Cuáles son las principales vías de la Lingüística para estudiar su objeto? ¿En qué consisten?

3. Comente la relación de la Lingüística con otras disciplinas fundamentales del saber.

4. ¿Puede entenderse la Filología como la *Lingüística de la lengua* frente a la Lingüística propiamente dicha como la *Lingüística del lenguaje*?

5. ¿Hay razones que justifiquen el proceso de ruptura en los discursos lingüísticos?

6. ¿Qué estatuto científico posee la Lingüística? Razone su respuesta.

7. Explique si la Lingüística es una disciplina empírica o hermenéutica.

8. ¿En qué consiste el carácter epistemológico de la Lingüística y cuáles son las consecuencias metodológicas de esta concepción?

9. ¿Cuáles son los principios fundamentales de la Lingüística moderna?

10. Explique cómo se plantea el estudio del lenguaje a partir de las reflexiones señaladas en el presente capítulo.

A continuación, utilice este espacio para resolver los ejercicios adicionales que el pueda proponer su profesor o para contestar a las preguntas de los posibles documentales visionados durante las clases.

— Comente los siguientes textos explicando su contenido y realizando la pertinente valoración. Como orientación para el análisis crítico sugerimos el presente modelo:

1. Breve noticia sobre el autor del texto.

2. Determinación de la problemática del texto, señalando su unidad específica y la formulación teórica en la que se ubica la misma.

3. Establecimiento de la estructura que presenta el texto; esto es, división en partes temáticas.

4. Exposición de la tesis que defiende el autor sobre la problemática planteada, señalando:

4.1. La filosofía espontánea que afecta a su propuesta.

4.2. Las ideas principales y secundarias del texto.

5. Precisión como conclusión de la respuesta que se pueda dar a la problemática planteada.

6. Valoración del texto en su conjunto a partir de una breve opinión personal.

1. Lingüística y Filología.

«*Filología*: Antiguamente se designó así la ciencia que se ocupaba de fijar, restaurar y comentar los textos literarios, tratando de extraer de ellos las reglas del uso lingüístico. Modernamente amplió su campo, convirtiéndose además en la ciencia que estudia el lenguaje, la literatura y todos los fenómenos de cultura de un pueblo o de un grupo de pueblos por medio de textos escritos. En este sentido, se habla de Filología clásica, que se ocupa de la Antigüedad grecolatina; de Filología románica, que cumple sus fines en el dominio de las lenguas neolatinas, etc. La preocupación por la lengua hablada, de un lado, y de otro, el comparatismo que opera muchas veces sin poderse apoyar en textos escritos, dieron origen a una nueva ciencia, la *Lingüística*, con la que, de hecho, frecuentemente, se confunde la Filología. Ambas ciencias estudian el lenguaje, pero de distinto modo. La Filología lo estudia con vistas a la mejor comprensión o fijación de un texto; la Lingüística, en cambio, centra exclusivamente su interés en la Lengua, hablada o escrita, utilizando los textos, cuando existen y los precisa, solo como modelo para conocerla mejor».

(F. Lázaro (1923-2004), *Diccionario de términos filológicos*, Gredos, Madrid, 1961).

«*Lingüística*: Ciencia del lenguaje, es decir: estudio objetivo, descriptivo y explicativo de la estructura del funcionamiento (Lingüística sincrónica) y de la evolución en el tiempo (Lingüística diacrónica) de las lenguas naturales humanas. Se opone, por ello, a la gramática (prescriptiva o normativa) y a la filosofía del lenguaje (hipótesis metafísicas, biológicas, psicológicas, estéticas acerca del origen, funcionamiento, o significación antropológica del lenguaje)».

(G. Mounin (1910-1993), *Diccionario de Lingüística*, Labor, Barcelona, 1979).

2. Gramática General y Particular.

«La gramática, cuyo objeto es la expresión del pensamiento con ayuda de la palabra hablada o escrita, posee también dos clases de principios. Unos son de verdad invariable y de universal empleo; estriban en la naturaleza misma del pensamiento; son consecuencia de su análisis y su resultado. Los otros poseen solamente una verdad hipotética que depende de convenciones accidentales, arbitrarias y cambiantes, de las que han surgido los diferentes idiomas. Los primeros forman la gramática general, los otros forman el objeto de las diversas gramáticas particulares.

La Gramática general es, por consiguiente, la ciencia de los principios inalterables y generales de la lengua hablada y escrita, tal y como aparecen en toda lengua particular.

La Gramática particular es la técnica de la aplicación de las creaciones arbitrarias y usuales de una lengua particular a los principios inconmovibles y generales de la lengua hablada y escrita».

(Nicolás Beauzee (1717-1789), *Grammaire générale ou exposition raisonée des éléments nécessaires du langage pour servir à l'étude de toutes les langues*, París, 1767).

3. La Lingüística en la actualidad.

«Se configura, pues, una lingüística, en la época contemporánea, por una lado entre una posición tendente a separar el signo de la cosa, del mundo y del hombre que lo propicia desde el lenguaje, poniéndolo en relación con otros signos en un sistema lógico y lingüístico cerrado; y por otro, en una visión que supone la unión del signo con la realidad y el mundo, propiciando una apertura del sistema. Un ir de la diferencia a la referencia, de lo sígnico al sentido, y viceversa».

(M. Martínez Arnaldos, *Lenguaje, texto y mass-media*, Universidad de Murcia, Murcia, 1990).

G. Lecturas recomendadas.

ALTHUSSER, L. (1975): *Curso de Filosofía para científicos*, Laia, Barcelona.
Manera en que el ámbito filosófico se diluye en la investigación científica, desarrollando la idea de una crisis de las ciencias formales precisamente por este hecho.

BUNGE, M. (1983): *Lingüística y Filosofía*, Ariel, Barcelona.
Estudio sobre los hechos lingüísticos desde el punto de vista de la Filosofía de la ciencia. Muy interesante para acercarse al análisis epistemológico del ámbito lingüístico por su rigor y a la vez claridad.

FERNÁNDEZ PÉREZ, M. (1986): «Las disciplinas lingüísticas», *Verba*, 13, pp. 15-73.
Clara y rigurosa presentación del ámbito disciplinario de la Lingüística.

HJELMSLEV, L. (1969): «El estudio del lenguaje y la teoría del lenguaje», *Prolegómenos a una teoría del lenguaje,* Gredos, Madrid, pp. 11-17.
Certera distinción entre el plano empírico y glotológico para el estudio del lenguaje.

LÓPEZ MORALES, H. (1994): *Métodos de investigación lingüística,* Colegio de España, Salamanca, pp. 13-18.
Certera presentación del método científico en el ámbito lingüístico y del carácter de sus teorías.

MORENO CABRERA, J. C. (1991): *Curso Universitario de Lingüística general*, Síntesis, Madrid, pp. 27-29.
Acertada y precisa presentación del ámbito de la Lingüística general.

H. Ejercicios de autoevaluación.

Con el fin de que se pueda comprobar el grado de asimilación de los contenidos, presentamos unas cuestiones, cada una con tres alternativas de respuestas. Una vez que haya estudiado el tema, realice el test rodeando con un círculo la letra de la alternativa que considere más acertada. Después justifique en el espacio que se deja a continuación las razones por las que piensa que la respuesta elegida es la correcta, indicando también las razones que invalidan la corrección de las restantes.

Cuando tenga dudas en alguna de las respuestas vuelva a repasar la parte correspondiente del capítulo e inténtelo otra vez.

A) Sobre la Lingüística:

1. El objeto de estudio de la Lingüística es

A El lenguaje.
B La lengua.
C Las respuestas A y B son correctas.

2. Desde una perspectiva epistemológica podemos considerar la Lingüística general como una

A Lingüística descriptiva.
B Lingüística comparada.
C Lingüística normativa.

3. El aspecto glotológico de la Lingüística está constituido

    A Por las gramáticas que describen las lenguas.
    B Por las Teorías sobre las lenguas.
    C Por el análisis del lenguaje.

4. La Teoría del lenguaje natural humano es la concreción

    A De la orientación externa de la Lingüística general y particular.
    B De la orientación interna de la Lingüística general.
    C De la orientación interna y externa de la Lingüística general.

5. Desde un acercamiento sincrónico, la Lingüística descubre cada lengua y hace un análisis

    A Glotológico de cada una en un momento de su historia.
    B Teórico y empírico de cada una en un momento de su historia.
    C Teórico y empírico de cada una a través de la historia.

6. La Lingüística en su relación con la Filología puede considerarse

    A Una superación disciplinaria.
    B Otro planteamiento de análisis lingüístico.
    C Las respuestas A y B son correctas.

7. La Lingüística diacrónica estudia

    A La evolución de las lenguas.
    B Las gramáticas de las lenguas.
    C Las respuestas A y B son correctas.

8. La relación que se puede establecer entre los Paradigmas Realista e Idealista del lenguaje es de

    A Exclusión.
    B Complementariedad.
    C Reciprocidad.

9. La Historiografía lingüística constituye

A El estudio diacrónico de nuestro objeto de investigación desde un enfoque empírico.

B El estudio diacrónico de nuestro objeto de investigación desde un enfoque teórico.

C El estudio diacrónico de nuestro objeto de investigación desde un enfoque metateórico.

10. Para Roca Pons, las disciplinas lingüísticas puras se ocupan

A Del estudio de la lengua en su relación con la sociedad.

B Del estudio de la lengua como sistema.

C Del estudio del lenguaje.

11. Podemos considerar la Neurolingüística como una

    A Rama de la lingüística teórica.
    B División de la Lingüística teórica.
    C Rama de la Lingüística aplicada.

12. La relación de la Lingüística con la Filosofía es de

    A Interdependencia.
    B Inclusión.
    C Intersección.

13. La Lingüística se vale de la Lógica para

    A Reflexionar metodológicamente.
    B Reflexionar empíricamente.
    C Reflexionar glotológicamente.

14. Podemos considerar el lenguaje como

    A Expresión de los pensamientos.
    B Expresión de la personalidad.
    C Las respuestas A y B son correctas.

15. Podemos entender las lenguas como

    A Objetos empíricos que actualizan el lenguaje.
    B Sujetos empíricos que actualizan el habla.
    C Objetos trascendentes que actualizan el lenguaje.

16. La relación que existe entre la Lingüística teórica y la Lingüística aplicada es de

    A Subordinación de la Lingüística aplicada sobre la teórica.
    B Subordinación de la Lingüística teórica sobre la aplicada.
    C Complementariedad entre ambas.

17. La Teoría general de las gramáticas es

A La concreción del enfoque teórico de la Lingüística general desde una orientación externa.
B La concreción del enfoque teórico de la Lingüística general desde una orientación interna.
C La concreción del enfoque empírico de la Lingüística general desde una orientación interna.

18. La Lingüística externa se concreta

A En una Teoría del lenguaje natural humano.
B En una Teoría de la gramática.
C En una Teoría de la lengua.

19. El enfoque teórico y empírico de la Lingüística nos permite diferenciar entre

    A Lingüística externa e interna.
    B Lingüística general y particular.
    C Teoría de la gramática y de la lengua.

20. Podemos considerar la Filosofía de la ciencia como

    A La vertiente diacrónica de la reflexión glotológica.
    B La vertiente sincrónica de la reflexión glotológica.
    C La vertiente sincrónica de la reflexión empírica.

21. La división de la Lingüística en grandes ramas se debe a razones

    A Teóricas.
    B Metodológicas.
    C Empíricas.

22. La lengua es un fenómeno heteróclito porque

    A Es una realidad plural.
    B Puede ser estudiada desde distintos puntos de vista.
    C Las respuestas A y B no son correctas.

23. Desde un planteamiento ontológico, la Lingüística pretende estudiar

A La lengua.
B El lenguaje.
C La gramática.

24. Los caminos que recorre el saber lingüístico para llegar al Lenguaje Sujeto son

A La lengua y el habla.
B Los análisis lingüísticos.
C La exhaustividad, la coherencia y la economía.

25. La Lingüística tipológica es la postura que presenta la Lingüística particular de una lengua con objeto de

      A Estudiar su evolución.
      B Compararla con otra.
      C Las respuestas A y B no son correctas.

B) Sobre sus fundamentos como campo del saber:

1. La Lingüística nació en el siglo

    A xx.
    B xix.
    C Las respuestas A y B no son correctas.

2. El nacimiento de los saberes científicos se caracteriza

    A Por la ruptura epistemológica con lo anterior.
    B Por el carácter lineal de sus planteamientos.
    C Las respuestas A y B no son correctas.

3. Atendiendo al peculiar cientificismo de la Lingüística, sus investigaciones deben ser

A Correctas.
B Verdaderas.
C Eficaces.

4. La Lingüística es coherente

A Porque explica todos los fenómenos de su campo.
B Porque se basa en el menor número de razonamientos posibles.
C Las respuestas A y B son falsas.

5. La Lingüística es una disciplina

A Empírica y filosófica.
B Empírica y hermenéutica.
C Ideológica y hermenéutica.

6. El estatuto cientificista de la Lingüística fue debido

A Al exceso formalista heredado del positivismo.
B A la mutación conceptual que se produjo en la Lingüística.
C A la ruptura que se produjo con los estudios anteriores a Saussure.

7. Podemos considerar la lengua escrita como

   A Una variante de la lengua oral.
   B La manifestación más importante del lenguaje.
   C Las respuestas A y B son correctas.

8. La obra saussuriana constituye

   A El sistema conceptual de la Lingüística científica.
   B Una metodología técnica con la apariencia de una ciencia.
   C Las respuestas A y B son correctas.

9. La finalidad de la gramática es

    A Enseñar a hablar correctamente.
    B Describir los patrones de funcionamiento de las lenguas.
    C Enseñar a escribir correctamente.

10. La ruptura epistemológica que se produce en la Lingüística

    A No puede importarse a otra disciplina.
    B Puede importarse a otra disciplina.
    C Las respuestas A y B no son correctas.

11. La concepción científica que ha predominado de la Lingüística es la

A Taxonómica.
B Teórica.
C Empírica.

12. La historia de la Lingüística puede considerarse

A Lineal, de germen hegeliano.
B Cíclica, de germen kantiano.
C De rupturas.

13. Las investigaciones lingüísticas son

   A Experimentales.
   B Especulativas.
   C Las respuestas A y B son correctas.

14. Desde una postura diacrónica, la historia lingüística es

   A El desarrollo lineal de un sistema nocional.
   B El desarrollo cíclico de un sistema conceptual.
   C El desarrollo lineal de un sistema conceptual.

15. El cientificismo lingüístico se produce gracias

A A la filosofía espontánea del lingüista.
B Al voluntarismo consciente del lingüista.
C Al propio objeto de estudio e investigación.

16. El elemento intracientífico propio del discurrir epistemológico está formado por

A Objeto, Teorías y Métodos.
B Datos, Modelos y Técnicas.
C Las respuestas A y B no son correctas.

17. En el discurso epistemológico no hay propiamente objeto sino análisis de datos.

    A Verdadero.
    B Falso.
    C Por eso la Lingüística no es una ciencia.

18. El valor de las formas lingüísticas surge

    A De la relación opositiva que se establece entre ellas.
    B De la función que contraen.
    C De su carácter sistemático.

19. Los modelos lingüísticos son

    A Intuitivos y no se basan en procesos de razonamientos y deducción.
    B Justificaciones racionales de tipo general.
    C Las respuestas A y B no son correctas.

20. Según el principio de sistematicidad, la lengua es

    A Un sistema de estructuras lingüísticas.
    B Un sistema estructurado.
    C Las respuestas A y B son correctas.

21. Los métodos que utiliza la Lingüística hermenéutica son

    A Objetivos y experimentales.
    B Científicos.
    C Las respuestas A y B no son correctas.

22. La hermenéutica puede concebirse como

    A Una técnica lingüística de interpretación.
    B Un método lingüístico de explicación.
    C Un modelo lingüístico de descripción.

23. En los discursos epistemológicos se pretende

    A Elaborar planteamientos correctos.
    B Descubrir la verdad del conocimiento.
    C Conocer el objeto real.

24. Los modelos de la Lingüística científica son

    A Intuitivos e hipotéticos.
    B Deductivos y racionales.
    C Las respuestas A y B no son correctas.

25. El concepto de fonema

    A Ya existía en el Sánscrito.
    B Aparece en 1929.
    C Las respuestas A y B no son correctas.

I. Glosario.

Antropología lingüística: Rama de la Lingüística teórica surgida de la relación de la Lingüística con la Sociología, que aúna los puntos de vista lingüístico, simbólico y social del lenguaje para estudiarlo como recurso de la cultura.

Categoría: Unidad específica del discurso filosófico.

Coherencia: Requisito que comparte la Lingüística con los saberes científicos, consistente en la explicación de los fenómenos de su campo sin contradicciones.

Concepto: Unidad específica del discurso científico.

Datos de experiencia: Elemento extracientífico surgido no del conocimiento del objeto sino del propio objeto real, que constituye el principio del discurrir epistemológico.

Diacronía: Estudio del sistema de la lengua a través de la historia.

Divisiones de la Lingüística: Disciplinas lingüísticas encargadas del estudio de la organización interna de las lenguas.

Economía: Requisito que comparte la Lingüística con los saberes científicos, consistente en la explicación de los fenómenos de su campo con el menor número de razonamientos posible (véase otra acepción en capítulo 3).

Elementos extracientíficos: Categorías constitutivas del discurrir filosófico.

Elementos intracientíficos: Conceptos constitutivos del discurrir científico.

Enfoque empírico: Acercamiento que realiza el lingüista a su objeto de estudio para describirlo, aplicando una serie de dispositivos teóricos elaborados con anterioridad.

Enfoque teórico: Acercamiento que realiza el lingüista a su objeto de estudio e investigación con el fin de elaborar los dispositivos adecuados para su descripción.

Epistemología: Perspectiva que adopta la tercera vía de la Lingüística (la Teoría de la gramática) para acercarse a su objeto de estudio, consistente en el análisis de la investigación lingüística, el conocimiento de este objeto (el lenguaje y las lenguas) y el procedimiento mediante el cual se puede llegar al conocimiento del mismo a partir de la descripción de la realidad lingüística (la lengua) aplicando elementos intracientíficos, y la explicación de la posible realidad lingüística potencial (el lenguaje), aplicando, en este caso, elementos extracientíficos.

Etnolingüística: Antropología lingüística en EE. UU.

Exhaustividad: Requisito que comparte la Lingüística con los saberes científicos, consistente en la explicación de todos y cada uno de los fenómenos de su campo.

Filología: Disciplina que estudia el lenguaje concretado en las lenguas con el objeto de comprender y fijar mejor los textos.

Filosofía de la ciencia lingüística: Vertiente que adopta la tercera vía de la Lingüística (la Teoría de la gramática) para acercarse a su objeto de estudio sincrónicamente con el fin de precisar cómo se produce el conocimiento lingüístico.

Filosofía del lenguaje: Rama de la Lingüística teórica surgida de la relación de la Lingüística con la Filosofía, que aúna los puntos de vista lingüístico y simbólico del lenguaje para estudiarlo en relación con y desde el punto de vista del hombre.

Filosofía espontánea: Reflexión (consciente o inconsciente) que afecta a los elementos mediante los cuales el teórico de cualquier disciplina construye su entramado particular y que, en el caso de los discursos lingüísticos, ha causado la confusión entre los elementos científicos e ideológicos.

Funcionalidad: Principio que otorga al signo el carácter de lingüístico gracias a la función que su forma desempeña dentro del sistema de la lengua, a partir de las relaciones sintagmáticas y paradigmáticas que contrae con otros signos del mencionado sistema.

Glosodidáctica: Rama de la Lingüística aplicada surgida de la relación de la Lingüística con la Psicología, que aúna los puntos de vista lingüístico y social del lenguaje con objeto de formular técnicas para la enseñanza y aprendizaje de las lenguas.

Glotológico: Relativo al plano de la reflexión teórica en el ámbito disciplinario de la Lingüística (véase *metateoría*).

Hermenéutica: Técnica de la concepción epistemológica de la Lingüística basada en la descripción fenomenológica y la explicación trascendental.

Historiografía lingüística: Vertiente que adopta la tercera vía de la Lingüística (la Teoría de la gramática) para acercarse a su objeto de estudio diacrónicamente con el fin de precisar los distintos textos que han posibilitado la evolución de la Lingüística a lo largo de la historia.

Idealismo: Perspectiva que adopta la primera vía de la Lingüística (la Teoría del lenguaje) para acercarse a su objeto de estudio con la finalidad de aprehenderlo social, simbólica y biológicamente (véase otra acepción en capítulo 2).

Ideología: Conjunto de ideas conscientes mediante las cuales los hombres toman conciencia de la realidad y la valoran epistemológicamente.

Inmanencia: Principio saussureano según el cual la Lingüística tiene por objeto la lengua considerada como una estructura.

Lenguaje: Sujeto trascendente de la Lingüística, surgido a partir de la facultad de comunicación del ser humano.

Lingüística aplicada: La que estudia las aplicaciones de la Lingüística destinadas a resolver problemas reales.

Lingüística clínica: Rama de la Lingüística aplicada surgida de la relación de la Lingüística con la Biología, que aúna los puntos de vista lingüístico y neuropsicológico del lenguaje con el fin de evaluar los déficits lingüísticos provocados por patologías y diseñar la actividad terapéutica necesaria para poder paliarlos.

Lingüística computacional: Rama de la Lingüística aplicada surgida de la relación de la Lingüística con la Biología, que aúna los puntos de vista lingüístico y simbólico del lenguaje con objeto de hacer lingüística ayudados por ordenadores.

Lingüística del Objeto: Lingüística de orientación interna que, basada en la dialéctica lenguaje/lengua, estudia el segundo miembro de la misma.

Lingüística del Sujeto: Lingüística de orientación externa que, basada en la dialéctica lenguaje/lengua, estudia el primer miembro de la misma como prisma organizador de la realidad empírica lingüística (la lengua y el habla).

Lingüística descriptiva: Postura que adopta la segunda vía de la Lingüística (la Teoría de la lengua) para acercarse a su objeto de estudio desde una orientación interna y realizar un análisis teórico y empírico de la lengua en un momento dado de su historia. Es propia de la Lingüística particular.

Lingüística externa: Orientación de la Lingüística que, basada en la dialéctica lenguaje/lengua, le permite acercarse al primer miembro de la misma para concretarse como una Teoría del lenguaje.

Lingüística general: Disciplina que, desde una orientación externa y atendiendo a primer miembro del paradigma (Lingüística), estudia el lenguaje natural humano considerándolo como parte universal y como fundamento de la esencia del hombre; y desde una orientación interna y atendiendo, en este caso, al segundo miembro del paradigma (general), estudia las lenguas en su variedad, ya sea desde un enfoque teórico o empírico.

Lingüística histórica: Postura que adopta la segunda vía de la Lingüística (la Teoría de la lengua) para acercarse a su objeto de estudio desde una orientación interna y realizar un análisis teórico y empírico de la lengua a través del tiempo. Es propia de la Lingüística particular.

Lingüística interna: Orientación de la Lingüística que, basada en la dialéctica lenguaje/lengua, le permite acercarse al segundo miembro de la misma para concretarse desde un enfoque teórico como una Teoría de la gramática y desde un enfoque empírico como una Teoría de la lengua.

Lingüística biológica: Punto de vista que adopta la primera vía de la Lingüística (la Teoría del lenguaje) para acercarse a su objeto de estudio con la finalidad de estudiar su carácter mental.

Lingüística particular: Disciplina que, desde una orientación externa y atendiendo a primer miembro del paradigma (Lingüística), estudia el lenguaje natural humano; y desde una orientación interna y atendiendo, en este caso, al segundo miembro del paradigma (particular), estudia la lengua en su especificidad, ya sea desde un enfoque teórico o empírico.

Lingüística simbólica: Punto de vista que adopta la primera vía de la Lingüística (la Teoría del lenguaje) para acercarse a su objeto de estudio con la finalidad de estudiar su potencialidad como signo que se va a emplear comunicativamente.

Lingüística social: Punto de vista que adopta la primera vía de la Lingüística (la Teoría del lenguaje) para acercarse a su objeto de estudio con la finalidad de sistematizar la diversidad lingüística.

Lingüística teórica: La que estudia el lenguaje y también las lenguas desde un enfoque tanto teórico como empírico.

Lingüística tipológica: Postura que adopta la segunda vía de la Lingüística (la Teoría de la lengua) para acercarse a su objeto de estudio desde una orientación interna y realizar un análisis comparativo entre las lenguas ya sea histórico (basado en el paso del tiempo) o sincrónico (basado solo en los rasgos de las lenguas sin tener en cuenta su cronología). Es propia de la Lingüística general.

Lingüística: Disciplina que estudia el lenguaje natural humano considerándolo como algo universal y constitutivo de la esencia del hombre.

Metateoría: Teoría sobre las teorías que los lingüistas han creado para describir su objeto de estudio.

Método: Elemento intracientífico constituido por los distintos pasos que recorre el saber científico hasta llegar al conocimiento del objeto real.

Metodología técnica: Formulación de carácter epistemológico en la que sus elementos extracientíficos tienen la apariencia de los elementos constitutivos del paradigma cientificista.

Modelo: Elemento extracientífico formado por el conjunto de entramados nocionales (intuitivos o hipotéticos) que el filósofo construye sobre los datos de la experiencia.

Mutación conceptual: Procedimiento mediante el cual las nociones del ámbito epistemológico y las categorías del ámbito filosófico pierden su validez operativa en los mismos y pasan a funcionar en el ámbito científico adquiriendo el estatuto de concepto.

Neurolingüística: Rama de la Lingüística teórica surgida de la relación de la Lingüística con la Biología (Neurología), que aúna los puntos de vista lingüístico y neurológico del lenguaje para estudiar el funcionamiento del lenguaje verbal y sus manifestaciones en correlación con el cerebro.

Neutralización: Fenómeno que se produce en cualquier nivel lingüístico cuando una oposición entre dos unidades deja de tener valor distintivo.

Noción: Unidad específica del discurso epistemológico.

Objeto: Elemento intracientífico que constituye el fin propio del discurrir científico: el conocimiento de los objetos reales.

Oposición: Principio lingüístico que permite a un elemento de los distintos niveles que constituyen la estructura del sistema lingüístico, relacionarse con otro para ser diferenciado y adquirir un valor entre los mismos.

Planificación lingüística: Rama de la Lingüística aplicada surgida de la relación de la Lingüística con la Sociología, que aúna los puntos de vista lingüístico y social del lenguaje con objeto de gestionar las lenguas con un propósito determinado.

Pragmática: Rama de la Lingüística teórica surgida de la relación de la Lingüística con la Sociología, que aúna los puntos de vista lingüístico, social y simbólico del lenguaje para estudiarlo como elemento comunicativo en su relación con los hablantes y con los contextos.

Problemática: Unidad específica de toda formulación teórica en sentido general y lugar en el que se ubica esa unidad.

Psicolingüística: Rama de la Lingüística teórica surgida de la relación de la Lingüística con la Psicología, que aúna los puntos de vista lingüístico y psicológico del lenguaje con el fin de comprender los aspectos cognitivos relacionados con la emisión y recepción de los mensajes así como con la adquisición del lenguaje y su desarrollo.

Ramas de la Lingüística: Disciplinas lingüísticas encargadas del estudio de la situación y los marcos de existencia de los hechos lingüísticos.

Realismo: Perspectiva que adopta la segunda vía de la Lingüística (la Teoría de la lengua) para acercarse a su objeto de estudio con la finalidad de aprehenderlo descriptivo, histórica y tipológicamente (véase otra acepción en capítulo 2).

Ruptura epistemológica: Procedimiento que marca el nacimiento de una problemática científica, caracterizado por el abandono de los elementos epistemológicos anteriores y por la instauración de un sistema conceptual.

Sincronía: Estudio del sistema de la lengua en un momento dado de su historia.

Sistema conceptual: Conjunto de conceptos que constituyen la teoría de los dominios científicos.

Sistema nocional: Conjunto de nociones que constituyen el modelo de los dominios epistemológicos.

Sistematicidad: Principio lingüístico que nos permite concebir la lengua como un sistema de elementos situados en diferentes niveles.

Sociolingüística: Rama de la Lingüística teórica surgida de la relación de la Lingüística con la Sociología, que aúna los puntos de vista lingüístico, simbólico y social del lenguaje para estudiarlo atendiendo a la variación lingüística en relación con el contexto social.

Sujeto: Fin último del discurrir epistemológico que aparece oculto tras la inmanencia del objeto.

Técnica: Elemento extracientífico constituido por los distintos pasos que recorre el saber filosófico para llegar desde los datos de la experiencia al Sujeto oculto.

Teoría del lenguaje natural humano: Primera vía que adopta la Lingüística para acercarse a su objeto de estudio (el lenguaje) como resultado de su concreción desde una orientación externa.

Teoría general de las gramáticas: Tercera vía que adopta la Lingüística para acercarse a su objeto de estudio (las lenguas) como resultado de la concreción que el enfoque teórico permite adoptar a la Lingüística general desde una orientación interna.

Teoría general de las lenguas: Segunda vía que adopta la Lingüística para acercarse a su objeto de estudio (las lenguas) como resultado de la concreción que el enfoque empírico permite adoptar a la Lingüística general desde una orientación interna.

Teoría: Elemento intracientífico formado por el conjunto de entramados conceptuales que el científico construye sobre su objeto de estudio e investigación, basado en una serie de razonamientos, pruebas y deducciones.

Traductología: Rama de la Lingüística aplicada surgida de la relación de la Lingüística con la Sociología, que aúna los puntos de vista lingüístico y social del lenguaje con objeto de formular técnicas o estrategias de transferencia de una lengua a otra.

Trascendencia: Principio según el cual la Lingüística tiene por Sujeto el lenguaje.

Unidad: Término de la oposición entre dos elementos lingüísticos de cualquier nivel.

J. Bibliografía general.

ALTHUSSER, L. (1975): *Curso de filosofía para científicos*, Laia, Barcelona.

APOSTEL, L. (1972): *Epistemología de las ciencias humanas*, Proteo, Buenos Aires.

ARTIGAS, M. (1989): *Filosofía de la ciencia experimental: la objetividad y la verdad en las ciencias*, Eunsa, Pamplona.

ATKINSON, M. & KILBY, D. & ROCA, I. (1988): *Foundations of General Linguistics,* Unwin Hyman, Londres.

BACHELARD, G. (1976): *El compromiso racionalista*, Siglo XXI, Buenos Aires.

BACHELARD, G. (1974): *La formación del espíritu científico*, Siglo XXI, Buenos Aires.

BADIOU, A. (1972): *El concepto de modelo*, Siglo XXI, Buenos Aires.

BERNARDO PANIAGUA, J. Mª (1995): *La construcción de la Lingüística. Un debate epistemológico*, Universidad de Valencia, Valencia.

BLASCO, R. J. (1973): *Lenguaje, filosofía y conocimiento*, Ariel, Barcelona.

BLOOMFIELD, L. (1973): *Aspectos lingüísticos de la Ciencia*, Taller de ediciones J. B., Madrid.

BOTHA, R. P. (1992): *Twentieth Century Conceptions of Language*, Blackwell Publishers, Oxford.

BRUNET ICART, I. & VALERO IGLESIAS, L. (1996): *Epistemología I. Sociología de la ciencia*, P.P.U., Barcelona.

BUNGE, M. (1985): *Pseudociencia e ideología*, Alianza Universidad, Madrid.

BUNGE, M. (1974): *La Ciencia. Su método y su filosofía*, Siglo xxi, Buenos Aires.

BUNGE, M. (1983): *Lingüística y Filosofía*, Ariel, Barcelona.

CABTREE, M. & POWERS, J. (comp.) (1991): *Language Files: Materials for an Introduction to Language*, Ohio State University Press, Columbus.

CANTERO SERENA, F. J. (1988): «El posicionamiento filosófico en lingüística» *apud* MARTÍN VIDE, C. (ed.), *Actas del III Congreso de lenguajes naturales y lenguajes formales*, Universidad de Barcelona, Barcelona, pp. 283-289.

CHALMERS, A. F. (1994): *¿Qué es esa cosa llamada ciencia?*, Siglo xxi, Madrid.

CRESPILLO, M. (1981): «Predominio lingüístico e interdisciplinariedad», *Ciencias y Letras*, 3, pp. 25-31.

CRYSTAL, D. (1977): *What is Linguistics?*, Arnold, Londres.

CRYSTAL, D. (1987): *The Cambridge Encyclopedia of Language*, Cambridge University Press, Cambridge.

DIÉGUEZ, A. (1997): «Verdad y progreso científico», *Arbor*, 620, pp. 301-321.

DOROSZEWSKI, W. (1972): «Observaciones sobre las relaciones de la sociología y la lingüística» *apud Teoría del lenguaje y Lingüística general*, Paidós, Buenos Aires, pp. 66-73.

ESTANY, A. (1990): *Modelos de cambio científico*, Crítica, Barcelona.

FERNÁNDEZ PÉREZ, M. (1984): «El carácter de la ciencia lingüística», *Verba*, 11, pp. 129-156.

FERNÁNDEZ PÉREZ, M. (1986): «Las disciplinas lingüísticas», *Verba*, 13, pp. 15-73.

FERNÁNDEZ PÉREZ, M. (1986): *La investigación lingüística desde la Filosofía de la ciencia*, Verba, anexo 28, Universidad de Santiago, Santiago de Compostela.

GILSON, E. (1974): *Lingüística y filosofía*, Gredos, Madrid.

GÓMEZ FERRI, J. (1996): «El estudio social y sociológico de la ciencia y la convergencia hacia el estudio de la práctica científica», *Theoria*, 27, pp. 205-225.

GONZÁLEZ GARCÍA, M., LÓPEZ CEREZO, J. A. & LUJÁN J. L. (eds.) (1997): *Ciencia, tecnología y sociedad*, Ariel, Barcelona.

HOCKETT, Ch. (1972): *Curso de Lingüística moderna*, Eudeba, Buenos Aires.

HOOK, S. (1982): *Lenguaje y filosofía*, F.C.E., México.

JESPERSEN, O. (1975): *La filosofía de la Gramática*, Anagrama, Barcelona.

KRISTEVA, J. (1971): «Les épistémologies de la linguístique», *Language*, 24, pp. 3-13.

KUHN, T. S. (1981): *La estructura de las revoluciones científicas*, F.C.E., México.

MANTECA ALONSO, A. (1987): *Lingüística General*, Cátedra, Madrid.

MARTINET, A. (1974): *Elementos de Lingüística General,* Gredos, Madrid.

MEDAWAR, P. (1993): *La amenaza y la gloria: reflexiones sobre la ciencia y los científicos*, Gedisa, Barcelona.

MILLER, G. A. (1971): *Ciencias sociales: ideología y conocimiento*, Siglo XXI, Buenos Aires.

MILNER, J. C. (1989): *Introduction à une science du langage,* Seuil, París.

MONSERRAT, J. (1984): *Epistemología evolutiva y teoría de la ciencia*, Universidad Pontificia de Comillas, Madrid.

MOSTERÍN, J. (1984): *Conceptos y Teorías en las ciencias*, Alianza, Madrid.

NEWMEYER, F. (comp.) (1990): *Panorama de la Lingüística moderna de la Universidad de Cambridge. I Teoría lingüística: Fundamentos*, Visor, Madrid.

PÊCHEUX, M. (1971): *Sobre historia de las Ciencias*, Siglo XXI, Buenos Aires.

PERUTZ, M. F. (1990): *¿Es necesaria la ciencia?,* Espasa Universidad, Madrid.

PETERS, S. (dir.) (1972): *Los objetivos de la teoría lingüística*, Gredos, Madrid.

POPPER, K. R. (1977): *La lógica de la investigación científica*, Tecnos, Madrid.

POPPER, K. R. (1994): *En busca de un mundo mejor*, Paidós, Barcelona.

RADFORD, A., ATKINSON, M., BRITAIN, D., CLAHSEN, HARALD & SPENCER, A. (1999): *Linguistics: An introduction*, Cambridge University Press, Cambridge.

ROBINS, H. R. (1971): *Lingüística general. Estudio introductorio*, Gredos, Madrid.

RORTY, R. (1990): *El giro lingüístico*, Paidós, Barcelona.

RUSSELL, B. (1949): *La perspectiva científica*, Ariel, Barcelona.

TRASK, R. L. (2006): *Lingüística para todos*, Paidós Ibérica, Barcelona.

YLLERA, A. *et alii* (1983): *Introducción a la Lingüística*, Alhambra, Madrid.

A. Cronograma.

Semana 4

Actividad docente	Horas presenciales		Horas no presenciales		
	Teó-ricas	Prác-ticas	Estu-dio	Ejer-cicios	Tuto-rías
1. Lectura de los puntos 1, 2, 3 y 4 del tema y anotación de dudas			1		
2. Exposición panorámica de los puntos 1, 2, 3 y 4 y resolución de dudas	2				
3. Realización de actividades teóricas y prácticas 1 y 2 y textos 1 y 2				2	
4. Estudio de los contenidos y nociones de los puntos 1, 2, 3 y 4			1		
5. Sesión práctica sobre los contenidos y actividades realizadas		2			

Semana 5

Actividad docente	Horas presenciales		Horas no presenciales		
	Teó-ricas	Prác-ticas	Estu-dio	Ejer-cicios	Tuto-rías
1. Lectura de los puntos 5, 6, 7 y 8 del tema y anotación de dudas			1		
2. Exposición panorámica de los puntos5, 6, 7, y 8 y resolución de dudas	2				
3. Realización de actividades teóricas y prácticas 3 y texto 3				2	
4. Estudio de los contenidos y nociones de los puntos 5, 6, 7, y 8			1		
5. Sesión práctica sobre los contenidos y actividades realizadas		2			
6. Tutorías grupales o autorresolución de dudas					2

Semana 6

Actividad docente	Horas presenciales		Horas no presenciales		
	Teó-ricas	Prác-ticas	Estu-dio	Ejer-cicios	Tuto-rías
1. Lectura de los puntos 9, 10 y 11 del tema y anotación de dudas			1		
2. Exposición panorámica de los puntos 9, 10, y 11 y resolución de dudas	2				
3. Realización de actividades teóricas y prácticas 4, 5, 6 y 7, texto 4 y lecturas				2	
4. Estudio de los contenidos y nociones de los puntos 9, 10 y 11			1		
5. Sesión práctica sobre los contenidos y actividades realizadas		2			
6. Proceso de autoevaluación			1		
7. Tutorías grupales o autorresolución de dudas					2
Total volumen de trabajo del tema en las tres semanas	6	6	7	6	4
	12		17		

B. Objetivos.

1. *Adquirir* una visión panorámica de las principales aportaciones teóricas sobre el estudio del lenguaje en el mundo clásico.

2. *Valorar* la especulación medieval en la historia el pensamiento lingüístico.

3. *Conocer* la reflexión gramatical durante la Edad Moderna.

4. *Valorar* los estudios sobre el lenguaje realizados durante el siglo XIX.

5. *Conocer* los fundamentos de los análisis lingüísticos durante la contemporaneidad.

C. Palabras clave.

– Teoría *Phisey*.

– Racionalismo.

– Gramática histórica.

– Transformacionalismo.

– Teoría *Thesey*.

– Empirismo.

– Neogramática.

– Estructuralismo.

D. Organización de los contenidos.

1. El estudio del lenguaje desde el ámbito diacrónico: panorama histórico.
2. Reflexión filosófica, Gramática y Retórica en el mundo griego.
3. Reflexión filosófica, Gramática y Retórica en el mundo latino.
4. Gramática y Retórica en la Edad Media.
5. Los estudios sobre el lenguaje en la Edad Moderna: las Gramáticas teóricas y prácticas del Renacimiento.
6. Los estudios sobre el lenguaje en la Edad Moderna: las Gramáticas racionalistas y empiristas de la Ilustración.
7. Los estudios sobre el lenguaje en el siglo xix: la Lingüística Histórico comparada.
8. Los estudios sobre el lenguaje en el siglo xix: la aportación de Humboldt.
9. Los estudios sobre el lenguaje en el siglo xix: los Neogramáticos.
10. Los estudios sobre el lenguaje en el siglo xx: el Estructuralismo.
11. Los estudios sobre el lenguaje en el siglo xx: el Transformacionalismo.

Una vez que haya estudiado el tema y con el fin de que alcance una visión panorámica del mismo que le ayude a *sintetizar, ordenar* y *estructurar* una información de cierta amplitud y a preparar una posible prueba de examen, realice un **cuadro sinóptico o esquema** en el que, partiendo de la estructuración propuesta anteriormente, organice de manera resumida los contenidos fundamentales del tema. Utilice para ello únicamente el espacio que se le propone.

E. Desarrollo de los contenidos.

1. El estudio del lenguaje desde el ámbito diacrónico: panorama histórico.

Como dijimos en el capítulo anterior, el lenguaje ha interesado al hombre desde la Antigüedad y ya antes que las reflexiones sobre la Química o la Biología, por poner unos casos, las preocupaciones sobre el lenguaje estaban presentes en su mentalidad.

Por ello vamos a hacer en este apartado una presentación general de cómo han sido las reflexiones en torno al lenguaje a lo largo de la historia, dejando para capítulos posteriores el estudio de las características que en la actualidad han interesado más a los lingüistas.

Conviene precisar que nuestra intención en este apartado no es hacer una historia de la Lingüística sino presentar una perspectiva histórica de cómo han sido las reflexiones sobre el lenguaje a lo largo de la historia.

En el devenir de estas reflexiones, la aparición de lo que se ha denominado Lingüística, en el siglo XIX, gracias al positivismo y como consecuencia de la filosofía Kantiana, que posibilitó una metodología técnica específica de aproximación a las Ciencias Humanas y, en el caso de la Lingüística, al Lenguaje desde un punto de vista estrictamente lingüístico, produjo el exceso formalista que aparentemente le permitió el autoestablecimiento del estatuto cientificista para ella misma.

En este sentido, el proceso de mutación conceptual que caracteriza el nacimiento de una ciencia tras el abandono de los elementos epistemológicos anteriores que exigía, en el caso del lingüista, la reflexión seria, coherente y ordenada no solo sobre la naturaleza de estos elementos y el objeto resultante, sino también sobre la metodología técnica específica de aproximación a los fundamentos del lenguaje, que llevara a la instauración del sistema conceptual que constituiría la teoría del nuevo dominio científico, encontró en la obra Saussureana el aparente ámbito de desarrollo.

Sin embargo, la linealidad en los estudios lingüísticos así como la falsa ruptura epistemológica importada de otros ámbitos del saber, nos van a permitir, defender el abandono del estatuto cientificista de la Lingüística mediante la defensa de dos principios; a saber:

a) La concepción de la Lingüística como una *técnica de interpretación* del fenómeno humano del Lenguaje.

b) El carácter *dinámico* de los textos sobre el lenguaje, puesto que los tecnicismos lingüísticos (frente a la invariabilidad de los conceptos científicos) están en un proceso de cambio evolutivo.

La consecuencia de estas reflexiones exige una historia lineal, en la que el llamado nacimiento de la Lingüística durante el siglo xix debe entenderse como el nacimiento de un nuevo término (puesto que las preocupaciones sobre la lengua, que recoge el segundo término del sintagma Lingüística Particular o General, ya existían con anterioridad). Se trata pues de una Lingüística en la que en un primer momento se desarrolla el término Particular o General (estudiando la Lengua o las Lenguas), frente a un segundo momento en el que, linealmente, se atiende ahora al término Lingüística propiamente dicho (estudiando el Lenguaje).

Se trata de la evolución de la Lingüística del Objeto (de la Lengua) a la Lingüística del Sujeto (del Lenguaje). Ahora el Lenguaje aparece como Sujeto, como prisma organizador de la realidad empírica lingüística (la Lengua y el Habla). Es la aportación lingüística a la Filosofía de la Modernidad, en la que el hombre adquiere el rango de Sujeto, ya sea de su propia realización (Marx), de su propia realidad (Nietzsche), de su propia idealidad (Freud) o, como en el caso que nos ocupa, de su propio Lenguaje.

En este sentido, los dos grandes paradigmas de la Lingüística; a saber, el estructuralista y el transformatorio deben entenderse dentro de este prisma y bajo la linealidad señalada, de la siguiente manera:

a) El *discurso transformatorio* presenta una visión trascendental del Lenguaje —conocer es reconocerse en el Lenguaje)— desarrollando linealmente la *problemática del sujeto cartesiano.*

Esta reflexión lingüística (paralela a la hermenéutica filosófica trascendental del conocimiento desarrollada por Dilthey o Heidegger) fue comenzada por Platón en el Crátilo, recogida por el Nominalismo Medieval y el racionalismo cartesiano, y continuada en la Edad Moderna por Herder. El lenguaje no es un instrumento, sino que el acto de pensar mismo es un acto de lenguaje, y puesto que el hombre es un ser activo y con libertad de pensar, es una criatura de lenguaje. Desde este punto de vista, el Lenguaje se convierte en el creador del hombre mismo, en la determinación de la energía del Espíritu.

Consecuentemente, el Lenguaje es un instrumento innato (Descartes) de la Razón; no es ni una ideología ni una concepción del mundo, sino el mundo intermedio mediador que permite el entendimiento objetivo y subjetivo de la realidad (Humboldt), el Sujeto constitutivo de la realidad. Con ello Humboldt establece dos principios:

– *Lenguaje como actividad*, como creación del que habla. Así es:

    * Subjetivo, puesto que no es algo dado por el mundo exterior; es un modo peculiar de representar en nosotros ese mundo.

* Objetivo, puesto que es obra de una nación a lo largo de su historia y, por consiguiente, extraño al individuo.

– *Lenguaje como organismo*: el lenguaje no es solo un medio para expresar la Verdad sino un camino para conocer aquello que no conocemos.

b) El *discurso estructural* presenta, a su vez, una visión inmanente del Lenguaje —conocer es conocer primeramente la realidad funcional y convencional de nuestro lenguaje al uso—, desarrollando linealmente la *problemática del sujeto kantiano*, la dialéctica entre lo empírico y lo trascendental llevada a lo lingüístico.

Esta reflexión lingüística (paralela a la hermenéutica filosófica inmanente del conocimiento desarrollada por Bollnow) fue comenzada por Aristóteles, continuada por Santo Tomás y la reflexión empirista, y desarrollada por la filosofía kantiana.

Desde la reflexión aristotélica sobre el funcionamiento y las relaciones que se pueden establecer entre las palabras, el Lenguaje se convierte en representación de nosotros mismos y después de las cosas, expresando un significado mediante un acuerdo y sin tiempo.

Por ello, se trata de justificar el fenómeno lingüístico no desde la ontología, sino desde la actuación empírica, desde el habla, para llegar a la estructura del conocimiento. Y, en este sentido, la doble faceta empírica (Lengua y Habla) y trascendental (Lenguaje), permite la reflexión estructural de origen kantiano que concibe una doble funcionalidad en el Lenguaje:

– La de la *Lengua*, como un sistema interior y social que actualiza la parte trascendente del Lenguaje.

– La del *Habla*, como una realización individual y exterior que actualiza la parte inmanente del Lenguaje.

Nuestra tarea como lingüistas consiste en analizar la problemática de los discursos lingüísticos a lo largo de la historia siguiendo la propuesta anterior. En este sentido, Crespillo propone una doble operación:

– *Confrontar* la historia lineal inherente a la visión epistemológica de la Lingüística que sustentamos, con la historia de las discontinuidades propia del cientificismo lingüístico.

– *Deslindar* lo epistemológico de lo científico que aparece en los textos lingüísticos.

Con esta propuesta podrá desvelarse el voluntarismo consciente que lleva los textos lingüísticos desde el terreno de lo epistemológico al ámbito de lo científico.

Y, según Pêcheux, el medio para ello nos lo proporciona el discurrir filosófico en cuanto técnica hermenéutica que nos permite:

a) *Enunciar tesis* (es decir, proposiciones que no dan lugar como en las ciencias a razonamientos, pruebas u demostraciones, sino a justificaciones particulares de tipo racional), sin pretender encontrar la verdad sino elaborar planteamientos correctos y, consecuentemente, coherentes con la base epistemológica que sustente la reflexión.

b) Establecer *líneas de demarcación* entre lo epistemológico de las epistemologías y lo científico de las ciencias.

c) Puesto que tiene como objeto la *ausencia de objeto*, la reflexión hermenéutica nos permitirá deslindar la visión del mundo, los aspectos sujetuales del discurso epistemológico (humanismo), del conocimiento del objeto real, propio de la herencia cientificista (formalismo).

La razón para ello es que, en general, los discursos lingüísticos hacen intervenir la noción de sujeto filosófico, pero lo hacen en un entramado que tiene la apariencia de una conceptualización científica; por eso, es la *problemática del sujeto* la que se oculta —y a veces se ignora— en los textos lingüísticos.

La *razón para esta ocultación* y para la confusión entre los elementos epistemológicos y científicos que hemos señalado, está en lo que Althusser denomina *filosofía espontánea*, modalidad que afecta a los elementos mediante los cuales el teórico de cualquier disciplina construye su entramado particular. Esta filosofía espontánea es inconsciente en el paradigma estructuralista, mientras en el paradigma transformacional puede ser consciente (en la primera modalidad de estos discursos, la sintaxis, que actualiza el racionalismo cartesiano en los distintos modelos sintácticos) o inconsciente (en la segunda modalidad de los discursos transformatorios, la semántica, porque las representaciones semánticas coinciden con las de la lógica simbólica, presentando, en este caso, una influencia más neopositivista).

En resumen, podemos decir que las disciplinas lingüísticas en la actualidad se siguen moviendo todavía bajo la *problemática* que actualiza, a veces implícitamente, la oposición teoricometodológica entre los dos grandes paradigmas que han organizado la historia del saber lingüístico: el *realista*, que considera el lenguaje exclusivamente como un Objeto de estudio e investigación, y el *idealista*, que lo considera como auténtico Sujeto de la Lingüística. Con todo, ambos paradigmas no son excluyentes, y no es porque la separación epistémica deje entrever, por un lado, la escisión entre los planos *lingüístico* o de la realidad lingüística y *glotológico* o de la reflexión del lenguaje (Coseriu, Heger, Villena) y, por otro, la adopción metodológica entre el *autonomismo estructuralista* y el *empirismo* más o menos mecanicista, sino porque la trascendencia del Sujeto lingüístico necesita, dado su carácter espiritual, la inmanencia de objetos lingüísticos a través de los cuales hacerse patente y existir (Crespillo); lo que le confiere la relación de complementariedad de la tan necesaria reformulación, que permita no solo salvar la confusión entre los diferentes planos al que ha estado sometido el ámbito lingüístico, sino también aglutinar el *objetivismo cientificista* (Hjelmslev) con la recuperación de los *valores del hablante* (recuérdese lo propuesto en el Capítulo 1).

Por ello vamos a centrar nuestras reflexiones posteriores en el desarrollo lineal de ambos paradigmas.

Comenzaremos señalando que las primeras preocupaciones sobre el lenguaje aparecen ya en la prehistoria de la Lingüística, que coincide con la historia de los pueblos. Por ello, son los documentos históricos los que nos permiten apreciar estas preocupaciones.

Las preocupaciones lingüísticas en los pueblos primitivos son de doble naturaleza:

– *Práctica*: porque es necesario el comercio y las relaciones diplomáticas.

– *Filológica*: por ejemplo, el estudio de los cambios y evolución en la lengua egipcia realizados por los encargados de los archivos de la administración.

En los antiguos habitantes de la India encontramos el primer intento serio por sistematizar una lengua. Y fruto de ello es la primera gramática descriptiva formalizada.

En este caso, las reflexiones lingüísticas se produjeron por la necesidad de conservar intactos los himnos sagrados. Son textos cuya eficacia consiste en que se realice igual tanto el aspecto morfosintáctico, léxico, etc. (se ha de rezar tal y como estaba al principio para que tenga efecto religioso; de ahí que los textos del 2000 al 1500 a. C. fueran orales). Se sometieron a estudio para que no pudieran cambiar. Después se estudiará la lengua hablada: el sánscrito.

La única gramática escrita es la de *Panini* (IV a. C.), que nos transmite una posible tradición oral de los estudios lingüísticos. Es un análisis descriptivo relacionado con los cambios de la evolución de la lengua y contiene 4000 reglas para ser transmitidas oralmente, escritas en verso para poder memorizarse.

Sus características principales son:

– Conocimiento de la segunda articulación.

– Distingue los componentes fonéticos de cada realización: las vocales, que se realizan dentro de la boca, y las consonantes, que lo hacen fuera.

– Han pasado del signo escrito al oral, haciendo, por tanto, Lingüística.

– Han llegado a la abstracción lingüística de que la lengua es forma.

2. Reflexión filosófica, Gramática y Retórica en el mundo griego.

Las gramáticas griegas son las primeras occidentales y demuestran que las preocupaciones lingüísticas son aquí paralelas a cualquier otra preocupación del conocimiento humano.

Y lo importante es que el historiador de la Lingüística ya no discurrirá a partir de deducciones intuitivas, puesto que se dispone ya de textos documentados que tratan sobre el lenguaje de manera directa.

Realizaron un estudio exhaustivo del griego, sobre todo *estético* (forma de escribir y reglas para escribir correctamente) y *filosófico*, basado en el estudio del origen del lenguaje y de la etimología.

– Los estudios sobre el *origen del lenguaje* se basan en dos concepciones diferentes:

• La teoría *Phisey*, defendida por Platón, que sostiene que las palabras designan las cosas según su naturaleza (no habría, por tanto, arbitrariedad). Será continuada por Heráclito y los estoicos hasta dar lugar a la escuela *anomalista*. Éstos piensan que no hay regularidad dentro del lenguaje (normal sería todo lo irregular), puesto es producto de la Naturaleza y ésta no se somete a ninguna regla. El nombre es, como la pintura, una imitación del objeto.

• La teoría *Thesey*, defendida por Aristóteles, que sostiene que las palabras designan las cosas por convención. Continuada, en este caso, por Demócrito y los escépticos, dará lugar a la escuela *analogista*, que defiende la idea de que el lenguaje se debe a unas reglas estrictas, por lo que no hay irregularidad y los nombres se dan a las cosas por pacto social.

Esta doble y opuesta concepción ha proporcionado los valores polares que han permanecido durante siglos: el Realismo (paradigma realista) y el Idealismo (paradigma idealista).

– Los estudios *etimológicos* fueron realizados tanto por los anomalistas como por los analogistas para afirmar su postura, para ver si el origen de la palabra se debe a la naturaleza o no. Sin embargo, no consideraron el cambio lingüístico (evolución de una lengua) por lo que no pudieron explicar el origen de una palabra.

Su método se basaba en tres procedimientos:

• En la descomposición de una palabra en otra. Así, *anthropos* vendría del griego *anathon ha opopen* (el que mira hacia lo que ha visto).

• En la búsqueda de semejanzas externas entre las palabras. *Theoi* (dios) y *Theota* (girar).

• En el simbolismo de los sonidos. Así, por ejemplo, la «r» significaba 'vibración, movimiento'. *Rein*: fluir; y la «l» significaba 'blando, liso'. *Leios*: liso.

En general, la etimología griega es errónea, pero continúa en el período latino y en la Edad Media con San Isidoro de Sevilla, que escribe sus *Etimologías* con la concepción griega.

La reflexión cumbre del mundo griego se plasmó en la *Techné Grammatiké* de Dionisio de Tracia (siglo II a. C.), primera gramática que aparece en el mundo mediterráneo, concebida como el conocimiento práctico de los usos generales de los poetas y escritores de prosa.

Se compone de lecturas, explicaciones de expresiones literarias, etimologías y estudios lingüísticos:

– *Fonético-prosódicos*: en los que se estudia los valores fonéticos de las letras (elementos primarios e indivisibles del lenguaje), la distinción de la cantidad en vocales y sílabas, la separación de los elementos aspirados de los no aspirados, y el establecimiento de las marcas gráficas del griego clásico.

– *Gramaticales*: sobre todo centrados en la descripción de la oración, la palabra, las partes de la oración y las categorías gramaticales.

3. Reflexión filosófica, Gramática y Retórica en el mundo latino.

En general, los gramáticos latinos se caracterizaron por aplicar al latín el pensamiento griego, las controversias griegas y las categorías del lenguaje de los griegos. Las aportaciones de este período a los estudios lingüísticos fueron, sobre todo, en el ámbito de las gramáticas; veamos, pues, a los gramáticos latinos más importantes.

– *Marco Terencio Varrón* (116-27 a. C.) es el más original e independiente de los gramáticos romanos. Influenciado por los estoicos y los alejandrinos considera la gramática como el conocimiento sistemático del uso de la mayoría de los poetas, historiadores y oradores; y la divide en tres partes: etimología, morfología y sintaxis.

Sobre el origen del lenguaje, considera que éste se desarrolló a partir de un número limitado de palabras impuestas a la realidad. Por cambio en las letras de estas palabras se originarían las demás.

Consideró además, la etimología histórica *(declinatio naturalis)* y la formación sincrónica por derivación y flexión *(declinatio voluntaris)*.

En cuanto a la dialéctica entre anomalía y analogía, piensa que hay que adoptar los dos puntos de vista para la formación de las palabras y para los significados ligados a ella.

– *Donato* (siglo IV) es autor del tratado *De partibus orationis* en forma de preguntas y respuestas que se convirtió en el manual de gramática común en la Edad Media.

–Finalmente, *Prisciano* (siglo V) compuso la obra *Institutionis Grammaticae*. Está dividida en cuatro partes: Ortografía, Sintaxis, Prosodia y Etimología. Fue imitada durante siglos con pequeñas modificaciones y pasó al latín todo el sistema gramatical del griego según la gramática de Dionisio de Tracia.

Los romanos, al ser un pueblo mucho más pragmático que los griegos, vieron en los estudios gramaticales una importante ayuda para resolver problemas administrativos.

4. Gramática y Retórica en la Edad Media.

La Edad Media es un período muy interesante y tiene dos juicios contrarios: para el Renacimiento será un período negativo y para el Romanticismo positivo. Se divide en dos partes: Alta Edad Media (hasta el siglo XII) y Baja Edad Media (del siglo XII al XV).

Durante la Edad Media las investigaciones lingüísticas fueron realizadas por gramáticos que sustentaban sus reflexiones en una visión filosófica del mundo y, consecuentemente, del lenguaje. En el fondo se trataba más que de gramáticos, de filósofos que aplicaban sus conocimientos filosóficos a los estudios lingüísticos, identificando las categorías lógicas con las lingüísticas; de ahí que el substantivo portase substancia, el adjetivo cualidad o el verbo movimiento, por poner unos casos, cuando en realidad el valor funcional de las formas lingüísticas se precisa gracias a las relaciones sintagmáticas y paradigmáticas.

En este sentido, se sigue reflexionando sobre el lenguaje, ahora desde un punto de vista lógico, sirviendo la lengua para las especulaciones filosóficas. La discusión se centra en la oposición entre la teoría *Phisey* platónica (continuada por San Agustín y Duns Scoto) y la *Thesey* aristotélica (continuada por Santo Tomás y Guillermo de Ockam, entre otros).

La Lingüística se va a desarrollar en tres grandes aspectos:

– El estudio del *latín*. El latín era la lengua de la cultura, el estudio y la Iglesia. Por ello, se elaboran manuales que siguen a los autores romanos Donato y Prisciano.

Entre los principales estudios encargados del análisis del latín destacan los siguientes:

- Gramática de Alcuino de York (siglo VII y VIII).
- *Etimologías* de San Isidoro (siglo VII).
- *Primer Tratado Gramatical* de un autor islandés desconocido del siglo XII.
- *Doctrinale* de Alejandro de Villedieu (escrito en verso en el año 1200). Perduró hasta 1588 (última edición de esta obra).

– La reflexión lingüística desde el ámbito *filosófico*, lo que dará lugar a las Gramáticas Especulativas (*Tractatus de modis significandi*). Se trata de aplicar la lógica aristotélica a la gramática, puesto que ambas tienen un objeto común: la oración significativa. Sin embargo, al gramático le interesa la oración concluida y al lógico la oración verdadera.

En este sentido, piensan que la Lógica está subordinada a la Gramática y que ésta es anterior a toda lengua particular.

Así, para Siger de Courtrai la Gramática es «la ciencia del lenguaje y su ámbito de estudio es la oración y modificadores, teniendo por fin la expresión de los conceptos de la mente en oraciones bien formadas».

Entre los principales modalistas destacan Petrus Heliae, Rogert Bacon, Thomas de Erfurt y Siger de Courtrai.

– Y, finalmente, el *estudio de las lenguas vulgares*. En este campo destacan los estudios de Bacon sobre la gramática hebrea, San Cirilo, arzobispo eslavo que estudia el eslavo eclesiástico y después la lengua eslava estándar o Dante con su *De vulgari elocuentia*.

Estas tres líneas de investigación se van a caracterizar por una serie de rasgos comunes:

– La elaboración de una *Gramática Normativa y Didáctica*.

– La interrogación *filosófica* sobre los hechos lingüísticos (véase el esquema adjunto).

– El dominio del criterio de *autoridad y la fe* en todo el quehacer intelectual.

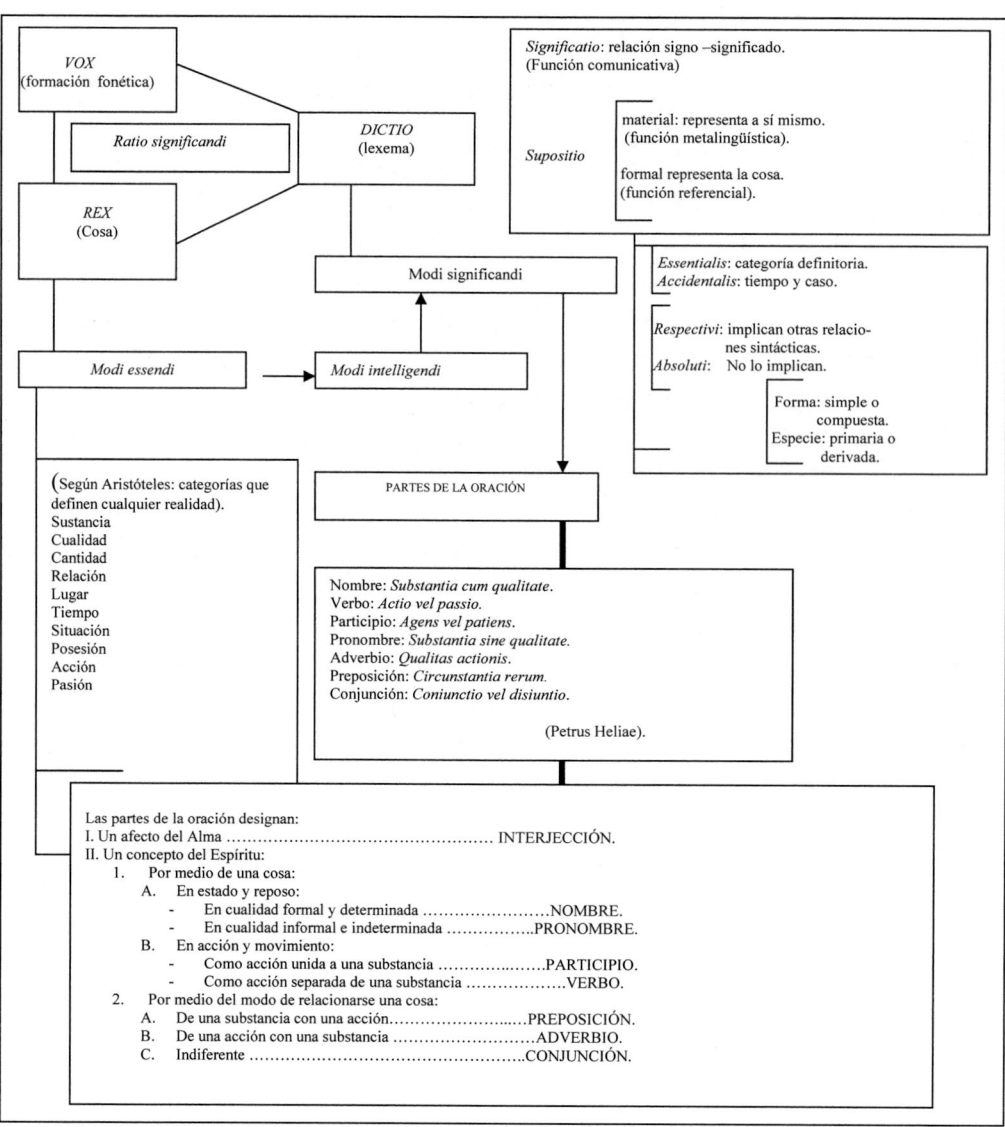

Fig. 1: Reflexión lingüística en el ámbito filosófico

5. Los estudios sobre el lenguaje en la Edad Moderna: las Gramáticas teóricas y prácticas del Renacimiento.

La Edad Moderna va desde la caída de Constantinopla (1453) hasta la caída del Antiguo Régimen (1789). Se inicia con el Humanismo (movimiento cultural, científico, filológico que desarrolla el Renacimiento) y presenta dos fechas y fenómenos históricos que influirán en el desarrollo de la Lingüística: 1453, en el que se produce el hundimiento del Imperio Bizantino; y 1492, en el que se descubre América. Nace, por tanto, la era de los descubrimientos.

Estos acontecimientos influyen en lo siguiente:

– En la nueva consideración de las lenguas antiguas (del latín, griego y más tarde del hebreo). Destaca Erasmo de Rotherdam que domina los tres. Su *Elogio de la locura* lo escribe en latín.

– En la ampliación de la consideración de las lenguas vulgares europeas estudiadas hasta el siglo XVI. Se estudiará ahora el español (*Gramática castellana* de Nebrija, de 1492; *Diálogo de la Lengua*, de Juan de Valdés (1535), *Instituciones de la Gramática española*, de Ximénez Patón, *Minerva*, de El Brocense), el italiano (Lorenzo el Magnífico) y otras lenguas como el inglés, polaco, eslavo, portugués, etc. Durante los siglos XVII y XVIII se estudiarán las lenguas extranjeras por la evangelización. En este sentido, juega un papel muy importante el trabajo de los jesuitas para el estudio de lenguas como el chino, japonés, tailandés, etc.

Entre las principales novedades lingüísticas de este período podemos destacar las siguientes:

– Surge el concepto de evolución diacrónica de las lenguas y el parentesco entre las mismas.

– La importancia de la fonética porque se quiere conocer bien el latín.

– Al estudiarse las lenguas cultas y populares surge la cuestión de su parentesco. Se consideran causas de la evolución lingüística los factores de contacto entre lenguas y la evolución interna de las mismas.

En resumidas cuentas, la Edad Moderna se va a caracterizar por la búsqueda de una Gramática general. Debido principalmente al carácter universal de las categorías lógicas y a la identificación de las mismas con las categorías lingüísticas, se posibilitó la creencia también de un universalismo en el terreno lingüístico y, consecuentemente, la búsqueda de una Gramática general (universal), válida para todas las lenguas. Fruto de ello fue, por ejemplo, la creencia de que el español tenía declinaciones.

6. Los estudios sobre el lenguaje en la Edad Moderna: las Gramáticas racionalistas y empiristas de la Ilustración.

Las corrientes lingüísticas serán las mismas que las del Renacimiento, orientadas principalmente al análisis y descripción de las lenguas semíticas y americanas y al estudio genealógico de las lenguas.

Se darán dos corrientes filosóficas que influirán en el estudio del lenguaje: el Empirismo, vinculado en Lingüística a las gramáticas descriptivas y didácticas (dará el Estructuralismo europeo y americano); y el Racionalismo, vinculado en este caso a las gramáticas especulativas y lógicas, que dará la Lingüística transformacional americana (como veremos más adelante en este mismo capítulo).

Veamos estas dos corrientes filosóficas que han tenido importantes repercusiones tanto en Europa como en EE.UU.

a) El *Empirismo* es una manera de entender el conocimiento que sostiene que éste procede de las impresiones de los sentidos y de las operaciones que la mente realiza; por ello es fundamental la fase de experimentación. Autores importantes son F. Bacon, Wallis, Wilkins, Locke, Berkeley, Hume. Sobre Lingüística escriben los cuatro primeros, intentando establecer las relaciones entre el lenguaje y el conocimiento: ¿qué es antes el lenguaje o el pensamiento?, ¿es el pensamiento producto del lenguaje?

F. Bacon en 1623 escribe su *Sobre la dignidad y el proceso de la ciencia*, en el que diferencia tres tipos de estudios del lenguaje:

– *Gramática literaria* o *descriptiva*, que estudia las palabras y sus mutuas analogías.

– *Gramática filosófica* o *especulativa*, que estudia la analogía entre las palabras y las cosas.

– *Gramática comparada*, que estudia todas las lenguas con la idea utópica de llegar a la lengua perfecta. Esta idea continuará en el siglo XVIII.

John Wallis estudia la fonética inglesa en su obra *Tratado gramático físico sobre la formación de sonidos*, aplicando los presupuestos empiristas.

Wilkins es un Obispo de la Iglesia anglicana que busca una lengua universal sin éxito en su obra *Ensayo hacia un alfabeto universal y lenguaje filosófico*, de 1668.

Finalmente, otra línea de investigación es la sostenida por Locke, quien realiza una semántica filosófica en su obra *Ensayo sobre el conocimiento humano*, reflexionando sobre los viejos problemas del lenguaje:

– *División entre palabra y cosa*. Adopta la propuesta nominalista (las palabras solo son nombres de las cosas).

– *Lenguaje y pensamiento* son realidades independientes.

– El *conocimiento* nos llega a través del lenguaje.

b) El *Racionalismo* es otra manera de entender el conocimiento que sostiene que la verdad de éste está en la razón, basándose en conceptos inherentes al hombre en su naturaleza: ideas innatas. Aparece formulada con Descartes y su *Discurso del método*.

La Gramática racionalista será descendiente del Idealismo platónico desarrollado en la Edad Media. Se utilizará el método deductivo basado en principios indemostrables que se basan en su racionalidad. De aquí partirá la reflexión teórica.

Las gramáticas de este período fueron escritas en la escuela de Port Royal. Autores importantes fueron Arnauld y Lancelot, quienes escribieron su *Gramática general y razonada* en 1660:

– Es una gramática de validez universal, que parte de la idea de que la lengua, al basarse en el pensamiento, tiene las modalidades del pensamiento.

– En la primera parte describen los sonidos diferenciándolos de las letras.

– En la segunda se dedican al estudio de los principios gramaticales. Respetan el modelo morfológico del latín, hablando de flexiones de caso para las lenguas romance.

– Dividen las partes de la oración según los objetos del pensamiento que designen (nombre, artículo, pronombre, participio, preposición y adverbio) o el modo o la forma del pensamiento (verbo, conjunción e interjección).

– Instauran la noción de «oración principal» y organizan el análisis lógico de la oración.

– La novedad está en que hasta ahora la gramática estaba al servicio de la lógica. Ahora será al revés.

7. Los estudios sobre el lenguaje en el siglo XIX: la Lingüística Histórico comparada.

Desde el siglo XVIII, aunque se afianza en el XIX, la preocupación por el origen del pensamiento y de las religiones se traslada también al ámbito lingüístico, y se traduce por la interrogación sobre el problema del origen de las lenguas. Se empieza a pensar y a demostrar que las lenguas provienen de un tronco común, por lo que se elabora la teoría del origen común de ciertos grupos de lenguas con la pretensión de organizar el árbol genealógico de las mismas.

Todos estos estudios posibilitarán la supresión del latín como lengua hablada en el último reducto en el que quedaba: la Universidad, posibilitando que el mundo antiguo dejase de ser modelo y se convirtiese en materia de trabajo.

Veámoslos de manera global.

– Tras una primera etapa de acumulación de materiales (en la que destaca el *Mitríades* de Adelung, 4 volúmenes en los que se recogen documentos de 500 lenguas ejemplificados), se produce ya durante el siglo XIX la ordenación de documentos y, consecuentemente, su comparación. De esta forma nace la *Gramática comparada* propiamente dicha, con autores como los hermanos Schelegel, Rask o Bopp, con el fin de reconstruir las lenguas primitivas.

Los hermanos Schlegel, —Federico (1772-1829) y Augusto (1777-1845)— tras la comparación entre distintas lenguas, llegan a clasificarlas en

• *Isonantes*: las que no tienen una estructura gramatical y no es posible la segmentación en el interior de la palabra.

• *Aglutinantes*: las que presentan diferencias entre lexemas y gramemas, aunque estos últimos desarrollan una sola función, como el turco.

• *Flexivas*: las que los gramemas pueden desarrollar varias funciones, como el griego, latín, eslavo y lenguas románicas. Estas funciones las pueden expresar de manera sintética (mediante un gramema y un lexema) o de manera analítica (en este caso mediante gramemas independientes).

Rask (1787-1832) intenta hacer una Lingüística pura y a su muerte, a los 45 años, nos deja 150 manuscritos sobre descripciones o gramáticas de los antiguos: inglés, español, italiano, lituano, etc.

Bopp (1791-1867) elabora un trabajo sobre el sistema de conjugación del sánscrito en comparación con el griego, latín, persa y germánico. Piensa que todas las lenguas están emparentadas y derivan del Indoeuropeo. Tenía la convicción de que las lenguas documentadas representan formas de organismos evolucionados y el método comparativo es el camino para la reconstrucción del estado primitivo del lenguaje.

– La *Gramática histórica* estudia la evolución y los cambios dentro de una lengua o familia de lenguas a través del tiempo. Defendida por J. Grimm y A. Schleicher, y muy unida a la Gramática comparada, se caracteriza por el uso de la terminología propia de las Ciencias Naturales, la Biología y la Botánica y por la aplicación de la noción de oposición binaria frente a la dialéctica antigua en la que el principio de contradicción es la ley absoluta. Desde la reflexión historicista, los dialectos se conciben como el resultado de la transformación de las lenguas primitivas.

Grimm (1785-1869) establece las leyes de la evolución fonética aplicadas al dominio de las lenguas germánicas, por lo que se estudian las etimologías no basándose en las semejanzas sino en las evoluciones fonéticas. Se fundan las escuelas de Gramática histórico comparadas, basadas en los siguientes puntos:

• El perfeccionamiento del método de investigación lingüístico y su aplicación a las lenguas del indoeuropeo.

• Determinación de las lenguas que interesan investigar: el *sánscrito* y las *lenguas europeas muertas*.

• *Separación entre Filología y Lingüística.*

• Las lenguas no son un medio para conocer la cultura sino que son *objeto de estudio* de las Gramáticas.

En una segunda generación de lingüistas histórico comparados destaca Schleicher (1821-1867), quien trata de reconstruir el Indoeuropeo a partir del sánscrito, griego, latín y gótico. Las ideas principales de su teoría lingüística son las siguientes:

• *Separa* la Gramática de las Ciencias Humanas, puesto que se mueve en el dominio de la necesidad (como la Física, por ejemplo) y no en el dominio de la libertad.

• Distingue *dos períodos* en las lenguas: uno prehistórico, que va desde el estado primitivo de las lenguas hasta la adquisición de una flexión pura; y otro período histórico, de decadencia, que va desde que la lengua deja de ser flexiva hasta que muere.

• Establece la *teoría de las ondas*, según la cual las lenguas evolucionan en forma de ondas y el contacto entre las ondas produce el nacimiento de nuevas lenguas.

8. Los estudios sobre el lenguaje en el siglo XIX: la aportación de Humboldt.

Aunque vamos a estudiar sus reflexiones en el capítulo 6 del libro, debemos mencionar aquí que Humboldt (1767-1835) fue un gran precursor de la reflexión lingüística posterior. Sin embargo, aunque propuso problemas sugerentes en torno al lenguaje, no dio ninguna solución ni estableció una teoría organizada.

Sus ideas principales dentro del Idealismo fueron las siguientes:

– Preocupación por la descripción de la estructura de las lenguas para clasificarlas tipológicamente.

– Piensa que el hombre y el lenguaje han aparecido al mismo tiempo.

– Ve una estrecha relación entre la mentalidad de los pueblos y las lenguas que utilizan. De aquí surgen dos principios:

• *Lenguaje como actividad*, como creación del que habla. Así es: *subjetivo*, puesto que no es algo dado por el mundo exterior; es un modo peculiar de representar en nosotros ese mundo; y *objetivo*, puesto que es obra de una nación a lo largo de su historia y, por consiguiente, extraño al individuo.

• *Lenguaje como organismo*: el lenguaje no es solo un medio para expresar la Verdad sino un camino para conocer aquello que no conocemos.

9. Los estudios sobre el lenguaje en el siglo XIX: los Neogramáticos.

En el último tercio del siglo XIX el método de la Gramática histórica experimentará un giro importante, transformándose la Lingüística en una ciencia histórica positivista (realista), que fue denominada por los italianos Neogramática.

Los iniciadores del movimiento fueron Brugmann (1849-1919) y Osthoff (1847-1909), quienes sentaron las bases principales del grupo:

– Fe ciega en las leyes fonéticas para explicar los cambios lingüísticos.

– Concepción mecanicista de la evolución del lenguaje.

– La Lingüística es una ciencia histórica.

– Consideración el individuo hablante como elemento fundamental del estudio lingüístico.

– Recurso consciente y sistemático a la psicología, pues consideran la psicología del hablante como un factor más en las causas del cambio fonético.

El último neogramático fue Saussure, cuya visión particular, alejada del estudio exclusivamente histórico de la lengua en favor del análisis sincrónico, posibilitará el nacimiento del Estructuralismo posterior.

10. Los estudios sobre el lenguaje en el siglo XX: el Estructuralismo.

La conclusión que debemos sacar es que el lenguaje ha interesado desde siempre a la humanidad y que se produjeron estudios llamados filosóficos, gramaticales, filológicos o lingüísticos sobre el tema del lenguaje. En este sentido, es muy valiosa la aportación saussureana, puesto que fue la que posibilitó la explicación del lenguaje desde el punto de vista del propio lenguaje, como un sistema de relaciones.

También es importante señalar que, aunque en algunos casos el estudio de las lenguas fuese el medio para conocer la cultura, o la investigación lingüística se produjese por motivos lógicos y no estrictamente lingüísticos, nociones de la Lingüística actual ya estaban presentes en estas reflexiones.

No vamos ahora a presentar todas las escuelas y corrientes de la Lingüística en el siglo xx; no olvidemos que no es nuestra intención hacer una historia de la Lingüística sino presentar una reflexión en términos históricos sobre los estudios sobre el lenguaje. Por ello vamos a centrarnos en los dos grandes paradigmas que la Lingüística ha desarrollado en este siglo y que desarrollan linealmente muchas de las ideas expresadas con anterioridad: el paradigma estructuralista y el transformatorio. Vamos a comenzar con el estructuralista.

Es clásico entre los historiadores de la Lingüística distinguir, dentro del Paradigma estructural, dos ramas hasta cierto punto independientes en su origen y en su desarrollo y que han dado lugar a Propuestas Teóricas también diferentes: nos referimos, obviamente, al *Estructuralismo europeo* o postsaussureano y al *Estructuralismo estadounidense*, también llamado postbloomfieldiano. Veamos ahora estos dos grandes grupos, siguiendo las explicaciones de G. Mounin.

El *Estructuralismo europeo* va a surgir por un lado del agotamiento del método histórico abocado a un positivismo estéril, carente de un marco teórico al que reconducir sus resultados. Por otro lado, sus raíces hay que buscarlas también en las ideas de dos destacados precursores de la Lingüística moderna. Nos referimos a Whitney (1827–1894) y a Badouin de Courtenay (1845–1929).

Sus ideas ponen de relieve ya una cierta concepción estructural de la lengua. En el caso de *Whitney*, la imagen del lenguaje no como un hecho natural, como una propiedad biológica del hombre, sino como un hecho social, como un conjunto de signos articulados y arbitrarios que posibilitan la comunicación. En este sentido, el lenguaje (como cuerpo orgánico) se considera como un conjunto de partes unidas y, consecuentemente, la lengua como un gran sistema de estructura sumamente complicada.

Aunque, todo hay que decirlo, no se llegue a la claridad expositiva de Saussure en torno a la noción de sistema (puesto que permanece atrapado entre la actitud historicista y la descriptivista que preconiza, y distingue mal la relación metodológica entre sincronía y diacronía dando prioridad al estudio histórico), sus planteamientos sí sirven para esbozar lo que será una nueva concepción de la lengua.

Lo mismo ocurre con *Courtenay*, quien, aunque concibe la lengua como un hecho psíquico cuya evolución está condicionada por factores psicológicos y sigue otorgando preferencia al aspecto individual del lenguaje, insiste en la necesidad y legitimidad de la Lingüística estática (sincrónica, diríamos nosotros), estando muy cerca de la visión exclusivamente lingüística de la lengua propuesta por Saussure.

Veamos otros autores importantes del Estructuralismo europeo:

– *Saussure*, educado en la Gramática comparada e histórica, aunque provoca una revolución en el campo lingüístico porque, tras romper con el historicismo y con las consideraciones extralingüísticas, concibe la Lingüística como disciplina autónoma, no debe ser considerado como el punto de partida sino de llegada pues, tal y como sostiene Coseriu, recoge tesis y planteamientos anteriores.

Sin embargo, como afirma Bierwisch, el método histórico dejaba pendiente una cuestión capital que obtuvo una serie de respuestas aisladas y la importancia de Saussure estriba en la definitiva formulación orgánica de estas respuestas a pregunta sobre lo que constituye una lengua en su totalidad. Con ello se introducía en el centro de interés práctico y teórico una cuestión hasta entonces considerada trivial: ¿Cómo está construida una lengua particular y cómo hay que describirla?

Esta interrogante trajo como consecuencia inmediata incluso antes de tener respuesta, la omisión de toda conexión posible con el reino de lo psicológico, biológico e histórico por parte del lenguaje. De este modo, la pregunta consiguió una independencia absoluta, un aislamiento y una concentración de los estudios del lenguaje sobre el propio lenguaje.

Por ello, la lengua era algo más completo que una simple producción de frases y la respuesta a la pregunta, la primera concepción moderna de la lengua como una estructura, como algo independiente de los fenómenos fácticos, de las locuciones empíricas que fortuitamente los hablantes hacen en el discurso. De ahí el vuelco que supone el Estructuralismo al pasar de lo individual al estudio de la *Lengua como un sistema* constituido por una serie de diferencias de sonidos combinadas con una serie de diferencias de ideas, que engendran un sistema de valores.

Y el mérito de Saussure consiste, principalmente, en delimitar el objeto de la Lingüística situándose en el plano de la lengua como principio de orden a partir del cual abordar, de manera pertinente, los hechos lingüísticos; y en establecer una serie de postulados generales que marcarán el rumbo de la Lingüística europea, sobre todo el que llegará a ser el principio fundamental de la Lingüística moderna: el carácter sistemático de la lengua.

Las distinciones que Saussure construye a partir de esta noción de lengua, asimiladas y reelaboradas críticamente por las escuelas surgidas con posterioridad constituyen la axiomática peculiar del Estructuralismo europeo.

Nociones como *lengua* y *habla*, *forma* y *substancia*, *sincronía* y *diacronía*, la naturaleza *bipolar* del signo lingüístico, etc., con independencia del tratamiento concreto que se les otorga en las distintas escuelas, constituyen el substrato común del Estructuralismo europeo.

– A partir de las propuestas saussureanas y tras la labor de *Bally* (quien destaca por su doctrina del lenguaje afectivo en relación con el habla, por su dedicación a la estilística concebida como investigación y por su doctrina de los medios lingüísticos considerados en su función emocional) y *Sechehaye* (interesado por el aspecto lógico del lenguaje), ambos discípulos directos de Saussure y miembros de la escuela de Ginebra, podemos identificar una serie de direcciones en el Estructuralismo europeo, que sistematiza claramente Arens.

– La primera de ellas, de marcado carácter realista y llamada a tener una vasta repercusión en la Lingüística posterior será la *Escuela de Praga*, que, como se desprende de las tesis y de los posteriores trabajos de este grupo, combinan la noción de sistema con el carácter de finalidad inherente a todo producto de la actividad humana.

Con todo, la hipótesis central de Saussure según la cual la lengua es un sistema de signos interdependientes, alcanzó su más brillante verificación en el Círculo Lingüístico de Praga, fundado en 1926, y, concretamente, en el Primer Congreso Internacional de Lingüística de la Haya, celebrado dos años después.

Aunque sus miembros se aplicaron al estudio de todos los planos del lenguaje, alcanzaron sus conclusiones más fecundas en el plano fónico. El resultado fue la creación de la más coherente disciplina lingüística de orientación estructural (la Fonología) y la consideración del fonema como entidad funcional, es decir, como elemento de un sistema en el que las unidades se delimitan a partir de relaciones de oposición, y se definen por los rasgos que tienen un valor distintivo. En este sentido, *Trubetzkoy* define los procedimientos para la determinación de los fonemas y pone a punto la metodología para clasificar las oposiciones que los fonemas contraen entre sí.

Sin embargo, será *Jakobson* quien explique que los rasgos distintivos de los fonemas pueden ser confirmados por la Fonética experimental y establezca la teoría del binarismo (en toda oposición hay un término marcado frente a uno no marcado), que se aplica, no solo en la Fonología, sino en los demás campos de la Lingüística.

– La segunda orientación es de marcado acento formalista y lleva hasta sus últimas consecuencias las tesis saussureanas de la lengua como forma. Nos referimos a la escuela danesa o *Círculo de Copenhague*, en la que destaca la figura de Hjelmslev con su Glosemática.

Este término deriva de «glosema» (del griego γλωσσα, lengua) con el que se designa a todas las formas mínimas que establece su teoría y que le confieren el carácter modélico, precisamente por la coherencia y el rigor con que asume la concepción inmanentista de la lengua.

Las aplicaciones de la Glosemática a la descripción lingüística han sido muy escasas, debido, sobre todo, a su acercamiento a las matemáticas y a la lógica simbólica, al empleo de una terminología nueva que evitase la confusión con nociones tradicionales y al carácter sumamente abstracto de su concepción. Todo ello configura una gramática algebraica que, a pesar de su alto grado de coherencia interna que difícilmente puede desarticularse, no ha sido asimilada como metodología descriptiva.

No obstante, algunos aspectos concretos de la Glosemática han ejercido su influencia en el Estructuralismo europeo —recuérdense nociones de uso tan general entre los estructuralistas como *paradigmático, conmutación, expresión* y *contenido*—; y otros han sido incorporados de forma altamente productiva al instrumental metodológico de la Lingüística actual —por ejemplo, las nociones de *función* y sus clases, *rasgo distintivo,* etc.—.

– Y quizá sea, precisamente, la potenciación de esta idea de función frente a la de oposición la que nos permite inaugurar una tercera corriente metodológica que, de una manera más específica, se denominará funcionalismo o *funcionalismo realista,* en el caso de Martinet.

La figura principal de este movimiento es André Martinet, quien matiza muy acertadamente su posición ante el Estructuralismo clásico al afirmar que el análisis de las estructuras no debe llevar nunca a su dislocación; debe ser siempre completado por una «fisiología», es decir, un estudio del funcionamiento.

Además de su aplicación al terreno fonológico, tanto en su acercamiento sincrónico como diacrónico, el funcionalismo ha sido también ensayado con éxito en el dominio de la sintaxis, especialmente apto para este tipo de metodología, pues desde las gramáticas lógicas, que partían de la proposición, la consideración de la «función» de las palabras había adquirido carta de naturaleza en la sintaxis.

– Además de estas direcciones clásicas del Estructuralismo europeo, la Lingüística de *J. R. Firth*, con su carácter contextual e integrador, va a influir en *M. A. K. Halliday*, cuya teoría de escalas (grados de rango, exponencia, matriz) y categorías (unidad, estructura, clase y sistema) supone una extensión hacia la dimensión pragmático textual al incorporar elementos con y co-textuales al modelo de descripción lingüística. No en vano, dentro de la actividad lingüística distingue Halliday tres aspectos: la actividad material, la estructural y la contextual, cada uno de ellos matizados por tres niveles de acción: el sustancial (fónico o gráfico), el formal (gramático o léxico) y el situacional (relacionado con el contexto y la Fonología).

El Estructuralismo también se ha desarrollado en EE.UU. Las especiales condiciones en que se gestó el descriptivismo americano, vinculado a los métodos de campo y aplicado a las lenguas indígenas son, a juicio de los historiadores, factores determinantes del sesgo característico del *Estructuralismo de la escuela americana*.

Aunque se desarrolla con autonomía, presenta una gran homogeneidad frente a la europea, debido sobre todo al uso de una lengua común. Aunque es más empírica que la europea, tiene también un alto grado de formalización debido a la influencia de la Lógica y la Matemática.

Con el término «Estructuralismo» se designa en Estados Unidos la Lingüística anterior al Paradigma Generativo, representado principalmente por dos grandes autores:

– El primero de ellos es *Sapir*, cuya corriente, denominada Mentalismo, interpreta el lenguaje indisolublemente unido a los actos de la mente, defendiendo así la concepción de unos conceptos expresados básicamente en todas las lenguas.

– A ello debemos unir la importante influencia de Bloomfield, quien trabajó para convertir la Lingüística en una disciplina autónoma orientada a la formulación de procedimientos de investigación inductivos para el análisis de las lenguas.

Este proceso sigue una orientación marcadamente formalista y mecanicista, ejemplo de lo cual puede ser el rechazo del estudio del significado y la renuncia de su utilización como principio metodológico. Todo ello se plasma en 1933 en su obra *Language*, en la que se defiende, el ámbito del significante como objeto único del lingüista, frente al significado que solo se tiene en cuenta como un control que evite aberraciones.

En resumidas cuentas, el Estructuralismo bloomfieldiano se preocupa de establecer una metodología que permita describir los hechos más que explicarlos, partiendo de la oración como unidad máxima hasta llegar al fonema.

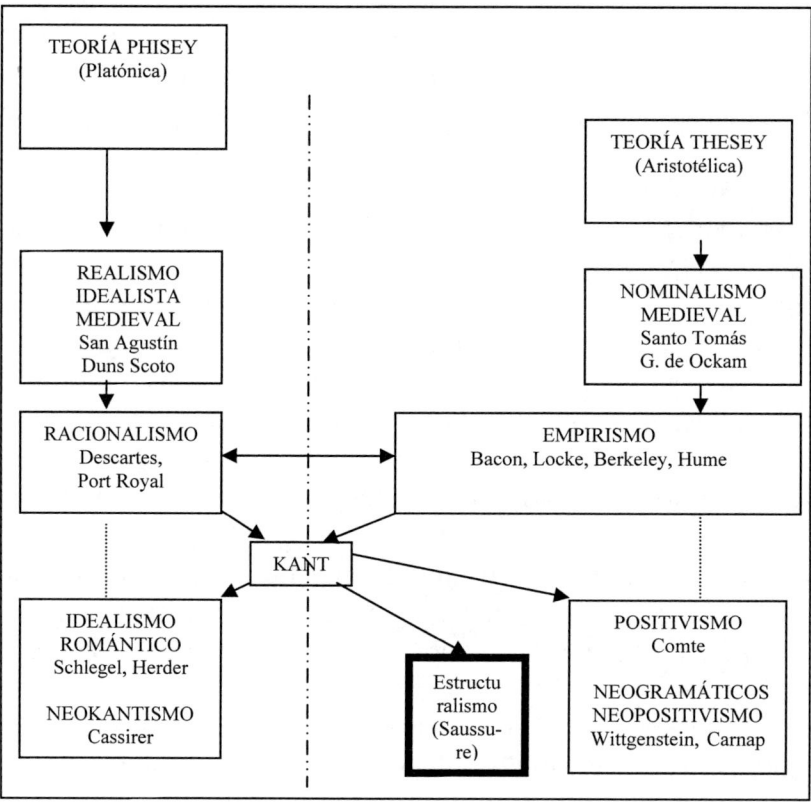

Fig. 2: Evolución del Paradigma estructural.

El *Paradigma estructural* (desarrollado, como hemos visto, con más fuerza en Europa que en EE. UU.), presenta desde la perspectiva epistemológica una visión inmanente del lenguaje —conocer es conocer primeramente la realidad funcional y convencional de nuestro lenguaje al uso—, desarrollando linealmente la *problemática del sujeto kantiano*, la dialéctica entre lo empírico y lo trascendental llevada a lo lingüístico.

Esta reflexión lingüística fue comenzada por Aristóteles, continuada por Santo Tomás y la reflexión empirista, y desarrollada por la filosofía kantiana, tratando de justificar el fenómeno lingüístico no desde la ontología, sino desde la actuación empírica, desde el habla, para llegar a la estructura del conocimiento.

11. Los estudios sobre el lenguaje en el siglo xx: el Transformacionalismo.

La teoría de Chomsky ha constituido una gran revolución en la disciplina lingüística al suponer el paso de una etapa taxonómica y eminentemente clasificadora a una etapa de formulaciones deductivas con el fin de llegar a explicitar las reglas gramaticales subyacentes a la construcción de frases.

La revolución chomskyana puede representarse de la siguiente manera:

Estructuralismo   Transformacionalismo

	Estructuralismo	Transformacionalismo
Materia de estudio	Corpus de expresiones lingüísticas	Competencia lingüística de los hablantes
Finalidad	Clasificación de las unidades del corpus	Especificación de las reglas gramaticales subyacentes a la construcción de procesos
Métodos	Procedimientos de descubrimiento	Procedimientos evaluativos

Fig. 3: Revolución de la teoría chomskyana.

Con el Transformacionalismo se produce un gran cambio metodológico, puesto que el objetivo no es ya tanto el modo de descripción válido, como proceder en un marco teórico que proporcione medios de evaluación de hipótesis rivales.

Desde que en 1957 apareciese las *Estructuras Sintácticas*, hasta prácticamente hoy, la Gramática generativa y transformacional, aun manteniendo los fundamentos básicos que originaron la revolución chomskyana, aparece como modelo en constante evolución, tanto en su propuesta más ortodoxa, como en las derivaciones críticas englobadas en el movimiento de la semántica generativa.

El aspecto central sobre el que han gravitado las diferentes reestructuraciones ha sido, por un lado, el papel que dentro del modelo se confiere al nivel de la estructura profunda (en cuanto conjunto de reglas) y, por otro, —y vinculado al anterior—, la progresiva inclusión de consideraciones semánticas y, por último, los cambios experimentados por el componente transformacional, que han llegado a poner en tela de juicio la validez misma de la noción de estructura profunda.

En el siguiente cuadro se representa esquemáticamente el mecanismo de la gramática transformatoria según la teoría estándar que hemos presentado.

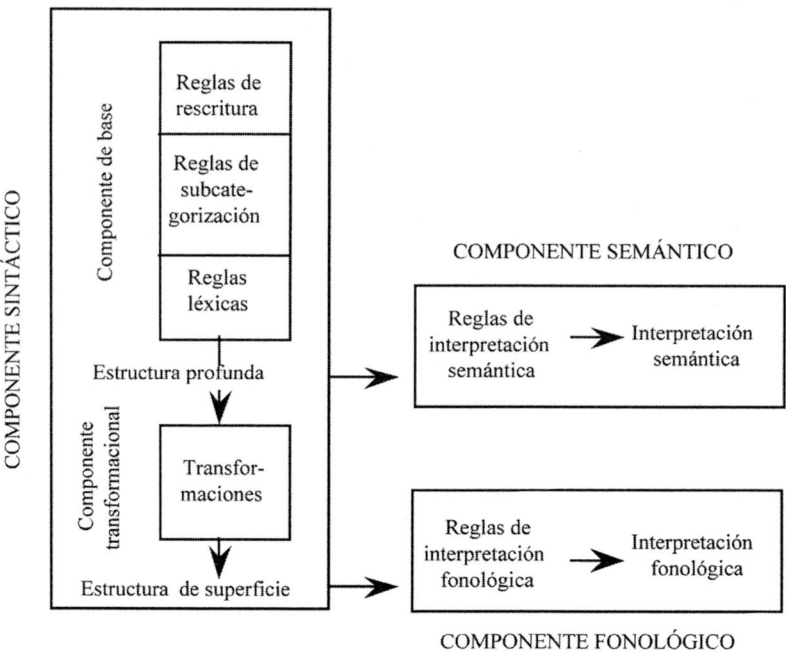

Fig. 4: Mecanismo de la Lingüística transformatoria según la Teoría estándar.

Si en *Estructuras Sintácticas* —aún dentro de la órbita postbloomfieldiana— la descripción del significado no aparece integrada en la gramática, en *Aspectos de la teoría de la sintaxis* el modelo de gramática se amplía para incluir un componente semántico, de carácter interpretativo, cuya función será describir lo que sabe el hablante, que le permite interpretar el contenido de una oración, allí donde lo deja la sintaxis, extendida, por otra parte, en la base con la incorporación de las reglas de subcategorización, que representan el límite entre sintaxis y semántica.

La insuficiencia de la teoría estándar para dar cuenta satisfactoriamente de la competencia de los hablantes, abre el camino hacia otros planteamientos metodológicos.

El primero, representado por el mismo Chomsky, Jackendoff, Bresnam, etc., conduciría al mantenimiento del esquema fundamental de la teoría estándar, pero con unas modificaciones en la relación entre la interpretación semántica y la estructura superficial. Si antes ésta no tenía ninguna relevancia en la determinación del significado oracional, ahora ciertos aspectos problemáticos —como los fenómenos del orden de los elementos oracionales, acento enfático y presuposición— aconsejan tener en cuenta la información que provee la estructura superficial.

Es lo que se ha llamado *teoría estándar ampliada o extendida* y que, consecuentemente, responde a una reformulación iniciada a comienzo de los años setenta como consecuencia de las numerosas críticas procedentes de la orientación semanticista y del hecho de conceder una mayor importancia a la repercusión en la estructura profunda de los fenómenos gramaticales señalados —hasta entonces circunscritos a la manifestación superficial—. De esta manera, al componente léxico o diccionario de la gramática se le asigna un nivel correspondiente a la representación de las palabras que tiene por misión la asignación de las reglas de formación de palabras, las reglas de flexión y las reglas de reajuste, garantizando la inserción superficial de los elementos que integran las distintas oraciones.

Las diferencias con el modelo anterior pueden verse representadas en el siguiente esquema:

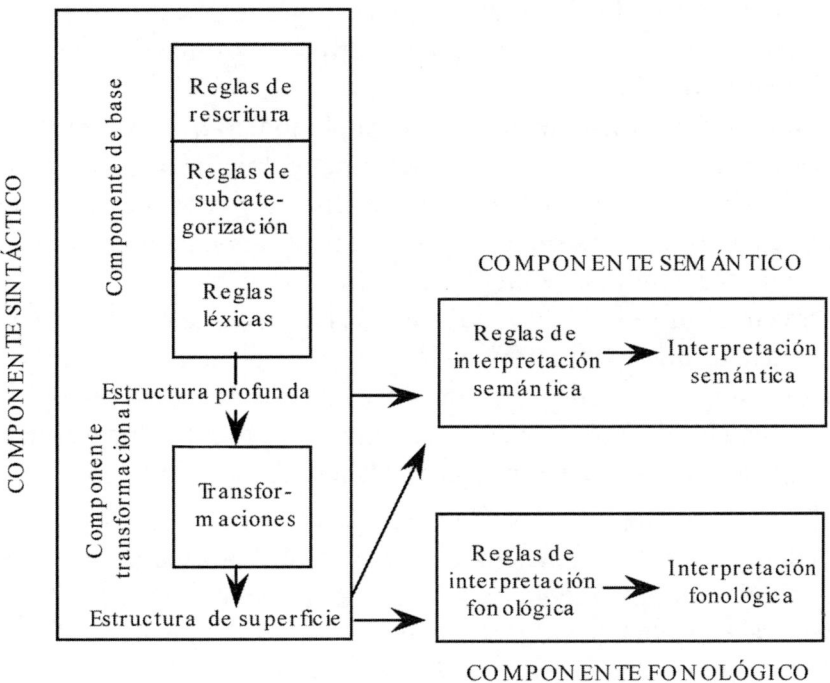

Fig. 5: Teoría estándar ampliada.

Dentro de esta dirección también debe citarse la versión conocida como *teoría estándar ampliada renovada* (TEAR) o *teoría de la huella,* en el que se invierte plenamente la jerarquía de la estructura profunda y superficial para la interpretación semántica, en cuanto que toda la interpretación tiene lugar en la estructura superficial, modificada sustancialmente.

Si en la dirección ortodoxa el componente sintáctico sigue siendo central, aunque cada vez más reducido el papel de la base, en la dirección surgida a partir de la crítica de la teoría estándar —MacKawley, Lakoff, Postal, etc.— se reconstruirá totalmente el modelo de la gramática a partir del replanteamiento del papel de sus distintos componentes, sobre todo, del papel puramente interpretativo de la semántica y la necesidad de postular un nivel de estructura profunda.

Esta corriente conocida como *semántica generativa* no ha elaborado una alternativa unitaria, aunque comparten una serie de planteamientos críticos sobre los supuestos anteriores, pero, en general todos los supuestos de la semántica generativa para la construcción de una gramática conducen, finalmente, al problema de la constitución de los predicados elementales, ya que la gramática se concibe como un conjunto primario de estructuras semánticas que se transforman progresivamente en estructuras sintácticas, morfológicas, fonológicas y fonéticas.

Dentro de esta corriente crítica, quizá el modelo que más rendimiento ha tenido en orden a su aplicación a la descripción lingüística, haya sido el de la *gramática de los casos profundos* en las distintas versiones de Fillmore, en las que se analizan las estructuras profundas en razón de los roles semánticos (casos) que configuran las oraciones.

Si ya en los presupuestos fundamentales de la teoría chomskyana figuraba la necesidad de autoevaluación, de lo que ha dado cuenta el mismo Chomsky en su constante autocrítica y reformulación de su modelo, es precisamente esta constante revisión de conceptos técnicos lo que dificulta la aplicación del modelo generativo a la descripción de las lenguas particulares.

En síntesis, y como representamos en el esquema adjunto, podemos decir desde una perspectiva epistemológica que el *Paradigma transformatorio* (desarrollado principalmente en EE. UU.), presenta una visión trascendental del lenguaje —conocer es reconocerse en el lenguaje— desarrollando linealmente la *problemática del sujeto cartesiano*.

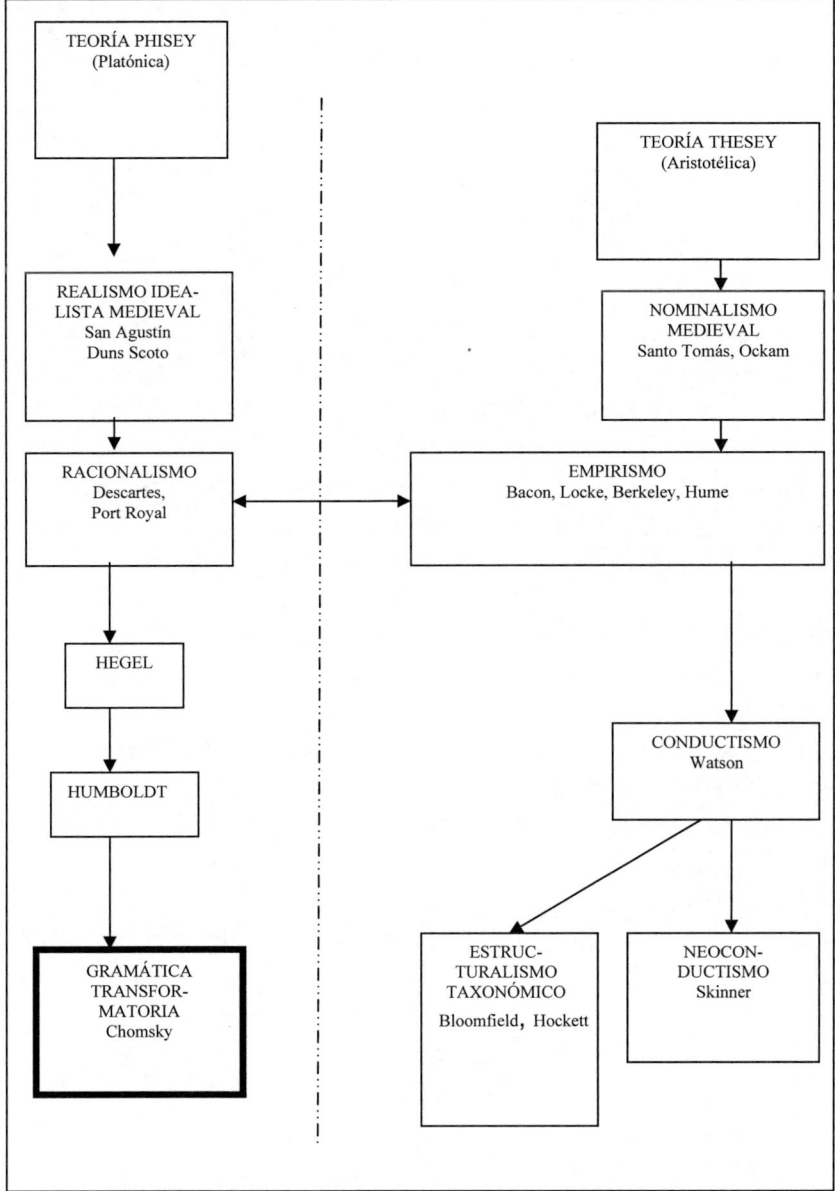

Fig. 6: Evolución del Paradigma trasformacional.

Esta reflexión lingüística fue comenzada por Platón en el Crátilo, recogida por el Nominalismo Medieval y el racionalismo cartesiano, y continuada en la Edad Moderna por Herder, concibiendo el lenguaje como un instrumento innato (Descartes) de la Razón, como el mundo intermedio mediador que permite el entendimiento objetivo y subjetivo de la realidad (Humboldt).

Finalmente, considere que para haber alcanzado correctamente los objetivos propuestos en el proceso de enseñanza y aprendizaje del tema finalizado, debe haber comprendido con claridad que:

1. Las gramáticas griegas son las primeras occidentales y demuestran que las preocupaciones lingüísticas son aquí paralelas a cualquier otra preocupación del conocimiento humano. Realizaron un estudio exhaustivo del griego, sobre todo estético (forma de escribir y reglas para escribir correctamente) y filosófico, basado en el estudio del origen del lenguaje y de la etimología. Aparecen la teoría Phisey (platónica) que sostiene que las palabras designan las cosas según su naturaleza; y la teoría Thesey (aristotélica) que sostiene que las palabras designan las cosas por convención. Esta doble y opuesta concepción ha proporcionado los valores polares que han permanecido durante siglos: el Realismo y el Idealismo. Los gramáticos latinos se caracterizaron por aplicar al latín el pensamiento griego, las controversias griegas y las categorías del lenguaje de los griegos. Destacaron Varrón, Donato y Prisciano.

2. Durante la Edad Media las investigaciones lingüísticas fueron realizadas por gramáticos que sustentaban sus reflexiones en una visión filosófica del mundo y, consecuentemente, del lenguaje. En el fondo se trataba de filósofos que aplicaban sus conocimientos filosóficos a los estudios lingüísticos, identificando las categorías lógicas con las lingüísticas. La discusión se centra en la oposición entre la teoría Phisey platónica (continuada por San Agustín y Duns Scoto) y la Thesey aristotélica (continuada por Santo Tomás y Guillermo de Ockam, entre otros). La Lingüística se va a desarrollar en tres grandes aspectos: el estudio del latín, la reflexión lingüística desde el ámbito filosófico, lo que dará lugar a las Gramáticas especulativas (*Tractatus de modis significandi*), aplicando la lógica aristotélica a la gramática, y el estudio de las lenguas vulgares.

3. Durante la Edad Moderna surge la noción de evolución diacrónica de las lenguas y el parentesco entre las mismas, la fonética adquiere importancia porque se quiere conocer bien el latín, surge la cuestión del parentesco entre lenguas cultas y vulgares. Se darán dos propuestas filosóficas que influirán en el estudio del lenguaje: el Empirismo, vinculado en Lingüística a las Gramáticas descriptivas y didácticas (dará el Estructuralismo europeo y americano); y el Racionalismo, vinculado en este caso a las Gramáticas especulativas y lógicas, que dará la Lingüística transformacional americana.

4. La preocupación por el origen del pensamiento y de las religiones se traslada también al ámbito lingüístico, y se traduce por la interrogación sobre el problema del origen de las lenguas. Se empieza a pensar y a demos-

trar que las lenguas provienen de un tronco común, por lo que se elabora la teoría del origen común de ciertos grupos de lenguas con la pretensión de organizar el árbol genealógico de las mismas. Aparece así durante el siglo XIX en el paradigma realista los estudios de Gramática histórica y de Gramática comparada. Dentro del Idealismo destaca la figura de Humboldt.

5. En el último tercio del siglo XIX el método de la Gramática histórica experimentará un giro importante, transformándose la Lingüística en una ciencia histórica positivista, que fue denominada por los italianos Neogramática. Destacará Saussure y las escuelas estructuralistas. En EE.UU., Chomsky y el Transformacionalismo. El Paradigma estructural presenta desde la perspectiva epistemológica una visión inmanente del lenguaje —conocer es conocer primeramente la realidad funcional y convencional de nuestro lenguaje al uso—, desarrollando linealmente la problemática del sujeto kantiano, la dialéctica entre lo empírico y lo trascendental llevada a lo lingüístico. Esta reflexión lingüística fue comenzada por Aristóteles, continuada por Santo Tomás y la reflexión empirista, y desarrollada por la filosofía kantiana, tratando de justificar el fenómeno lingüístico no desde la ontología, sino desde la actuación empírica, desde el habla, para llegar a la estructura del conocimiento. El Paradigma transformatorio presenta una visión trascendental del lenguaje —conocer es reconocerse en el lenguaje— desarrollando linealmente la problemática del sujeto cartesiano. Esta reflexión lingüística fue comenzada por Platón en el Crátilo, recogida por el Nominalismo Medieval y el racionalismo cartesiano, y continuada en la Edad Moderna por Herder, concibiendo el lenguaje como un instrumento innato (Descartes) de la Razón, como el mundo intermedio mediador que permite el entendimiento objetivo y subjetivo de la realidad (Humboldt).

F. Actividades sugeridas.

— A continuación vaya anotando las dudas que le van surgiendo tras la lectura de los distintos puntos del tema y después la resolución de las mismas, ya sea por las clases recibidas, el estudio personal o las tutorías realizadas. Este proceso le servirá tanto para la mejor compresión de la materia como para la preparación de la prueba final.

— Conteste a las siguientes cuestiones:

1.   Establezca un criterio para establecer una periodización en los estudios lingüísticos y explique los fundamentos del mismo.

2.   Explique en qué se diferencian las concepciones *Phisey* y *Thesey* sobre el lenguaje.

3. Explique la teoría Humboldtiana sobre el lenguaje.

4. ¿Cuáles son las características principales del Estructuralismo en Lingüística?

5. ¿Cuál es la importancia de Saussure en el Estructuralismo europeo?

6. Compare las distintas filosofías espontáneas de los textos sobre el lenguaje y, como resultado, las diferentes propuestas metodológicas.

7. ¿En qué se diferencia el Estructuralismo del Generativismo?

A continuación, utilice este espacio para resolver los ejercicios adicionales que le pueda proponer su profesor o para contestar a las preguntas de los posibles documentales visionados durante las clases.

— Comente los siguientes textos explicando su contenido y realizando la pertinente valoración. Como orientación para el análisis crítico sugerimos el presente modelo:

1. Breve noticia sobre el autor del texto.
2. Determinación de la problemática del texto, señalando su unidad específica y la formulación teórica en la que se ubica la misma.
3. Establecimiento de la estructura que presenta el texto; esto es, división en partes temáticas.
4. Exposición de la tesis que defiende el autor sobre la problemática planteada, señalando:
    4.1. La filosofía espontánea que afecta a su propuesta.
    4.2. Las ideas principales y secundarias del texto.
5. Precisión como conclusión de la respuesta que se pueda dar a la problemática planteada.
6. Valoración del texto en su conjunto a partir de una breve opinión personal.

1. Texto de Platón.

«— Hermógenes: Crátilo, aquí presente afirma, oh Sócrates, que hay para cada cosa un nombre que surge de la naturaleza de la cosa misma y que no hay que reconocer como (verdadero) nombre el que algunos emplean por convención como denominación del objeto eligiendo caprichosamente un fragmento de su lenguaje como expresión de aquél, sino que hay una exactitud natural de los nombres, que es la misma para todos, griegos y bárbaros».

(Platón (427-347 a.C.), *Crátilo, o sobre la verdad de las palabras*).

2. Texto de Epicuro.

«En su origen las palabras no se formaron por convención caprichosa, sino que la naturaleza de los hombres experimenta en cada pueblo un tipo especial de impresiones y, de conformidad con ellas, forma también determinadas representaciones y produce una manera especial de formación de palabras según las impresiones y representaciones respectivas, en lo cual desempeña también su papel la diversidad de lugares habitados. Pero después cada pueblo fijó las expresiones que les eran propias para hacer más unívocos sus contenidos comunicables y poder comunicarse entre sí en forma más concisa. Pero había también hombres cultos que aprehendieron conceptos inmateriales (esto es, denominaciones abstractas) e introdujeron palabras (nuevas) que habían expresado con una especie de impulso natural o las habían formado tras madura reflexión sobre el contenido objetivo».

Epicuro (341-270 a. C.) (glosado por Diógenes Laercio).

3. Texto de Descartes.

«Pero pienso que el principal razonamiento que puede convencernos de que los brutos están desprovistos de razón es que, aunque entre los de la misma especie unos son más perfectos que otros[...], jamás se ha observado todavía que un animal haya llegado a tal grado de perfección como para hacer uso de un verdadero lenguaje; es decir, a poder indicarnos por medio de la voz o por otros signos algo que pudiera referirse al pensamiento solo, antes que a un movimiento de la simple naturaleza; ya que la palabra es el único signo y la única prueba cierta de la presencia del pensamiento escondido y envuelto en el cuerpo».

(R. Descartes (1596-1650), *Discurso del método*, Leiden, 1637).

4. Texto de Hjelmslev.

«Entendemos por Lingüística estructural un conjunto de investigaciones que descansan sobre la hipótesis de que es científicamente legítimo describir el lenguaje como si fuera esencialmente una entidad autónoma de dependencias internas, o, en una palabra, una estructura.

Insistamos ante todo sobre el carácter hipotético de esta proposición inicial. En efecto, el enunciado que acabamos de formular no tiene el carácter de un dogma o juicio apriórico. Es una simple hipótesis de trabajo a la que creemos útil buscar una verificación, y ello por dos razones: porque la posibilidad de esta hipótesis ha sido hasta el presente casi siempre descuidada, y porque ciertos hechos, suficientemente numerosos y fáciles de observar, invitan a creer que podrían justificarse [...].

Se trata, pues, de una hipótesis susceptible de un control de verificación. Y una hipótesis se verifica solo por la investigación. La investigación tiene por fin establecer todas las proposiciones que sea posible y útil enunciar y mantener sobre el objeto examinado, y el control consiste en comprobar si estas proposiciones están o no en contradicción con la hipótesis inicial. De ahí se deduce que el trabajo propuesto en materia de lingüística estructural no es especulativo ni subjetivo, y que tiene forzosamente el carácter positivo y objetivo de una investigación».

(L. Hjelmslev (1899-1965), «La Lingüística estructural» *apud Ensayos lingüísticos*, Gredos, Madrid, 1972).

G. Lecturas recomendadas.

ROBINS, R. H. (1992): *Breve historia de la Lingüística*, Paraninfo, Madrid.

Acertada y precisa presentación de los principales estudios sobre el lenguaje, agrupados diacrónicamente.

H. Ejercicios de autoevaluación.

Con el fin de que se pueda comprobar el grado de asimilación de los contenidos, presentamos una serie de cuestiones, cada una con tres alternativas de respuestas. Una vez que haya estudiado el tema, realice el test rodeando con un círculo la letra correspondiente a la alternativa que considere más acertada. Después justifique en el espacio que se deja a continuación las razones por las que piensa que la respuesta elegida es la correcta, indicando también las razones que invalidan la corrección de las restantes.

Cuando tenga dudas en alguna de las respuestas vuelva a repasar la parte correspondiente del capítulo e inténtelo otra vez.

1. Los estudios logicistas se basan

A En una visión filosófica del mundo.
B En el estudio del origen de las lenguas.
C En una visión filológica de las lenguas.

2. El hablante es el protagonista de los cambios lingüísticos para

    A La Escuela Idealista.
    B La Gramática histórica.
    C La Gramática comparada.

3. El carácter universal de las categorías lógicas permite el establecimiento de

    A Los estudios logicistas.
    B La Gramática general.
    C El Idealismo lingüístico.

4. El Estructuralismo lingüístico tiene su precedente histórico en

A Los gramáticos comparatistas.
B Los neogramáticos.
C Los lógicos.

5. La Gramática transformatoria puede definirse como

A La respuesta lingüística consciente a los problemas del Sujeto kantiano.
B La respuesta lingüística inconsciente a los problemas del Sujeto kantiano.
C La respuesta lingüística consciente a los problemas del Sujeto cartesiano.

6. El Estructuralismo saussureano puede definirse como

    A La respuesta lingüística consciente a los problemas del Sujeto kantiano.
    B La respuesta lingüística inconsciente a los problemas del Sujeto kantiano.
    C La respuesta lingüística inconsciente a los problemas del Sujeto cartesiano.

7. Podemos calificar la Lingüística propuesta por Saussure como

    A Lingüística sociológica.
    B Lingüística semiótica.
    C Lingüística social.

8. En la primera mitad del siglo XIX, los estudios lingüísticos son de índole

    A Idealista.
    B Positivista.
    C Historicista.

9. La tradición idealista sobre el lenguaje se inicia con

    A Heidegger.
    B Humboldt.
    C Weisgerber.

10. Para la Escolástica, el lenguaje es

  A Un descubrimiento.
  B Un acuerdo.
  C Un consentimiento.

11. La separación entre Filología y Lingüística se produjo en

  A La Lingüística histórica.
  B La Neogramática.
  C La Lingüística comparada.

12. ¿Cuándo comienzan las primeras preocupaciones sobre el lenguaje?

    A En la prehistoria de los pueblos.
    B En la historia de la Lingüística.
    C Ninguna de las respuestas son correctas.

13. Las preocupaciones lingüísticas en los pueblos primitivos son de carácter

    A Teórico, puesto que pretenden sistematizar las lenguas.
    B Empírico, puesto que pretenden conocerla.
    C Práctico, puesto que pretenden estudiarla para mejorar su uso.

14. Los primeros textos orales de reflexión lingüística son

   A De hace 4000 años.
   B De hace 2000 años.
   C Ninguna de las respuestas son correctas.

15. ¿Cuándo se comienza a hacer Lingüística?

   A Cuando Saussure escribe el *Curso de Lingüística General* y nace la ciencia.
   B Cuando se relaciona el signo escrito con el oral.
   C Cuando se estudian los cambios en el lenguaje.

16. Los estudios lingüísticos realizados durante la Antigüedad clásica fueron

    A Estéticos, filosóficos y filológicos.
    B Ortográficos, prácticos y filológicos.
    C Estéticos y filológicos.

17. Para los anomalistas el origen de las palabras se debe a

    A La Naturaleza.
    B La aplicación de las reglas lingüísticas.
    C Las excepciones a las reglas.

18. Las Gramáticas Especulativas

 A Aplican la teoría platónica al lenguaje.
 B Aplican la teoría aristotélica a la gramática.
 C Aplican las teorías de Platón y Aristóteles a la gramática.

19. La Gramática racionalista procede

 A Del realismo platónico desarrollado en la Edad Media.
 B Del Idealismo aristotélico desarrollado en la Edad Media.
 C Ninguna de las respuestas son correctas.

20. La teoría del lenguaje afectivo en relación con el habla fue propuesta por

    A Saussure.
    B Bally.
    C Sechehaye.

21. La Glosemática presenta un planteamiento

    A Lógico.
    B Empirista, cercano a la realidad del lenguaje.
    C Idealista.

22. La justificación de los fenómenos lingüísticos desde el habla se debe principalmente

    A Al Estructuralismo.
    B Al Generativismo.
    C A Kant.

23. Para la Semántica generativa la gramática se concibe como un conjunto primario de estructuras semánticas que se transforman

    A En estructuras sintácticas, fonológicas y fonéticas.
    B en estructuras sintácticas, morfológicas y fonéticas.
    C A En estructuras sintácticas, morfológicas, fonológicas y fonéticas.

24. Bloomfield pertenece

    A Al Estructuralismo europeo.
    B Al Estructuralismo americano.
    C Al Generativismo americano.

25. Para el Nominalismo

    A Las palabras son nombres de las cosas.
    B Las palabras son reflejos de las cosas.
    C Las palabras son representaciones de las cosas.

I. Glosario.

Atomismo: En las investigaciones lingüísticas preestructurales, análisis de hechos particulares, aislados y estudiados unidimensionalmente.

Conductismo: Escuela psicológica que sostiene que el lenguaje es un conjunto de hábitos que se adquieren por un mecanismo de estímulos y repuestas.

Continuidad: Carácter específico de la historia de la Lingüística basado en la ausencia de ruptura epistemológica con los precursores anteriores.

Discontinuidad: Carácter específico de la historia de las ciencias basado en la ruptura epistemológica con los precursores anteriores.

Estructuralismo: Paradigma de la Lingüística en cuanto técnica de interpretación (hermenéutica) inmanente del lenguaje, que desarrolla linealmente la problemática del sujeto kantiano, la dialéctica entre lo empírico y lo trascendental llevada a lo lingüístico.

Estructura profunda: En el paradigma transformacional, conjunto de reglas lingüísticas que permiten engendrar la estructura superficial.

Estructura superficial: En el paradigma transformacional, secuencia lineal a través de la cual se nos actualiza lingüísticamente la estructura profunda.

Estudios logicistas: Trabajos lingüísticos basados en la visión filosófica de la lengua que identificaba las categorías lingüísticas con las categorías lógicas.

Etimología: Estudio del origen de las palabras.

Funcionalismo: Propuesta teórica de Lingüística inmanente estructuralista europea, que sostiene que el análisis de las estructuras debe completarse con un estudio del funcionamiento de las unidades lingüísticas.

Glosemática: Propuesta teórica danesa de Lingüística objetual, que pretende crear un método exacto de descripción lingüística.

Gramática: Conjunto de dispositivos teóricos que los lingüistas han creado para describir la lengua.

Gramática clásica: Conjunto de dispositivos teóricos elaborados para describir las lenguas durante la Antigüedad grecolatina.

Gramática comparada: Dispositivos teóricos (precedentes de la Lingüística general) de la reflexión lingüística realizada durante los siglos XVIII y XIX con el objeto de organizar el árbol genealógico de las mismas.

Gramática especulativa: Dispositivos teóricos de los estudios logicistas basados en una visión filosófica de la lengua.

Gramática general: Dispositivos teóricos elaborados en el Renacimiento durante la Edad Moderna, basados en la creencia de un universalismo en el terreno lingüístico, y en el empeño de que fuese válido para la descripción de todas las lenguas.

Gramática histórica: Dispositivos teóricos (precedentes de la postura historicista de la Lingüística particular) de los trabajos de la reflexión lingüística encargados de estudiar la evolución y los cambios de una lengua a través del tiempo.

Gramática normativa: Dispositivos teóricos de los trabajos lingüísticos basados no en la descripción de la realidad lingüística, sino en la prescripción de reglas para el correcto uso de la lengua.

Gramática tradicional: Conjunto de dispositivos teóricos elaborados para describir las lenguas tras la Antigüedad clásica y hasta la formulación estructuralista.

Idealismo: Paradigma que ha organizado la historia del saber lingüístico y que considera el lenguaje no solo como un objeto de estudio e investigación, sino también como Sujeto de la Lingüística (véase otra acepción en capítulo 1).

Idealismo lingüístico: Escuela lingüística caracterizada por la defensa del protagonismo del hablante individual en los cambios lingüísticos.

Mentalismo: Propuesta teórica del Estructuralismo americano que interpreta el lenguaje indisolublemente unido a los actos de la mente y lo explica en términos de procesos mentales de estímulos y respuestas.

Método estructural: Conjunto de pasos con los que se actualiza formalmente las distintas propuestas teóricas del paradigma cientificista lingüístico para llegar al conocimiento de su objeto de estudio.

Neogramáticos: Nombre que recibe en Italia la escuela resultante de la transformación de las gramáticas historicistas en una reflexión lingüística más centrada en el análisis sincrónico de la lengua.

Phisey: Reflexión teórica iniciada en la Antigüedad clásica basada en la explicación de la lengua como un producto de la naturaleza, no sometida a reglas.

Paradigma Idealista: Conjunto de modelos y propuestas modélicas de un dominio filosófico.

Paradigma Realista: Conjunto de teorías y propuestas teóricas de un dominio científico.

Positivismo: Actitud de los lingüistas que culmina en la segunda mitad del siglo xix, mediante la cual se concibe el lenguaje como un conjunto analizable de elementos, independientemente del hablante.

Realismo: Paradigma que ha organizado la historia del saber lingüístico y que considera el lenguaje exclusivamente como un objeto de estudio e investigación (véase otra acepción en capítulo 1).

Thesey: Reflexión teórica iniciada en la Antigüedad clásica basada en la explicación de la lengua como un sistema de valores sometidos a reglas.

Transformacionalismo: Paradigma de la Lingüística en cuanto técnica de interpretación (hermenéutica) trascendental del lenguaje, que desarrolla linealmente la problemática del sujeto cartesiano.

J. Bibliografía general.

ABAT NEBOT, F. (1976): *Historia de la Lingüística como historia de la ciencia*, F. Torres, Valencia.

AGUD, A. (1984): «Glosemática y teoría de la sintaxis», *Studio Philologica Salmanticiensia*, 7-8, pp. 43-92.

ARENS, H. (1975): *La Lingüística. Sus textos y su evolución desde la Antigüedad hasta nuestros días*, Gredos, Madrid.

AUZÍAS, J. M., (1969): *El estructuralismo*, Alianza, Madrid.

BALLESTERO IZQUIERDO, A. (1992): «Saussure *versus* Chomsky: estructura y razón», *Notas y Estudios Filológicos*, 7, pp. 35-55.

BECARES BOTAS, V. (1989): «Método aristotélico y gramática alejandrina», *Revista Española de Lingüística*, 19, 1, pp. 71-83.

BELTRÁN ALMERÍA, L. (1991): «La idea de la ciencias en el mundo de las letras (positivismo y antipositivismo)», *Studium*, 7, pp. 39-53.

BENVENISTE, E. *et alii* (1971): *Ferdinand de Saussure*, Siglo XXI, Buenos Aires.

BIERWISCH, M. (1971): *El estructuralismo: historia, problemas y método*, Tusquet, Barcelona.

BLANCO QUINTELA, J. A. & MARTÍNEZ GARCÍA, M. (1994): «El sentido de la corrección de errores en los gramáticos latinos», *Voces*, 5, pp. 47-59.

CABALLERO, M. M. (1992): «Las polémicas lingüísticas durante el siglo XIX», *Cuadernos Hispanoamericanos*, pp. 177-187.

CÌRNÝ, S. (1998): *Historia de la Lingüística*, Universidad de Extremadura, Cáceres.

COLLADO, J. A. (1973): *Historia de la Lingüística*, Gredos, Madrid.

CORNEILLE, J. P. (1979): *La Lingüística estructural,* Gredos, Madrid.

COSERIU, E. (1973): *Tradición y novedad de la ciencia del lenguaje*, Gredos, Madrid.

COVEZ, M. (1972): *Los estructuralistas*, Amorrortu, Buenos Aires.

CRESPILLO, M. (1986): *Historia y mito de la Lingüística transformatoria*, Taurus, Madrid.

DAIX, P. (1969): *Claves del estructuralismo*, Calden, Buenos Aires.

DUCROT, O. (1975): *El estructuralismo en lingüística*, Losada, Buenos Aires.

FOUCAULT, M. (1971): *Las palabras y las cosas*, Siglo XXI, Madrid.

HEILMANN, L. (1983): *Linguistica e Umanesimo*, Il Mulino, Bolonia.

JIMÉNEZ CANO, J. M. (1984): «Elementos generales para el análisis de un movimiento teórico de la historia de la lingüística», *Anales de la Universidad de Murcia*, 42, pp. 115-130.

LÁZARO CARRETER, F., (1985): *Las ideas lingüísticas en España durante el siglo XVIII,* C.S.I.C., Madrid.

LEPSCHY, G. (1971): *La Lingüística estructural,* Anagrama, Barcelona.

LLORENTE MALDONADO, A. (1967): *Teoría de la lengua e historia de la lingüística*, Alcalá, Madrid.

LEROY, M. (1974): *Las grandes corrientes de la lingüística*, F.C.E., México.

MANOLIU, M. (1977): *El estructuralismo lingüístico*, Cátedra, Madrid.

MARCOS MARÍN, F. (1990): *Introducción a la Lingüística. Historia y modelos*, Síntesis, Madrid.

MOUNIN, G. (1968): *Historia de la Lingüística desde los orígenes hasta el siglo xx*, Gredos, Madrid.

MOUNIN, G. (1968): *Saussure, presentación y textos*, Anagrama, Barcelona.

MOUNIN, G. (1976): *La Lingüística en el siglo xx*, Gredos, Madrid.

MOUNIN, G. (1991): «Algunas reflexiones a propósito de la Lingüística de Leibniz», *Contextos*, 9, 17-18, pp. 113-120.

MOURELLE DE LEMA, M. (1977): *Historia y principios fundamentales de la lingüística*, Prensa Española, Madrid.

PALMER, L. R. (1975): *Introducción crítica a la Lingüística descriptiva y comparada*, Gredos, Madrid.

ROBINS, R. H. (1992): *Breve historia de la Lingüística*, Paraninfo, Madrid.

SANTERRE, R. (1969): *Introducción al estructuralismo*, Nueva Visión, Buenos Aires.

SIERTSEMA, B. (1965): *A study of Glossematics*, Martinus Nijhoff, la Haya.

SERRANO, S. (1983): *La Lingüística. Su historia y su desarrollo*, Montesinos, Barcelona.

TUSÓN, J. (1987): *Aproximación a la historia de la Lingüística*, Teide, Barcelona.

MÓDULO II

**PRIMERA VÍA DE LOS ESTUDIOS
LINGÜÍSTICOS: LA TEORÍA DEL LENGUAJE.**

Capítulo 3

EL LENGUAJE NATURAL HUMANO COMO OBJETO DE ESTUDIO E INVESTIGACIÓN.

A. Cronograma.

Semana 7

Actividad docente	Horas presenciales		Horas no presenciales		
	Teó- ricas	Prác- ticas	Estu- dio	Ejer- cicios	Tuto- rías
1. Lectura de los puntos 1 y 2 del tema y anotación de dudas			1		
2. Exposición panorámica de los puntos 1 y 2 y resolución de dudas	2				
3. Realización de actividades teóricas y prácticas 1, 2, 3 y 4 y texto 1				2	
4. Estudio de los contenidos y nociones de los puntos 1 y 2			1		
5. Sesión práctica sobre los contenidos y actividades realizadas		2			
6. Tutorías grupales o autorresolución de dudas					2

Semana 8

Actividad docente	Horas presenciales		Horas no presenciales		
	Teó- ricas	Prác- ticas	Estu- dio	Ejer- cicios	Tuto- rías
1. Lectura de los puntos 3 y 4 del tema y anotación de dudas			1		
2. Exposición panorámica de los puntos 3 y 4 y resolución de dudas	2				
3. Realización de actividades teóricas y prácticas 5, 6, 7 y 8, texto 2 y lecturas recomendadas				2	
4. Estudio de los contenidos y nociones de los puntos 3 y 4			1		
5. Sesión práctica sobre los contenidos y actividades realizadas		2			
6. Proceso de autoevaluación			1		
7. Tutorías grupales o autorresolución de dudas					2
Total volumen de trabajo del tema en las dos semanas	4	4	5	4	4
	8		13		

B. Objetivos.

1. *Comprender* la complejidad que entraña el estudio del lenguaje.
2. *Precisar* las principales características del lenguaje natural humano.
3. *Conocer* las principales teorías explicativas sobre el origen del lenguaje.
4. *Valorar* la aportación de los distintos autores que se han acercado al estudio del lenguaje desde un punto de vista instrumental.
5. *Comprender* la triple naturaleza social, simbólica y psicológica del lenguaje y las tareas lingüísticas que se derivan de ello.

C. Palabras clave.

– Rasgos de diseño.
– Intercambiabilidad.
– Eficiencia.
– Composicionalidad.
– Simbolismo.
– Semanticidad.
– Prevaricación.
– Función apelativa o conativa.
– Función representativa.
– Función poética.

– Economía.
– Dualidad.
– Creatividad.
– Recurrencia.
– Especialización.
– Desplazamiento.
– Reflexividad.
– Función expresiva.
– Función fática o de contacto.
– Función metalingüística.

D. Organización de los contenidos.

1. Las características del lenguaje natural humano.
   1.1. Economía.
   1.2. Creatividad.
   1.3. Simbolismo.
2. El estudio del lenguaje desde el punto de vista teórico especulativo: el origen del lenguaje.
   2.1. Teorías metafísicas y teológicas.
   2.2. Teorías biológicas.

2.3. Teorías glosogenéticas.

2.4. Teorías antropológicas.

3. El estudio del lenguaje desde el punto de vista instrumental: su funcionamiento.

3.1. Principales precedentes históricos.

3.2. Las funciones en Cassirer.

3.3. Las funciones en Martinet.

3.4. Las funciones en Bühler.

3.5. Las funciones en Trubetzkoy.

3.6. Las funciones en Jakobson.

4. La naturaleza simbólica, biológica y social del lenguaje.

Una vez que haya estudiado el tema y con el fin de que alcance una visión panorámica del mismo que le ayude a *sintetizar, ordenar* y *estructurar* una información de cierta amplitud y a preparar una posible prueba de examen, realice un **cuadro sinóptico o esquema** en el que, partiendo de la estructuración propuesta anteriormente, organice de manera resumida los contenidos fundamentales del tema. Utilice para ello únicamente el espacio que se le propone.

E. Desarrollo de los contenidos.

1. Las características del lenguaje natural humano.

Vamos a comenzar ahora el estudio del lenguaje. Se trata de un aspecto muy importante porque su propia naturaleza es la que hace de la Lingüística una disciplina problemática. Las razones son:

a) Los hechos de lenguaje nos resultan tan familiares y están tan implicados en la sensación misma de hábito y de comprensión, que es difícil observarlos desde fuera, hacerlos objeto de extrañeza para no caer en una observación completamente parcial, acomodada a nuestra visión del mundo.

b) El lenguaje, como dijimos en el capítulo 1, es heteróclito, es decir, tiene muchas dimensiones implicadas, y se produce gracias a numerosos fenómenos que no son lingüísticos. Como 'sonido' implica fisiología y física; como contenido mental implica psicología y neurología. Por su relación con la historia misma del ser humano implica biología, genética, antropología, e historia y sociología. Por todo ello la Lingüística se ve con frecuencia como una disciplina mixta, entre natural y humanística (recuérdese lo expuesto en el Capítulo 1).

c) Muchos fenómenos relacionados con el lenguaje no son todavía observables. Esto es así en parte por la propia definición de lenguaje.

d) El lenguaje es objeto y al mismo tiempo instrumento de estudio del objeto. Se trata de la paradoja de la reflexividad.

Como hemos dicho con anterioridad, el lenguaje tiene una naturaleza muy compleja. Por ello muchos lingüistas han intentado precisar sus características. Quizá la clasificación más exhaustiva haya sido la que Hockett elaboró en 1968 y que denominó *rasgos de diseño*, para diferenciar el lenguaje natural humano del lenguaje animal y que estudiaremos en el capítulo 4.

Sin embargo esta teoría ha sido muy criticada y estudios posteriores han demostrado que los 16 *rasgos de diseño* propuestos por Hockett pueden agruparse en tres grandes parámetros que recogen perfectamente las características del lenguaje natural humano. Por ello, vamos en este capítulo a estudiar estas características de manera globalizante para hacerlo con más detenimiento en el mencionado capítulo 4. Posteriormente haremos un recorrido por los estudios que se han realizado sobre el lenguaje desde distintos puntos de vista. Comenzaremos con los estudios realizados desde el punto de vista *teórico especulativo*, centrados principalmente en el problema del origen del lenguaje; y continuaremos con los estudios que se acercan al lenguaje desde el punto de vista *instrumental*, es decir, considerándolo como un instrumento que se utiliza para muchas finalidades o funciones. El capítulo concluirá con una reflexión sobre la naturaleza simbólica y biológica y social del lenguaje y sus repercusiones metodológicas.

Así pues, vamos a comenzar señalando las características globales del lenguaje natural humano propuestas por Hockett.

1.1. Economía.

Debido principalmente a las limitaciones físicas y psíquicas del ser humano (límite de nuestra memoria), solo podemos emitir y diferenciar un número limitado de sonidos. Esta característica determina las siguientes propiedades del lenguaje natural humano:

– *Intercambiabilidad*: propiedad que permite que un miembro de una comunidad lingüística pueda ser indistintamente transmisor y receptor de mensajes, puesto que no hay reglas distintas para la emisión y la recepción.

– *Dualidad* (Hockett) o *doble articulación* (Martinet): propiedad que posibilita la estructuración de toda lengua en dos niveles; uno con unidades dotadas de significados (los monemas) que se descomponen en otras unidades sin significados (fonemas), que se combinan y dan lugar a todas las unidades lingüísticas.

– *Eficiencia*: propiedad que permite a los miembros de una comunidad lingüística utilizar las mismas expresiones para referirse a cosas distintas. Por ejemplo, la expresión *él la ve* puede referirse a distintas realidades extralingüísticas.

1.2. Creatividad.

Esta característica consiste en la capacidad que tiene el ser humano de emitir y entender expresiones totalmente nuevas gracias a que su conocimiento lingüístico le posibilita la aplicación de patrones generales a casos particulares. Esta característica determina dos propiedades:

– *Composicionalidad*: propiedad que consiste en que expresiones complejas puedan estar determinadas por expresiones más simples que la compongan; por ejemplo, la coordinación de oraciones.

– *Recurrencia*: propiedad que posibilita la utilización de los mismos patrones de organización (opositiva) para los distintos niveles de la estructura foneticofonológica, morfosintáctica o lexicosemántica de la lengua. Mediante la marca funcional (o la ausencia de ésta) dos unidades lingüísticas adquieren su valor en una relación opositiva; así, por ejemplo, el morfema gramema -o no está marcado para género (puesto que puede usarse tanto para el masculino como para el femenino) mientras el morfema gramema -a sí lo está, ya que solo puede usarse para el femenino (lo desarrollaremos en *Lingüística general II*).

1.3. Simbolismo.

Es la característica del lenguaje que le permite su remisión a una realidad distinta de sí mismo. Esta característica determina las siguientes propiedades

– *Especialización*: propiedad que posibilita el hecho de que las expresiones lingüísticas no tengan una repercusión directa con el acto físico que ellas suponen. Así, por ejemplo, si tengo sed, bebo y se me quita, pero si digo «tengo sed», la secuencia lineal de estos sonidos no me traen la bebida (aunque lo hace posible).

– *Semanticidad*: propiedad que permite a las expresiones lingüísticas unirse con la realidad extralingüística de una manera convencional, sin que exista ninguna motivación de la realidad sobre la lengua.

– *Desplazamiento*: propiedad que permite a los mensajes lingüísticos referirse a cosas remotas en el tiempo y en el espacio, sin necesidad de que estén presentes.

– *Prevaricación*: propiedad determinada por el simbolismo lingüístico que permite el hecho de que los mensajes transmitidos por el emisor puedan ser falsos.

– *Reflexividad*: finalmente, esta propiedad posibilita a las expresiones lingüísticas denotar esas mismas expresiones. Así, la unidad lingüística «perro» no denota a un mamífero de la familia de los cánidos sino a una lexía de dos sílabas.

2. El estudio del lenguaje desde el punto de vista teórico especulativo y antropológico: los orígenes del lenguaje.

Debemos comenzar este punto afirmando que el desarrollo tanto del lenguaje como de la sociedad van paralelos, hasta el punto de que cuando el primate inteligente se convirtió en hombre lo hizo porque adquirió la capacidad de comunicación a partir de la facultad del lenguaje. Por tanto, el nacimiento del lenguaje y el nacimiento del hombre son idénticos.

Han sido varias las teorías que han intentado desvelar el nacimiento del lenguaje. Veamos alguna de ellas.

2.1. Teorías metafísicas y teológicas.

Estas teorías explican que el lenguaje apareció debido sobre todo a la gracia de un ser divino (Dios para los cristianos, Sarasvati, para los hindúes, etc.), o a un espíritu supraindividual (Humboldt).

Para todas las religiones hay un ser divino que regala a los humanos la facultad del lenguaje. Por tanto, el hombre y el lenguaje han nacido al mismo tiempo, ya que son frutos de un ser superior. De esta forma, Humboldt ve una estrecha relación entre la mentalidad de cada pueblo y su lengua respectiva, puesto que la lengua es el «organón» que da forma al pensamiento.

A lo largo de la historia se realizaron experimentos para comprobar la hipótesis de que si algunos niños crecían sin entrar en contacto con ninguna lengua, usarían espontáneamente la lengua dada por Dios. Estos experimentos demostraron que estos niños crecían sin hablar. Además, si el lenguaje hubiese venido de una fuente divina habría sido imposible su reconstrucción debido a lo ocurrido en la ciudad llamada Babel, en la que Dios confundió el lenguaje de todo el mundo, según el *Génesis*.

A finales del siglo xix los estatutos de la *Societé de Linguistique de Paris* (1866) proscriben el tratamiento del origen del lenguaje, y lo mismo hace luego la *Linguistic Society of America*. Cuatro estados americanos (Arkansas, Oklahoma, Tennessee y Misisipí) prohibieron las teorías evolucionistas del darwinismo en las escuelas y sólo desde 1981 se permite hacerlo si al mismo tiempo se explica la teoría creacionista. Pero el evolucionismo acabó por imponerse, y en 1950 el papa Pío xii afirma en su encíclica *Humani generis* que el evolucionismo es compatible con la fe cristiana. La polémica se redujo desde entonces al espíritu, al alma. Y de ahí que el origen del lenguaje siga siendo una cuestión ideológica, pues parece bastante evidente que el espíritu humano se manifiesta especialmente en el lenguaje.

2.2. Teorías biológicas.

Son aquellas que defienden que el lenguaje apareció unido a unos órganos que permitieron al hombre emitir una serie de sonidos articulados. Mediante su combinación, el ser humano podía expresar sus sentimientos y su visión del mundo; sería, por tanto, fruto del mecanismo fisiológico que permitió estas expresiones y que dio lugar al establecimiento de la función expresiva del lenguaje que estudiaremos en el apartado siguiente.

Estos órganos son: los *dientes* (que no están inclinados hacia delante como los de los monos y permiten la realización de sonidos dentales), los *labios* (cuya flexibilidad permite la realización de sonidos como *p* y *b*), la *lengua* (con la que se pueden formar una amplia gama de sonidos), la *faringe* (cavidad que se encuentra encima de las cuerdas vocales y que permite la resonancia de los sonidos producidos por la laringe), y el *cerebro*, que está lateralizado, es decir, con funciones especializadas en cada uno de los hemisferios (Capítulo 5).

Por tanto, la razón material es la anatomía muscular y dental del hombre. El ser humano desarrolló unos músculos faciales más que los primates, exclusivos de la especie: el *risorius santorini*, podía retener el aire y abrir bruscamente la cavidad bucal para pronunciar las oclusivas bilabiales (p, b, m), y además modularla para pronunciar las vocales. La lengua afina su borde y así pueden producirse la líquidas (l, r), y puede abombarse y acercarse al paladar y producir las velares (k, g). También hay cambios en la mandíbula, en los dientes. En los primates, los caninos sobresalen y los incisivos se cierran en ángulo, de modo que ni con los labios ni los dientes se puede obstaculizar la salida de aire. En los hombres, los dientes encajan para producir sonidos dentales (t, d, s, sh…). Pero la peculiaridad anatómica más llamativa es la laringe. Al nacer, los bebés la tienen tan elevada como los primates, con la epiglotis en contacto con el paladar blando. No pueden pronunciar sonidos orales porque el aire se sale por la nariz. En los niños luego baja notablemente, hasta permitir una caja de resonancia de las vibraciones producidas por la epiglotis. Por último, por el control del diafragma somos capaces de dedicar mucho más tiempo a la espiración que a la inspiración, lo que no puede hacer ningún primate.

2.3. Teorías glosogenéticas.

Se fundan en las bases biológicas que han permitido la formación y el desarrollo del lenguaje humano. Para ello, estudian y comparan los aspectos físicos de los seres humanos y los de sus ancestros, llegando a la conclusión de que los restos hallados del 35.000 a. C. suponen ya un espécimen parecido al hombre moderno, cuyas particularidades físicas pudieron permitir la capacidad de hablar.

Los *Australopithecus*, simios que ya caminaban erguidos, vivieron en un entorno seco y semidesértico, hace 5 millones de años, en el Plioceno, tras el hundimiento del valle del Rift (falla que va de Etiopía a Afganistán). Se han hallado restos de animales de sabana asociados a sus restos: gacelas, antílopes, jirafas. Es probable que los *Australopithecus* vivieran en grupos poco numerosos y que fueran, en parte, nómadas. Se desplazan por la sabana en busca de alimento y de puntos de agua. Con el bipedismo y la carrera, el pelo empezó a caer, y la mano empezó a desarrollarse para permitir el traslado de objetos, y luego la manipulación de primeras herramientas. La morfología dentaria evoca un régimen alimenticio basado en herbáceas y gramíneas.

Poco a poco pasaron a un régimen alimenticio más variado, de tipo omnívoro, con el *Australopithecus robustus* (hace 1 millón de años) encontrado en los yacimientos de África del Este, y que presentan ya una industria lítica. La fabricación se asocia a una incipiente facultad de 'desplazamiento', pues supone la previsión de un futuro en el que las herramientas estén disponibles.

En 1959, L. Leakey y M. Leakey, descubrieron en Tanzania una serie de homínidos difíciles de clasificar (datados en unos 1,75 millones de años). Estos homínidos se diferenciaban de los *Australopithecus* por una mayor capacidad craneana (600 cc) y por unas piezas dentarias más pequeñas. Lo llamaron *homo habilis*, con el fin de expresar su naciente capacidad técnica. Se extinguió hace 1,2 millones de años y fue sustituido por tres especies que ya no están solo en África: el *homo antecesor*, en Europa (Atapuerca), el *homo erectus* (Java y China), y el *ergaster* (África). El cráneo ha crecido hasta 750 cc y emplean hachas de dos caras. Hace unos 150.000 años les sucedió el *homo neanderthalensis*, que vivía en condiciones casi glaciales en la tundra europea, y conocía el fuego. Su mandíbula hace improbable el lenguaje oral. Se extinguieron hace 30.000 años.

El *homo sapiens* salió de África hace unos 50.000 años, hacia Asia, Australia, y posteriormente Europa. Eran nómadas recolectores de miel y gramíneas (para hacer pan), y ordeñadores. Conocían el fuego y vivían en grupos de unos 25 a 200 individuos, trabajando ya la piedra pulida, la madera, el hueso y el vestido. Un cambio climático en el Paleolítico Medio (entre 100.000 y 35.000 años a. C.) produjo un enfriamiento climático, lo que condujo al hombre a la ocupación masiva de cuevas. En el caso de Cantabria, pasaron a ser sedentarios, dedicándose a la agricultura y empezando a organizar ciudades, ritos funerarios y arte. Se cree que con ese sedentarismo empiezan a desarrollarse los símbolos y que el lenguaje es una parte de ese pensamiento simbólico.

2.4. Teorías antropológicas.

El lenguaje surgiría, según estas teorías, de la propia evolución del hombre, que pudo llegar a la capacidad de comunicación verbal, ampliando los gestos como sistema comunicativo (Wundt), por un sistema de imitación (Johannensen), o debido al propio contacto e interacción entre los mismos individuos de una colectividad (Révèsz).

– *La teoría de los gestos* sostiene que existe una conexión entre los gestos físicos y los sonidos producidos oralmente. Sostiene que en un principio habría un conjunto de gestos físicos como medios de comunicación, después aparecerían gestos orales hechos con la lengua y los labios y después surgiría el lenguaje oral.

– *La teoría de la imitación* sostiene que las palabras primitivas podrían haber sido imitaciones de los sonidos naturales que los hombres escuchaban a su alrededor (sería en español lo que podría ocurrir con palabras como *guau*, *cucú*, *sisear*, etc.), o de los gritos de emociones o de realización de esfuerzos físicos.

– *La teoría de la interacción* sostiene que el hombre incorporó sonidos de la Naturaleza, gritos emocionales, etc. para interactuar con otros individuos social y emocionalmente y para transmitir nuestros conocimientos, habilidades e informaciones.

3. El estudio del lenguaje desde el punto de vista instrumental: las funciones del lenguaje.

No debemos olvidar que el lenguaje presenta las características señaladas anteriormente para poder ser usado; en caso contrario no tendría ningún sentido. Por ello es conveniente repasar los estudios lingüísticos que se han realizado sobre este carácter instrumental del lenguaje.

Efectivamente, el lenguaje es un instrumento que se utiliza para muchas finalidades y éstas reciben el nombre de funciones del lenguaje. Veamos, pues, cuáles son las principales funciones del lenguaje según distintos autores.

3.1. Principales precedentes históricos.

– *Aristóteles* concebía el lenguaje como un instrumento para enunciar, mandar y expresar deseos.

– *Santo Tomás* establecía tres funciones en el lenguaje: indicativa, imperativa y optativa, otorgando prioridad a la primera.

– *Husserl* distinguía la función expresiva de la significativa, dando prioridad también a la significativa.

– Desde un punto de vista psicologista, *Wundt* delimita la función de la expresión, porque resalta la individualidad del lenguaje.

– *Croce*, a partir del valor estético que puede tener la expresión sienta las bases para la función estética formulada por Jakobson.

– Finalmente, a partir de *Sapir* y *Cuervo*, por poner unos casos, se reducen las funciones del lenguaje a solo la representativa, pues las funciones apelativa y expresiva se consideran subordinadas a la anterior. Se está potenciando, por tanto, la función comunicativa.

3.2. Las funciones en Cassirer.

Mediante la comunicación se establece un nexo entre las imágenes mentales y el mundo extralingüístico (exterior o interior). En este proceso, el papel del lenguaje, además de servir para ponernos en contacto con el mundo, se actualiza en una conformación de nuestra imagen del mundo (que después podemos o no comunicar a otros).

De esta forma, el *animal político* aristotélico (que necesita la comunicación para mantener la comunidad) se convierte en *animal pensante* (que necesita la comunicación para expresar su imagen del mundo), gracias al poder (función interior) del lenguaje.

3.3. Las funciones en Martinet.

Además de la función comunicativa, Martinet defiende la importancia del lenguaje como soporte del pensamiento y como expresión del mismo. Además añade otra función, entremezclada con la de comunicación y de expresión, que sería la *estética*.

Con todo, Martinet no desdeña la función comunicativa, pues sostiene su importancia para que la lengua no se corrompa rápidamente y para que el mecanismo lingüístico se mantenga en buen estado de funcionamiento.

3.4. Las funciones en Bühler.

Bühler es un filósofo que, basado en la fenomenología de Husserl, concibe el lenguaje como un *«organón»* para comunicar uno a otro algo acerca de las cosas. Este *«organón»* se compone de los factores que representamos en el esquema siguiente:

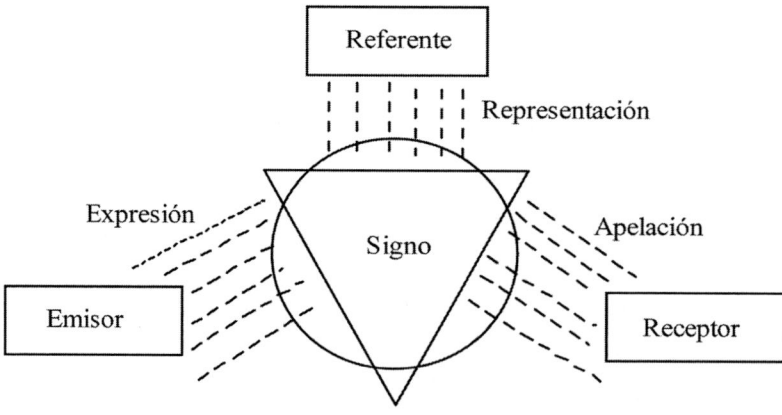

Fig. 1: Funciones del lenguaje en Bühler.

En el cuadro podemos observar lo siguiente:
– El círculo, que simboliza el fenómeno acústico.
– Los lados del triángulo, que simbolizan la ligazón de las funciones del lenguaje a sus distintos campos de referencia.
– Los grupos de líneas, que simbolizan las funciones semánticas del signo y le hacen ser, por tanto:
• Símbolo, en virtud de su ordenación de objetos.
• Síntoma, en virtud de su dependencia del emisor.
• Señal, en virtud de su apelación al receptor.

En el marco de esta propuesta Bühler distingue tres funciones del lenguaje:
– *Función apelativa*: la que actúa sobre el oyente para llamar su atención. Hay identificación del signo con la señal, por lo que importan los imperativos, demostrativos, etc. Es la función de la lengua animal y del lenguaje infantil.
– *Función expresiva*: es la del hablante que expresa sus sentimientos. Hay una identificación del signo con el síntoma, y existe en los animales.
– *Función representativa*: la que permite al hablante representar un hecho real. En este caso se produce una identificación del signo con el símbolo, y es la función propia del hombre frente a los animales.

3.5. Las funciones en Trubetzkoy.

Trubetzkoy sigue las propuestas de Bühler aplicando las funciones del lenguaje a problemas exclusivamente lingüísticos, concretamente al terreno de la Fonología, con el objeto de analizar la función distintiva del lenguaje para diferenciar lo que es recurso de un sistema para la comunicación de lo que es un índice o síntoma de la comunicación (es decir, lo que es propio de los individuos que forman la comunidad hablante).

Por ello, establece tres funciones, similares a las de Bühler:
– *Función representativa* o *referencial*: aquélla mediante la cual el hablante manifiesta o trata de producir en el oyente una representación del objeto. En esta función la comunicación se centra en el contenido del mensaje.
– *Función expresiva*: la que sirve al hablante para manifestar una serie de peculiaridades propias del momento, su situación personal o sus sentimientos.
– *Función apelativa* o *conativa*: la que permite al hablante provocar en el oyente determinado sentimiento que se manifieste en su comportamiento posterior.

3.6. Las funciones en Jakobson.

Finalmente, Jakobson establece una de las grandes teorías vigentes, entendiendo las funciones del lenguaje unidas con el proceso de comunicación.

De esta forma, a cada uno de los factores del acto comunicativo le corresponde una función específica del lenguaje. Éstas son:

– *Función comunicativa:* es la función que abarca todo el proceso y que se identifica con la referencial, representativa, lógica, cognoscitiva o denotativa. Pone de relieve el mundo de los objetos y hechos externos. Actúa cuando utilizamos el lenguaje para formular aserciones, dar noticias, pedir información preguntando, etc.

– *Función expresiva:* es la relacionada con el hablante, que expresa su actitud ante el objeto. Se llama también emotiva o emocional porque su finalidad es manifestar estados de ánimo. Se realiza con las interjecciones cuando hay intención comunicativa (si decimos un taco de manera espontánea y nos ruborizamos no habría intención comunicativa), y con las oraciones exclamativas en las que predomine la afectividad.

– *Función conativa:* es la que se produce cuando el hablante trata de actuar sobre el oyente. Se denomina también apelativa y mágica. Aparecen en aquellas oraciones cuyos verbos van en imperativo y con cualquier expresión que llame la atención del oyente. Puede dirigirse, por tanto,

• a la *inteligencia* del oyente para organizar la acción en común (por ejemplo, las señales de tráfico);

• o al *sentimiento* del oyente cuando se quiere su participación (en el caso de la música o de la propaganda).

– *Función fática* o *de contacto:* la que centrada en el canal sirve para indicar que la comunicación entre los interlocutores no se ha cortado. Se manifiesta mucho en las conversaciones telefónicas (*oiga, sí, vale,* etc.), repeticiones de muletillas, o hablar por hablar para evitar el silencio.

– *Función poética:* también llamada función estética, se produce cuando el mensaje llama la atención sobre el propio mensaje, ya sea por medio de aliteraciones, rimas, selección del léxico, contrastes, transformaciones del orden lógico, etc.

– *Función metalingüística:* se realiza esta función cuando empleamos el lenguaje para hablar del propio lenguaje, cuando además de ser instrumento de comunicación se convierte en objeto de esa comunicación. Esta función se realiza, por ejemplo, en las definiciones de las palabras o en las clases de Lingüística.

4. La naturaleza simbólica, biológica y social del lenguaje.

En la actualidad, la Lingüística se encarga de estudiar el lenguaje natural humano concretado en las lenguas particulares, y lo hace atendiendo precisamente a tres de sus características fundamentales: su naturaleza social, simbólica y biológica (que son las que vamos a estudiar a lo largo de los tres capítulos siguientes).

Efectivamente, el lenguaje se puede considerar en una triple dimensión:

a) Como fenómeno *simbólico* (Capítulo 4) porque solo existe el pensamiento con ayuda de los signos, y el lenguaje verbal como un conjunto de reglas (Wittgenstein) se precisa como el más apto para el desarrollo de la capacidad mental y expresión de la propia personalidad (Heidegger).

b) Como fenómeno *biológico* (Capítulo 5) porque tiene un carácter tanto neuronal como psicológico que se da en el interior de nuestro cerebro.

c) Y, finalmente, como fenómeno *social*, superior e impuesto al individuo (Capítulo 6). Las razones para ello son que:

– *Forma parte de la cultura*, puesto que es un comportamiento humano aprendido sobre la base de la capacitación biológica del hombre.

– *Es la base de la estructura social*, ya que permite la comunicación en el espacio y en el tiempo.

– *Crea un tipo de sociedad a la vez que es determinado por la sociedad*, puesto que ésta crea un tipo de lenguaje. Es la gran diversidad lingüística.

Nuestra tarea, por tanto, consiste en analizar la faceta *simbólica* del lenguaje, analizando su carácter representacional —que nos permite la comunicación—, las bases semióticas de la comunicación y la organización semiótica de las lenguas (Capítulo 4); la faceta *biológica*, analizando, en este caso, las patologías que inhiben la habilidad lingüística, como pruebas de la naturaleza orgánica del lenguaje (Capítulo 5); y, finalmente, la faceta *sociológica* del lenguaje, estudiando las variedades lingüísticas, ya sean tanto intraidiomáticas como interidiomáticas, las distintas propuestas de caracterización y el sistema de escritura como plasmación de estas variedades orales (Capítulo 6).

> Finalmente, considere que para haber alcanzado correctamente los objetivos propuestos en el proceso de enseñanza y aprendizaje del tema finalizado, debe haber comprendido con claridad que:
>
> 1. El lenguaje es un fenómeno heteróclito y polimórfico que no podemos captar por los sentidos, de ahí que tenga una naturaleza trascendente que dificulte su estudio empírico.

2. El lenguaje presenta tres características: *economía*, debido principalmente a las limitaciones físicas y psíquicas del ser humano (límite de nuestra memoria), que nos posibilita emitir y diferenciar un número limitado de sonidos; *creatividad*, capacidad que tiene el ser humano de emitir y entender expresiones totalmente nuevas gracias a que su conocimiento lingüístico le posibilita la aplicación de patrones generales a casos particulares; y *simbolismo*, que permite al lenguaje su remisión a una realidad distinta de sí mismo. Estas características determinan una serie de propiedades.

3. Han sido varias las teorías que han intentado desvelar el nacimiento del lenguaje: las teorías *metafísicas* y *teológicas*, que explican que el lenguaje apareció debido a la gracia de un ser divino; las teorías *biológicas*, que defienden que el lenguaje apareció unido a unos órganos que permitieron al hombre emitir una serie de sonidos articulados; las teorías *glosogenéticas*, fundamentadas en las bases biológicas que han permitido la formación y el desarrollo del lenguaje humano; y las teorías *antropológicas*, para las que lenguaje surgiría de la propia evolución del hombre, que pudo llegar a la capacidad de comunicación verbal.

4. El lenguaje es un instrumento que se utiliza para muchas finalidades y éstas reciben el nombre de *funciones del lenguaje*. Los autores más importantes que han estudiado esta problemática han sido Cassirer, Martinet, Bühler, Trubetzkoy y Jakobson.

5. En la actualidad, la Lingüística se encarga de estudiar el lenguaje natural humano concretado en las lenguas particulares, y lo hace atendiendo precisamente a tres de sus características fundamentales: su naturaleza *social*, *simbólica* y *biológica*.

F. Actividades sugeridas.

— A continuación vaya anotando las dudas que le van surgiendo tras la lectura de los distintos puntos del tema y después la resolución de las mismas, ya sea por las clases recibidas, el estudio personal o las tutorías realizadas. Este proceso le servirá tanto para la mejor compresión de la materia como para la preparación de la prueba final.

— Conteste a las siguientes cuestiones:

1. Explique las características principales del lenguaje natural humano.

2.   Reflexione sobre lo que había entendido hasta ahora como estudio sobre el lenguaje y compárelo con los nuevos presupuestos del tema. Establezca los puntos de diferencia.

3.   Diferencie las principales características y propiedades del lenguaje natural humano en los siguientes ejemplos:

* Coche, cochero, cochecito.

* Mañana caerán gotas de sangre.

* El la ve con asiduidad.

* Tengo una casa preciosa. Creo que es la más bonita del mundo.

* Pedro es un cerdo con todas las letras.

* Juan ha suspendido Lingüística siete veces. Es todo un lumbreras.

* Las perlas de tu boca brillan al amanecer.

* La Lingüística externa es una orientación de la Lingüística.

* La Lingüística interna es una vía de la Lingüística.

* Una cerveza, por favor.

4.   ¿En qué se diferencian las principales teorías sobre el origen del lenguaje?

5.   Valore la importancia de Bühler en la problemática de las funciones del lenguaje.

6. Compare los distintos planteamientos sobre las funciones del lenguaje. Indique además en qué grado se superan unos a otros.

7. Enuncie una serie de mensajes en los que predomine cada una de las funciones del lenguaje.

8. Explique en qué consiste la triple naturaleza del lenguaje y razone la adopción metodológica que se desprende de la misma.

A continuación, utilice este espacio para resolver los ejercicios adicionales que le pueda proponer su profesor o para contestar a las preguntas de los posibles documentales visionados durante las clases.

— Comente los siguientes textos explicando su contenido y realizando la pertinente valoración. Como orientación para el análisis crítico sugerimos el presente modelo:

1. Breve noticia sobre el autor del texto.
2. Determinación de la problemática del texto, señalando su unidad específica y la formulación teórica en la que se ubica la misma.
3. Establecimiento de la estructura que presenta el texto; esto es, división en partes temáticas.
4. Exposición de la tesis que defiende el autor sobre la problemática planteada, señalando:
   4.1. La filosofía espontánea que afecta a su propuesta.
   4.2. Las ideas principales y secundarias del texto.
5. Precisión como conclusión de la respuesta que se pueda dar a la problemática planteada.
6. Valoración del texto en su conjunto a partir de una breve opinión personal.

1. Texto de Sapir.

«Toda comunicación voluntaria de ideas es una transferencia, directa o indirecta del simbolismo típico del lenguaje hablado u oído, o que, cuando menos, supone la intervención de un simbolismo auténticamente lingüístico [...]. Las imágenes auditivas y las motoras que determinan la articulación de los sonidos, son la fuente histórica de todo lenguaje y de todo pensamiento. [...] El lenguaje consiste más propiamente en la clasificación, en la fijación de formas y en el establecimiento de relaciones entre los conceptos. Repitámoslo una vez más: el lenguaje en cuanto estructura, constituye en su cara interior, el molde del pensamiento».

(E. Sapir (1884-1939), *El lenguaje*, FCE, Madrid, 1954).

2. Texto de Jakobson.

«La lógica moderna ha establecido una distinción entre dos niveles de lenguaje, el *lenguaje-objeto*, que habla de objetos, y el *metalenguaje*, que habla del lenguaje mismo. Ahora bien, el metalenguaje no es únicamente un utensilio científico necesario, que lógicos y lingüistas emplean; también juega un papel importante en el lenguaje de todos los días [...]. Cuando el destinador y/o el destinatario quieren confirmar que están usando el mismo código, el discurso se centra en el código: entonces realiza una función metalingüística».

(R. Jakobson (1896-1982), *Ensayos de Lingüística General*, Planeta, Barcelona, 1985).

G. Lecturas recomendadas.

ARSUAGA, J. L. & MARTÍNEZ, I. (1998): «El origen del lenguaje humano» *apud La especie elegida*, Ed. Temas de hoy, Madrid, pp. 383-407.

Acercamiento antropológico con certero rigor científico a la problemática de los orígenes del lenguaje.

JAKOBSON, R. (1985): «Lingüística y Poética» *apud Ensayos de Lingüística General,* Planeta, Barcelona, pp. 347-393.

Ampliación del esquema comunicativo de Bühler con indicación de las principales funciones del lenguaje atribuidas a los distintos componentes del proceso comunicativo.

SAPIR, E. (1991): *El lenguaje,* F.C.E., Madrid.

Acercamiento multifactorial al lenguaje, con principal hincapié en las relaciones entre lenguaje, raza y cultura.

H. Ejercicios de autoevaluación.

Con el fin de que se pueda comprobar el grado de asimilación de los contenidos, presentamos una serie de cuestiones, cada una con tres alternativas de respuestas. Una vez que haya estudiado el tema, realice el test rodeando con un círculo la letra correspondiente a la alternativa que considere más acertada. Después justifique en el espacio que se deja a continuación las razones por las que piensa que la respuesta elegida es la correcta, indicando también las razones que invalidan la corrección de las restantes.

Cuando tenga dudas en alguna de las respuestas vuelva a repasar la parte correspondiente del capítulo e inténtelo otra vez.

1. La propiedad lingüística que determina que los mensajes puedan ser falsos se llama

    A Desplazamiento.
    B Prevaricación.
    C Recurrencia.

2. Las unidades de la lengua son recurrentes porque

    A Se pueden asociar según ciertas reglas.
    B Se pueden repetir.
    C Su unión conforma unidades de un nivel superior.

3. La propiedad del lenguaje que le permite su remisión a una realidad distinta a la de sí mismo se denomina

    A Simbolismo.
    B Creatividad.
    C Las respuestas A y B no son correctas.

4. En la problemática de las funciones del lenguaje, el término función se concibe desde un punto de vista

    A Matemático.
    B Biológico.
    C Instrumentalista.

5. El referente puede entenderse como

    A El contenido de la información.
    B La materia extralingüística.
    C La realidad a la que alude el mensaje.

6. Martinet rechaza la importancia de la función comunicativa.

    A La afirmación es correcta.
    B La afirmación no es correcta.
    C Desde el punto de vista fenomenológico.

7. La concepción de Bühler sobre las funciones del lenguaje es

    A Biologicista.
    B Matemática.
    C Filosófica.

8. Para Bühler, en la función expresiva el signo equivale

    A Al síntoma.
    B A la señal.
    C Al símbolo.

9. Trubetzkoy aplica las propuestas de Bühler al terreno de la

    A Sintaxis.
    B Semántica.
    C Fonología.

10. La función del lenguaje que se centra en el contenido del mensaje se denomina

    A Referencial.
    B Expresiva.
    C Conativa.

11. La síntesis entre las funciones del lenguaje y la Teoría de la Comunicación se produce en la propuesta modélica de

    A Cassirer.
    B Trubetzkoy.
    C Jakobson.

12. Los verbos en imperativo actualizan la función

    A Expresiva.
    B Conativa.
    C Fática.

13. El uso de las muletillas actualiza la función

    A Expresiva.
    B Conativa.
    C Fática.

14. En la función metalingüística, el lenguaje se utiliza desde una concepción

    A Teórica.
    B Empírica.
    C Glotológica.

15. El requisito de la economía

    A Se debe a las limitaciones físicas y psíquicas del ser humano.
    B Se debe solo a las limitaciones físicas.
    C Ninguna de las respuestas son correctas.

16. Para Martinet, la dualidad es

    A La propiedad que posibilita la estructuración de toda lengua en dos niveles.
    B La propiedad que posibilita la estructuración de toda lengua en tres niveles.
    C Ninguna de las respuestas son correctas.

17. La semanticidad y la arbitrariedad

    A Son el mismo concepto pero con distintos nombres.
    B Hacen referencia a un mismo fenómeno pero desde dos puntos de vista distintos.
    C Son nociones diferentes.

18. El lenguaje apareció unido a unos órganos que permitieron al hombre emitir una serie de sonidos articulados

    A Para las teorías metafísicas.
    B Para las teorías biológicas.
    C Para las teorías glosogenéticas.

19. Para la teoría de la imitación

A Existe una conexión entre los gestos físicos y los sonidos producidos oralmente.
B El hombre incorporó sonidos de la Naturaleza, gritos emocionales, etc. para interactuar con otros individuos social y emocionalmente.
C Ninguna de las respuestas son correctas.

20. El lenguaje es un comportamiento humano aprendido, por ello

A Forma parte de la cultura.
B Es la base de la estructura social.
C Crea un tipo de sociedad.

21. La diversidad lingüística viene determinada por

    A El carácter simbólico del lenguaje.
    B El carácter biológico del lenguaje.
    C El carácter sociológico del lenguaje.

22. La faceta simbólica del lenguaje nos permite

    A Conocer las lenguas como conjunto de signos semióticos.
    B Entender las lenguas como conjunto de signos escritos a lo largo de la historia.
    C Conocer las lenguas como prueba de la naturaleza orgánica del lenguaje.

23. El hombre como animal pensante se convierte en animal político porque

A Necesita la comunicación para mantener la comunidad.
B Necesita la comunicación para expresar su imagen del mundo.
C Ninguna de las respuestas son correctas.

24. En el ejemplo *Ella lo acaricia*, predomina la característica de la eficiencia porque

A Puede referirse a distintas realidades extralingüísticas.
B Puede referirse a cosas remotas en el tiempo y en el espacio.
C Ninguna de las respuestas son correctas.

25. Dentro de las teorías sobre el origen del lenguaje, podemos encuadrar a Wundt dentro de:

    A La teoría de los gestos.
    B La teoría de la imitación.
    C La teoría de la interacción.

I. Glosario.

Apelativa: [Función] Conativa.

Composicionalidad: Propiedad determinada por la creatividad del lenguaje natural humano que consiste en la agrupación de unidades lingüísticas para formar otras de un nivel superior.

Componente sintagmático: Conjunto de reglas que permiten generar oraciones en la estructura profunda.

Componente transformatorio: Mecanismo lingüístico que permite el paso de la estructura profunda a la superficial de las unidades lingüísticas.

Conativa: [Función] Que permite al hablante provocar en el oyente determinado sentimiento que se manifiesta en su comportamiento posterior.

Creatividad: Característica del lenguaje verbal que consiste en la emisión y comprensión de expresiones totalmente nuevas, gracias al conocimiento lingüístico de los hablantes y oyentes.

Desplazamiento: Propiedad determinada por el simbolismo del lenguaje natural humano, que consiste en la posibilidad de referirse a cosas remotas en el espacio o en el tiempo, sin necesidad de que estén presentes.

Dualidad: Propiedad determinada por la economía del lenguaje natural humano, que permite la estructuración de la lengua en dos niveles: foneticofonológico, integrado por las unidades lingüísticas llamadas fonemas; y morfemático, integrado, en este caso, por los morfemas.

Economía: Característica del lenguaje verbal determinada por las limitaciones físicas y psíquicas del ser humano, que consiste en la posibilidad de emitir y diferenciar un número limitado de sonidos (véase otra acepción en capítulo 1).

Emotiva: [Función] Expresiva.

Eficiencia: Propiedad determinada por la economía del lenguaje natural humano, que consiste en la posibilidad de utilizar las mismas expresiones lingüísticas para decir cosas distintas.

Especialización: Propiedad determinada por el simbolismo del lenguaje natural humano, que consiste en la imposibilidad de repercutir directamente en los actos físicos que las expresiones lingüísticas suponen.

Estilística: Estudio del uso individual que se hace de la facultad del lenguaje frente a la norma.

Expresiva: [Función] Que sirve al hablante para manifestar su actitud ante un objeto o situación.

Fática: [Función] Que sirve para indicar que la comunicación entre los interlocutores no se ha cortado.

Intercambiabilidad: Propiedad determinada por la economía del lenguaje natural humano, que consiste en la posibilidad de que un miembro de una comunidad lingüística pueda ser indistintamente transmisor y receptor de mensajes.

Marca funcional: Característica que poseen las unidades lingüísticas y que las dotan de valor gracias a sus relaciones binarias opositivas dentro del sistema lingüístico.

Metalingüística: [Función del lenguaje natural humano] Que puede ser usado para referirse al propio lenguaje.

Poética: [Función] Que se produce cuando el mensaje llama la atención sobre el propio mensaje.

Prevaricación: Propiedad determinada por el simbolismo del lenguaje natural humano, que consiste en la posibilidad de que los mensajes puedan ser falsos.

Recurrencia: Propiedad determinada por la creatividad del lenguaje natural humano, que consiste en la utilización de los mismos patrones para organizar el funcionamiento de las unidades lingüísticas en los distintos niveles de la lengua.

Referencial: [Función] Representativa.

Reflexividad: Propiedad determinada por el simbolismo del lenguaje natural humano, que consiste en la posibilidad de que las expresiones lingüísticas puedan denotar a esas mismas expresiones.

Representativa: [Función] Que permite al hablante poner de relieve el mundo de los objetos y hechos externos.

Semanticidad: Propiedad determinada por el simbolismo del lenguaje natural humano, que consiste en la unión convencional entre las expresiones de las unidades lingüísticas y la realidad extralingüística.

Simbolismo: Característica del lenguaje verbal que consiste en la posibilidad de remitir a una realidad distinta a la de sí mismo.

Término marcado: Aquél que posee una marca funcional.

J. Bibliografía general.

AKMAJIAN, A. *et alii* (1983): *Lingüística: una introducción al lenguaje y a la comunicación,* Alianza, Madrid.

ARGENTE, J. (ed.) (1971): *Círculo de Praga. Tesis de 1929,* Anagrama, Barcelona.

BAKHTINE, M. (1976): *El signo ideológico y la filosofía del lenguaje,* Nueva Visión, Buenos Aires.

BALLY, Ch. (1967): *El lenguaje y la vida,* Losada, Buenos Aires.

BÜHLER, K. (1967): *Teoría del lenguaje,* Revista de Occidente, Madrid.

CASSIRER, E. (1971): *Filosofía de las formas simbólicas I. El lenguaje,* F.C.E., México.

CHOMSKY, N. (1979): *Reflexiones sobre el lenguaje,* Ariel, Barcelona.

CHOMSKY, N. (1989): *Conocimiento del lenguaje,* Alianza, Madrid.

COSERIU, E. (1977): *El hombre y su lenguaje,* Gredos, Madrid.

FAYE, J. P. (1975): *La crítica del lenguaje y su economía,* Comunicación, Madrid.

HALLIDAY, M. A. K. (1975): «Estructura y función del lenguaje» *apud* LYONS, J., *Nuevos horizontes de la lingüística,* Alianza, Madrid, pp. 145-173.

HJELMSLEV, L. (1968): *El lenguaje,* Gredos, Madrid.

HOOK, S. (1982): *Lenguaje y filosofía,* F.C.E., México.

MARTINET, A. (1971): *El lenguaje desde un punto de vista funcional,* Gredos, Madrid.

ROCA PONS, J. (1982): *El lenguaje,* Teide, Barcelona.

SINGH, J. (1972): *Teoría de la información, del lenguaje y de la cibernética,* Alianza, Madrid.

URBAN, M. (1952): *Lenguaje y realidad,* Paidós, Buenos Aires.

VENDRYES, J. (1967): *El lenguaje,* UTHEA, México.

VIGARA TAUSTE, A. Mª (1990): «La función fática del lenguaje (con especial atención a la lengua hablada)» *apud* ÁLVAREZ MARTÍNEZ, A. (ed.), *Actas del Congreso de la Sociedad Española de Lingüística,* Gredos, Madrid, pp. 1088-1097.

YULE, G. (1995): *El lenguaje,* Cambridge University Press, Cambridge.

Capítulo 4

EL LENGUAJE COMO FENÓMENO SIMBÓLICO: EL UNIVERSO SEMIÓTICO.

A. Cronograma.

Semana 9

Actividad docente	Horas presenciales		Horas no presenciales		
	Teó-ricas	Prác-ticas	Estu-dio	Ejer-cicios	Tuto-rías
1. Lectura de los puntos 1, 2, 3 y 4 del tema y anotación de dudas			1		
2. Exposición panorámica de los puntos 1, 2, 3 y 4 y resolución de dudas	2				
3. Realización de actividades teóricas y prácticas 1, 2, 3, 4 y 5 y texto 1 y 2				2	
4. Estudio de los contenidos y nociones de los puntos 1, 2, 3 y 4			1		
5. Sesión práctica sobre los contenidos y actividades realizadas		2			

Semana 10

Actividad docente	Horas presenciales		Horas no presenciales		
	Teó-ricas	Prác-ticas	Estu-dio	Ejer-cicios	Tuto-rías
1. Lectura de los puntos 5, 6 y 7 del tema y anotación de dudas			1		
2. Exposición panorámica de los puntos 5, 6 y 7 y resolución de dudas	2				
3. Realización de actividades teóricas y prácticas 6, 7, 8 y 9 y texto 3				2	
4. Estudio de los contenidos y nociones de los puntos 5, 6 y 7			1		
5. Sesión práctica sobre los contenidos y actividades realizadas		2			
6. Tutorías grupales o autorresolución de dudas					2

Semana 11

Actividad docente	Horas presenciales		Horas no presenciales		
	Teóricas	Prácticas	Estudio	Ejercicios	Tutorías
1. Lectura del punto 8 del tema y anotación de dudas			1		
2. Exposición panorámica del punto 8 y resolución de dudas	2				
3. Realización de actividades teóricas y prácticas 10 y 11, texto 4 y lecturas recomendadas				2	
4. Estudio de los contenidos y nociones del punto 8			1		
5. Sesión práctica sobre los contenidos y actividades realizadas		2			
6. Proceso de autoevaluación			1		
7. Tutorías grupales o autorresolución de dudas					2
Total volumen de trabajo del tema en las tres semanas	6	6	7	6	4
	12		17		

B. Objetivos.

1. *Conocer* las distintas acepciones del término *semiótica*.

2. *Comprender* la relación existente entre Lingüística y Semiótica a partir de las propuestas de los distintos autores.

3. *Entender* la diferenciación entre *índice* y *señal* como paso previo para la precisión e nuestro objeto de estudio.

4. *Comprender* las características del lenguaje natural humano en cuanto sistema semiótico.

5. *Entender* el carácter representacional del lenguaje y su plasmación en el ámbito comunicativo.

6. *Conocer* las bases semióticas de la comunicación diferenciando entre sistemas verbales y no verbales.

7. *Relacionar* las principales características de la comunicación animal con las de la comunicación humana.

8. *Comprender* en qué consiste la estructura semiótica de las lenguas.

C. Palabras clave.

- Semiótica.
- Cibernética.
- Índice.
- Signo.
- Arbitrariedad.
- Linealidad.
- Discretitud.
- Emisor.
- Código.
- Canal.
- Contexto.
- Paralingüística.
- Proxémica.
- Estructura.

- Semiología.
- Zoosemiótica.
- Señal.
- Símbolo.
- Estructura biplánica.
- Doble articulación.
- Comunicación.
- Receptor.
- Mensaje.
- Sistema.
- Sistema semiótico.
- Kinesia.
- Rasgos de diseño.
- Función.

D. Organización de los contenidos.

1. Introducción: Lingüística y Semiótica.
   1.1. Saussure.
   1.2. Peirce.
   1.3. Morris.
   1.4. Barthes.
2. Las unidades semióticas.
3. El lenguaje natural humano como sistema semiótico: el signo lingüístico.
4. El carácter comunicativo del lenguaje.
   4.1. Aproximación definicional.
   4.2. Elementos de la comunicación.
   4.3. Grados de especialización.
   4.4. Otras propuestas.
5. Bases semióticas de la comunicación: sistemas verbales y no verbales.
6. La comunicación animal.

6.1. La comunicación entre las abejas.

6.2. La comunicación entre las aves.

6.3. La comunicación entre los primates.

7. Comunicación animal y comunicación humana.

8. La organización semiótica de las lenguas.

8.1. El término «sistema».

8.2. El término «estructura».

8.3. Lengua y sistema.

8.4. Las lenguas y su organización semiótica.

Una vez que haya estudiado el tema y con el fin de que alcance una visión panorámica del mismo que le ayude a *sintetizar, ordenar* y *estructurar* una información de cierta amplitud y a preparar una posible prueba de examen, realice un **cuadro sinóptico o esquema** en el que, partiendo de la estructuración propuesta anteriormente, organice de manera resumida los contenidos fundamentales del tema. Utilice para ello únicamente el espacio que se le propone.

E. Desarrollo de los contenidos.

1. Introducción: Lingüística y Semiótica (Saussure, Pierce, Morris, Barthes).

En general, el ámbito semiótico se presenta como una investigación de índole filosófica sobre el lenguaje en su doble faceta de sistema de signos y medio de expresión comunicativa con validez social, que ha presentado un creciente auge.

Sin embargo, la palabra semiótica ha tenido distintas acepciones en el ámbito de la investigación sobre el lenguaje. Veamos estas acepciones para precisar la que vamos a adoptar en este capítulo.

a)   La semiótica es considerada como una parte de la filosofía y su finalidad es la formación del lenguaje. Es, por tanto, una disciplina de carácter lógico o, más precisamente, una *lógica formal*.

b)   La semiótica es considerada como una *semántica* y, por ello, se utilizan como estudios semánticos lo que son en realidad investigaciones parciales sobre un aspecto del lenguaje: los valores semánticos. Se intenta en este caso la fijación de la lengua por el contenido o conocimiento de las relaciones exactas de los términos con sus referentes en la realidad extralingüística.

c)   Finalmente, la semiótica se identifica con la *semiología*, teniendo por objeto, consecuentemente, el signo y su empleo comunicativo.

Pues bien, será esta tercera acepción la que vamos a adoptar en este trabajo. Y puesto que, como vemos, esta acepción de lo que es la Semiótica se relaciona mucho con la Lingüística, vamos a continuación a precisar los puntos de encuentro entre ambas.

Es frecuente encontrar estudiosos que consideran la Lingüística como una parte de la Semiótica. Por ello, es necesario precisar ahora el contenido disciplinario de la Semiótica con el objeto de situar en su justa proporción su relación con el ámbito lingüístico.

En general, a partir de la acepción tercera de la Semiótica (que es la que hemos adoptado), podemos decir que la Semiótica es la disciplina que estudia los signos y su funcionamiento en el interior de un sistema comunicativo. Por tanto, estudia la comunicación en un sentido amplio:

– Ya sea entre las células de un organismo (estudiado por la Biótica).

– La comunicación entre las máquinas y entre éstas y los seres humanos (Cibernética).

– La comunicación entre los animales (Zoosemiótica).

Por tanto, estudia los mecanismos para que se produzca un intercambio de información. Lo que ocurre es que el mecanismo más importante para que se produzca este intercambio es el lenguaje natural humano, que es estudiado por la Lingüística; de ahí que a veces se la considere rama de la Lingüística. Sin embargo, al ser los fenómenos lingüísticos de naturaleza tan compleja (no solo simbólica sino también social y biológica), la Lingüística debe considerarse una disciplina relacionada pero no incluida en la Semiótica. En este sentido, la Semiótica surge como un procedimiento de colaboración entre las disciplinas tradicionales. Desde este planteamiento es desde el que podemos relacionar, como propone Pike, la teoría lingüística con la teoría semiótica.

Desde un acercamiento histórico, podemos decir que la Semiótica es una disciplina reciente, elaborada sobre todo a partir de principios del siglo XX. Sin embargo, ha sido en las últimas décadas, cuando hemos asistido al gran auge de la semiótica como disciplina que estudia los signos. Este gran desarrollo se debió al problema de la inexactitud del lenguaje natural, motivo que obligó a los lingüistas, y en especial a los lógicos, a desarrollar una teoría semiótica basada en un método formalizado.

Veamos, aunque sea de forma somera, algunas propuestas fundacionales de la Semiótica.

1.1. Saussure.

Para Saussure, la vida y la civilización humana se basa en la comunicación y en los signos que los hablantes utilizan. Por ello, plantea la necesidad de establecer una ciencia que estudie todos los signos y su influencia en la vida social. Esta ciencia será la Semiología, entendida por Saussure como el estudio de la vida de los signos en el seno de la vida social. Su objeto, por tanto, son todos los signos (incluidos los lingüísticos).

1.2. Peirce.

Plantea lo mismo que Saussure pero en Estados Unidos. La diferencia está en que en lugar de utilizar el término Semiología utilizará el término Semiótica. Por tanto, ambos términos son semejantes, el primero usado por los seguidores de Saussure y el segundo por las traducciones alemanas de este tipo de estudios. Sin embargo, el término más frecuente es el de Semiótica. De ahí que sea el que vamos a utilizar a lo largo de este capítulo.

1.3. Morris.

Aunque tanto Saussure como Peirce plantearon la necesidad de una teoría semiótica, ésta no se estableció hasta los años 30 con Morris, quien divulga la distinción de Peirce entre los distintos componentes de todo código semiótico: uno sintáctico, otro semántico y un último pragmático.

Morris subraya que estos términos habían adquirido tal ambigüedad que amenazaban con ensombrecer en lugar de iluminar los problemas, ya que algunos autores los utilizaban para designar subdivisiones de la misma Semiótica, y otros para indicar distintos tipos de signos. Por ello, él los utiliza como componentes del código semiótico:

– El *componente sintáctico*, de tipo espacial y localizado en la escritura entre los elementos formales, que se relacionan entre sí para construir entidades complejas; le interesa, por tanto, la correcta construcción de los signos.

– El *componente semántico*, que interpreta los signos ordenados por el componente anterior, es decir, las relaciones de los signos con los objetos a los que se aplican (son reglas de asignación de objetos y relaciones a las cadenas bien formadas); con ello se pretende el paso del estudio del sistema al del proceso, lo que permite la primera definición del discurso como objeto semiótico y, por tanto, la existencia de una Lingüística que se ocuparía del lenguaje que usa el hombre en los textos; le interesa, por tanto, la correcta interpretación.

– Finalmente, el *componente pragmático*, que estudia las relaciones entre los signos ya interpretados en su relación con los interpretantes, es decir, con los usuarios que manejan cualquier código semiótico.

1.4. Barthes.

A partir de los años 60, Roland Barthes precisa la Semiótica como el estudio de cualquier fenómeno que manifestase algo. Para ello diferencia entre dos tipos de signos:

– *Signos históricos*: son los que tienen una finalidad semiótica, es decir, que se han establecido para ser instrumentos de comunicación. En este caso, los signos lingüísticos serían signos históricos.

– *Función signo*: son entidades que en alguna comunidad social han adquirido un valor semiótico y pueden ser usadas como vehículos de comunicación. Por ejemplo, el negro para el luto, el blanco para la virginidad, etc.

2. Las unidades semióticas.

El siguiente paso en la constitución de la Semiótica fue el establecimiento de sus unidades constitutivas. Para ello, el criterio de demarcación establecido fue el hecho de si había o no intención comunicativa a la hora de transmitir un mensaje. las unidades resultantes de esta diferenciación fueron las siguientes:

a)   *Índice*: es un hecho inmediatamente perceptible que nos da a conocer algo acerca de otro hecho que no lo es. En este sentido, nos ofrecen una información sobre algo externo, en virtud de factores naturales. Obviamente, en este caso no hay intención comunicativa y su interpretación depende no de la voluntad de comunicación semiótica, sino de la experiencia y del conocimiento del receptor del mensaje. Es el clásico ejemplo de la visión del humo que nos indica que hay fuego.

b)   Sin embargo, sí hay otros casos en que está presente la intención comunicativa del emisor. Se trata, ahora, de la *señal*, acto mediante el cual un individuo conocedor de un hecho perceptible asociado a cierto estado de conciencia, hace posible ese hecho para que otro individuo comprenda el objetivo de ese comportamiento y reconstruya en su propia consciencia lo que pasa en el primero.

Las señales tienen dos partes; a saber, una material, llamada *significante* (Saussure) o *plano de la expresión* (Hjelmslev), y otra conceptual, llamada *significado* o *plano del contenido*, que representamos a partir de ahora de la siguiente manera:

Hay dos tipos de señales:

– *Símbolo*: es un vocablo que proviene del griego y significa 'unión entre dos términos'. Por tanto, es una señal que presenta una relación de necesidad entre su significante y su significado. Por ejemplo, un cartel con un cigarro tachado en el interior de un establecimiento nos comunica la prohibición de fumar dentro de él.

– *Signo*: para Reznikov, es un objeto, fenómeno o acción material percibida sensorialmente, que interviene en los procesos cognoscitivos representando a un objeto. Es, como afirma Heger, una imagen que representa un contenido ajeno a ella. En el caso sígnico, la relación entre significante y significado presenta tres características:

• *Constancia*: la relación entre significante y significado debe perdurar en el tiempo dentro de los límites de un sistema semiótico.

• *Irreversibilidad*: un significante nunca puede funcionar como un significado del mismo signo y viceversa.

• *Arbitrariedad*: la relación entre significante y significado se establece de forma convencional por una comunidad social.

3. El lenguaje natural humano como sistema semiótico: el signo lingüístico.

Después de lo expresado hasta ahora, podemos decir que el lenguaje natural humano se va a comportar como un sistema semiótico porque 1°) es un sistema de signos, y 2°) van a ser usados comunicativamente. Veamos a continuación estos dos aspectos.

Las características principales de los signos que constituyen el lenguaje natural humano en cuanto sistema semiótico son las siguientes:

a) *Arbitrariedad* o lazo que une al significante y al significado de manera convencional, establecido por una comunidad. Prueba de ello es el hecho de que un mismo significado pueda realizarse con diferentes significantes en las distintas lenguas.

Lo arbitrario del signo no quiere decir que la idea del significante dependa de la libre elección del hablante. Es arbitraria la relación entre significante y significado. Parece que algunos signos podrían partir esta arbitrariedad (las onomatopeyas, por ejemplo). Sin embargo, la elección de los significantes sigue siendo arbitraria porque las onomatopeyas no son iguales en todas las lenguas. Y no lo son porque no pretenden ser representación objetiva de los sonidos de la realidad sino interpretaciones que cada lengua hace de ese sonido. Es el caso de *guau*, en español, *oua* en francés o *wau* en alemán para el ladrido del perro, por poner un caso. Lo mismo ocurre con las exclamaciones (*¡ay!*, en español, *au!* en alemán o *aïe!*, en francés).

La motivación lingüística o relación de parentesco que se puede dar entre las palabras por su semejanza fonética o significativa (cabra, encabritarse) tampoco depende de la realidad externa del objeto representado. Se produce por la característica de la economía (Capítulo 3), ya que posibilita un menor esfuerzo en el aprendizaje de una lengua.

b) *Estructura biplánica*, pues asocia un hecho perceptible por los sentidos (plano de la expresión) a otro no perceptible (plano del contenido). Cada uno de ellos tiene una estructura biplánica también:

- *Plano de la expresión*:
  - Sustancia: infinitos sonidos que puede articular la garganta humana.
  - Forma: número limitado de sonidos (fonemas) de cada lengua.
- *Plano del contenido*:
  - Sustancia: todas las posibles comunicaciones que un hablante puede realizar.
  - Forma: manera concreta de organizar la realidad a través de la lengua.

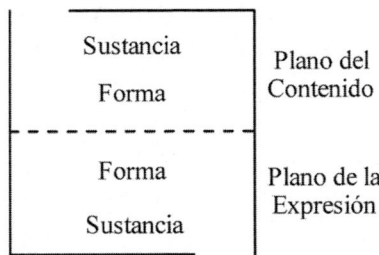

c) El carácter *lineal* del significante, que sitúa al signo en el tiempo, puesto que el material sonoro se ordena sucesivamente.

Por ello, toma los caracteres que tiene el tiempo; esto es, la aparición de los mensajes como una sucesión producida con un orden por el hablante y captada en ese mismo orden por el oyente; y el carácter mensurable de esta sucesión en una sola dirección.

d) La *doble articulación*, que permite al signo lingüístico, según Martinet, subdividirse en monemas (o unidades mínimas del plano del contenido, también llamadas morfemas por Hockett) y fonemas (o unidades mínimas del plano de la expresión).

e) *Discretitud* o carácter del signo lingüístico que le permite establecer su valor por oposición con otros signos del sistema.

Surge debido al carácter lineal del significante; por ello, el signo lingüístico aparece como una sucesión de unidades discretas y distintas. Así, cuando tengo el fonema /p/ no importa que sea más o menos oclusivo. Lo que importa es que no es fricativo, ni africado, ni lateral ni vibrante. Y su valor surge por oposición a otro signo del sistema.

f) *Carácter denotativo* (a partir de la significación objetiva que el signo posee fuera de cualquier contexto) y *connotativo* (a partir de la significación subjetivamente añadida a la denotativa).

g) *Mutable* e *inmutable*. Aunque aparentemente es una contradicción, Amado Alonso sostiene que son solo dos aspectos de una misma realidad: lo intangible de la lengua y lo dinámico que el hombre usa.

Y es que, de hecho, el significante con relación a la comunidad que lo emplea no es libre, sino impuesto porque ni un individuo ni siquiera la colectividad puede modificar la elección hecha por la lengua. Habría que poner de acuerdo a tres generaciones que conviven para producir este cambio y eso es muy complejo. Hay una inercia colectiva a toda innovación lingüística porque la lengua es una herencia recibida; por la complejidad de institucionalizar un cambio y porque la arbitrariedad no es discutible.

Sin embargo, el hecho de que el hombre no pueda cambiar la lengua no quiere decir que ésta no cambie. A lo largo del tiempo sí ha cambiado (de hecho ya no se habla igual que hace cinco siglos). La razón no está en el hombre sino en el carácter orgánico de la lengua que, cuando no está de acuerdo con la realidad, cambia. Según la Teoría General de Sistemas (que veremos en el punto 8 de este mismo capítulo), la relaciones entre los elementos lingüísticos están sometidas a una serie de tensiones que posibilita que el cambio sea natural y necesario para reorganizar el sistema y eliminar las tensiones. La acción del tiempo es la que nos permite observar esta mutabilidad del signo.

4. El carácter comunicativo del lenguaje.

El sistema de signos que actualiza la facultad del lenguaje natural humano va a ser un sistema semiótico principalmente porque se va a utilizar en el ámbito comunicativo. Por ello, conviene estudiar ahora el proceso de comunicación, para estudiar posteriormente sus bases semióticas.

4.1. Aproximación definicional.

En general, la comunicación consiste en el proceso mediante el cual determinada información contenida en un mensaje transformado en señales es transmitida desde una fuente (emisor) hasta un destino (receptor), tal y como representamos en el esquema adjunto.

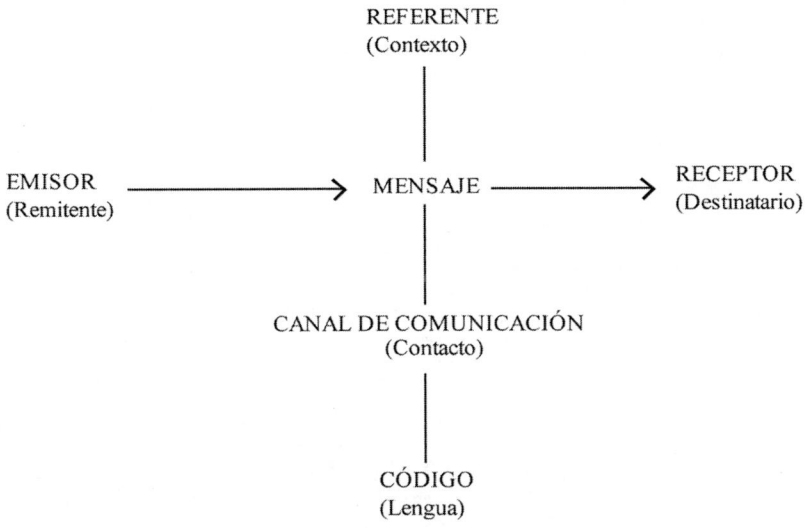

Fig. 1: Esquema clásico de la comunicación.

Otras definiciones desde enfoques específicos, son las que reproducimos a continuación.

– *Formulación esquemática de Morris*: la comunicación es un proceso mediante el cual un objeto hace común sus propiedades a un número de objetos o cosas (el caso, por ejemplo, de un radiador que «transmite» su calor a los cuerpos vecinos).

– *Planteamiento globalizador de Moles*: la comunicación es la acción por la que un individuo participa de las experiencias de otro individuo utilizando los elementos de conocimiento que tienen en común.

– *Planteamiento filosófico-existencial, social y psicológico de Orive*: la comunicación es la relación real que consiste en el descubrimiento del «yo», «otro» u «otros» y donación de un contenido, basado en un código.

– *Formulación mecanicista de Shannon*: para este autor la comunicación es la reproducción exacta en un punto dado de un mensaje tomado en otro punto (cf. el esquema siguiente).

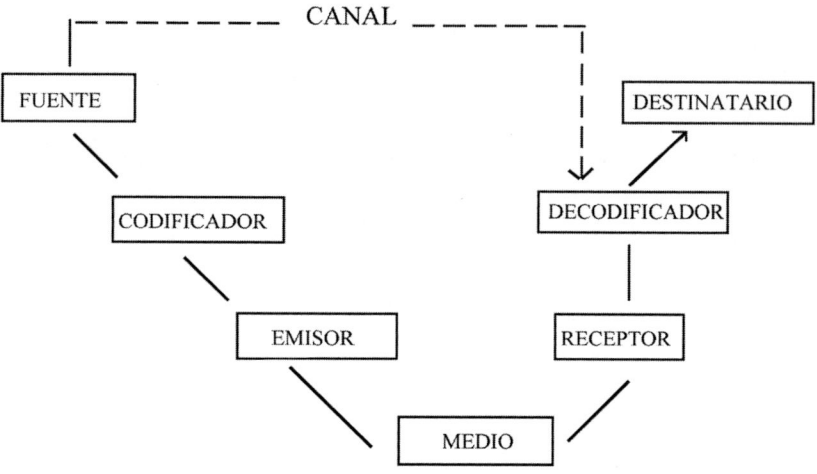

Fig. 2: Formulación mecanicista de Shannon.

4.2. Elementos de la comunicación.

Sea cual sea el planteamiento adoptado, el acto de comunicación se establece, generalmente, mediante un proceso en el que intervienen los siguientes elementos: *emisor, referente, código, mensaje, canal, receptor y contexto*. Podemos verlo en el siguiente esquema:

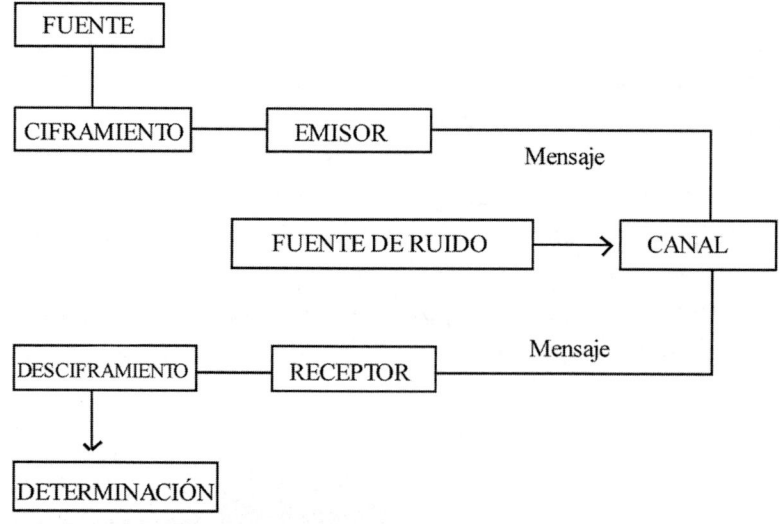

Fig. 3: Elementos de la comunicación.

Los elementos que intervienen en la comunicación son los siguientes:
– *Emisor* o sujeto que produce el acto de la comunicación.
– *Referente* o aquello a lo que alude el mensaje.
– *Código* o conjunto moderadamente extenso de signos relacionados entre sí, y de reglas de construcción, conocidos por el emisor y el receptor.
– *Mensaje* o conjunto de informaciones que un emisor transmite a un receptor a través de un canal utilizando el código.
– *Canal* o medio físico por el que circula el mensaje.
– *Receptor* o sujeto que recibe el mensaje.
– *Contexto* o conjunto de factores y circunstancias en que se produce el mensaje.

4.3. Grados de especialización.

Obviamente, hay distintos *grados de especialización* en el ámbito de la comunicación. Algunos de ellos son los siguientes:

– *Jakobson* distingue entre comunicación antropológica, de mensajes en general, de mensajes verbales, escritos y científicos.

– *Bateson*, por su parte, diferencia entre comunicación intrapersonal, interpersonal, grupal y cultural.

– *Moles* establece cuatro tipos de comunicación:

• *Comunicación próxima*: la que se establece entre un emisor y un receptor que se encuentran en el mismo lugar y utilizan canales naturales.

• *Telecomunicación*: la que se da a través de canales artificiales de naturaleza técnica.

• *Comunicación bidireccional*: proceso comunicativo en el que emisor y receptor intercambian sus papeles preguntando y respondiendo.

• *Comunicación unidireccional*: aquella en la que el mensaje circula en una sola dirección, como ocurre en la comunicación de masas.

4.4. Otras propuestas.

Como herencia de la importancia de la Teoría de la comunicación recogemos algunas propuestas en las que se privilegia exclusivamente la función comunicativa del lenguaje. Entre ellas podemos citar las de:

– *Buyssens*, quien elabora una teoría funcional lingüística, en la esfera de la semiología saussureana, privilegiando la función comunicativa y enfrentándose, por tanto, al problema psicológico del lenguaje como expresión del pensamiento. En su propuesta elimina del análisis lingüístico todo lo no comunicativo, por lo que, frente al habla (que es una función social), el arte, que es expresión de sentimientos y, por tanto, individual, queda fuera de su formulación.

– *Benveniste*, quien separa el aspecto lógico del lenguaje del aspecto afectivo, considerando que éste es estilístico. Al sostener que la estilística es una desviación del lenguaje, rechaza la consideración del aspecto afectivo.

5. Bases semióticas de la comunicación: sistemas verbales y no verbales.

Hemos establecido anteriormente que los sistemas semióticos se caracterizan por ser un conjunto de unidades (señales) que se utilizan con fines comunicativos. Vamos a ver ahora cuáles son las bases semióticas de los distintos sistemas comunicativos. Y para ello, vamos a clasificar estos sistemas comunicativos desde el punto de vista semiótico atendiendo al funcionamiento de sus señales, a las perturbaciones en los canales de emisión y recepción de los mensajes y, lo que es más importante, a las unidades y usuarios de estos sistemas.

a) Sistemas comunicativos atendiendo al funcionamiento de sus señales.

– *Sistemas semióticos segmentables*, en los que los mensajes se pueden segmentar en unidades menores. Hay dos tipos de sistemas semiológicos:

- *Extrínsecos*: formados por signos.
    * *Discretos*: el valor se establece por oposición.
    * *Sustitutivos*: se establece sin oposición (la música).
- *Intrínsecos*: formados por símbolos.

– *Sistemas semióticos no segmentables*, en los que los mensajes no se pueden dividir. Hay dos tipos:

- *Sistemáticos*: son aquellos que funcionan según un código (por ejemplo, las señales de tráfico).
- *Asistemáticos*: son aquellos que no responden a ninguna regla (es el caso de la pintura).

b) Sistemas comunicativos atendiendo a las perturbaciones en su canal.

– *Sistemas semióticos muy ruidosos*: aquellos en los que existen canales en los que se producen muchas perturbaciones que dificultan la comunicación.

– *Sistemas semióticos poco ruidosos*: con pocas perturbaciones en su canal.

c) Sistemas comunicativos atendiendo a sus unidades y usuarios.

– *Sistemas semióticos no verbales*: aquellos que no utilizan el lenguaje verbal. Serían estudiados por la Paralingüística. Aquí se analizarían los gestos, expresiones, etc. transmitidos por un canal visual no audio-vocal. Habría dos tipos:

- *Kinésico:* relativo a las expresiones faciales, gestos y movimientos corporales. Fue estudiado por el antropólogo americano Birdwhistell, llegando a sistematizar hasta 32 kinemas (posturas significativas). Hay dos tipos de sistemas semióticos kinésicos:

    * *Microkinésico*: estudiaría los kinos o unidad mínima perceptible.

    * *Macrokinésico*: estudiaría las funciones de los kinos.

    • *Proxémico:* relativo a la estructuración y uso del espacio, en especial las distancias mantenidas entre hablantes y oyentes durante el acto comunicativo. Hall llamó a este espacio relaciones proxémicas.

    – *Sistemas semióticos verbales*: aquellos que sí utilizan el lenguaje. Aquí tendríamos el lenguaje natural humano y el lenguaje animal, que estudiaremos a continuación.

6. La comunicación animal.

La disciplina que estudia la comunicación animal es la Zoosemiótica. Es una rama de la Semiótica y de la Etología (disciplina que estudia la conducta y el comportamiento de los seres vivos).

Nació por el interés del premio Nobel en Fisiología y Medicina Karl Von Frisch, que estuvo treinta años estudiando el comportamiento de las abejas.

La forma más frecuente de comunicación animal es la comunicación química, que tiene como misión el establecimiento del territorio que corresponde a cada animal y la procreación.

En la actualidad ha sido imposible establecer si los animales poseen un instrumento de comunicación aunque sea rudimentario de caracteres similares a lo que posee el lenguaje natural humano y que realice también sus mismas funciones. Entre los cuervos se han documentado 60 signos acústicos con valor expresivo, pero no se han encontrado combinaciones sistematizadas.

Por ello, se han estudiado las formas de comunicación específicas de algunas especies. Entre estos estudios han destacado los realizados sobre las abejas y algunos primates y aves.

6.1. La comunicación entre las abejas.

En los años 50, Frisch, profesor de Zoología, publicó un libro titulado *La vida de las abejas*, en el que demostró que las abejas tienen un auténtico sistema de comunicación muy desarrollado para indicar la fuente de alimentos, dando información sobre la riqueza, distancia y dirección de esta fuente de alimentación.

Para ello, las abejas poseen dos sistemas de comunicación:

– *La danza circular:* se trata de un movimiento estructurado que los etólogos han llamado danza. Éste se da cuando la abeja descubre algún alimento dulce. Así, la abeja exploradora, cuando regresa a la colmena comunica mediante esta danza que la fuente de alimentos está próxima (a menos de 10 metros). Se trata de un baile en el que la abeja traza unos círculos horizontales de derecha a izquierda y de izquierda a derecha La rapidez del baile indicará si la fuente de alimentos es muy rica o no. Además, también comunicará la clase de alimentos que ha encontrado porque soltará parte de él, que lleva en las patas.

Podía parecer que esto no era un acto comunicativo sino simplemente un gesto de alegría, sin embargo Frisch pudo comprobar que esto no era cierto porque si la colmena estaba vacía la abeja no realizaba la danza.

– *La danza del movimiento de la cola*: utilizan esta danza cuando la fuente de alimentación está a más de 100 metros y hasta 6 Kilómetros. Se trata de una vibración realizada por la cola mientras la abeja hace dos semicírculos separados por una línea recta. Esta vibración, que se da solo en la línea recta, indica la localización de la fuente de alimentación. La intensidad de la vibración indica la cantidad de alimentos y la cantidad de vueltas la distancia: dos vueltas para 6 Km, cuatro vueltas y media para 1 Km, siete vueltas para 200 metros y 10 vueltas para 100 metros. El código es tan perfecto que el índice de error puede ser de tan solo unos 20 metros.

Además de todo esto, Frisch pudo comprobar que existían dialectos entre las abejas. Las danzas anteriores (de las abejas centroeuropeas) eran diferentes en las abejas italianas.

Frisch se preguntó además si este sistema de comunicación era innato o adquirido. Para responder a esta pregunta, Frisch trasladó abejas italianas pequeñas a países de Europa central y pudo comprobar que cada una se comunicaba en su sistema, por lo que concluyó que la danza era innata.

6.2. La comunicación entre las aves.

Dentro de la comunicación animal realizada entre las aves, podemos distinguir dos tipos de actuación:

– *Llamadas:* que suelen estar formadas normalmente por una nota o por una secuencia reducida de notas. La intención de esta llamada es transmitir la localización de una fuente de alimentos, pero sobre todo y más importante, avisar de posibles peligros o amenazas.

Las llamadas son emitidas tanto por machos como por hembras y son de carácter innato.

– *Cantos:* ahora se trata ya de melodías más complejas y continuadas que tienen la finalidad de marcas territorios e incitar a la procreación, en el caso de los machos.

6.3. *La comunicación entre los primates.*

Los primates realizan llamadas para fijar las relaciones sociales, indicar la localización de los alimentos y advertir de los posibles peligros, sobre todo de la aparición de depredadores. Estas llamadas de peligro pueden ser de tres tipos:

– *Llamada de siseo:* se produce cuando hay serpientes, provocando un acoso en tropel.

– *Llamada de depredador aéreo:* ahora se produce cuando el depredador es un ave, y consigue como reacción que la comunidad de primates baje de los árboles.

– *Llamada de depredador terrestre:* en este caso se alerta a la comunidad de primates para que suba a los árboles y así se proteja del peligro.

7. Comunicación animal y comunicación humana.

A partir de todo lo señalado, las lenguas que actualizan la facultad del lenguaje natural humano pueden definirse como un conjunto de señales que constituyen un sistema semiótico extrínseco formado por signos que poseen un carácter discreto (opositivo).

Frente a esto, tenemos otras «lenguas» que actualizan el lenguaje animal y que presentan unas particularidades que ha llevados a algunos investigadores a confrontar el lenguaje humano con el de los animales.

Vamos a ver la comparación más importante, realizada por Hockett a partir de lo que él llamó *rasgos de diseño*, que son los que definen el sistema de comunicación humano. Estos rasgos son los siguientes:

a) *Carácter vocal-auditivo:* la lengua humana se transmite por la voz y se percibe por el oído. En el caso de los grillos, por ejemplo, el carácter es auditivo, pero no vocal. De éste derivan otros rasgos de diseño.

b) *Transmisión radiada y recepción direccional*: las ondas sonoras por las que se emiten los mensajes van en todas direcciones y la recepción es direccional. En el caso de los primates solo en parte.

c) *Desvanecimiento rápido*: la duración de la vibración de las ondas sonoras no es eterna, lo que quiere decir que el sonido desaparece en el tiempo. Esto ha provocado que el hombre invente otro código semiótico (la escritura) para evitar este desvanecimiento, lo que no han hecho los animales.

d) *Intercambiabilidad*: los individuos adultos pueden ser tanto emisores como receptores de los mensajes. En el caso de los grillos y las abejas, solo parcialmente; y en el caso de los cuervos, solo si son del mismo sexo.

e) *Retroalimentación completa*: los hablantes pueden percibir todo lo relevante para su producción se señales, pudiendo rectificar si se equivocan. Los perros, por ejemplo, no.

f) *Especialización*: La energía no es importante sino el efecto que se produce. Dicho de otra forma, el lenguaje no cumple ninguna función fisiológica, no tenemos ningún órgano específico que sea del lenguaje, puesto que muchos animales tienen los mismos mecanismos y órganos y sin embargo no hablan.

g) *Semanticidad*: Los lazos de asociación entre las señales y los rasgos del mundo son fijos y reconocibles por la comunidad sin que cambien de un hablante a otro. Esto solo ocurre en parte entre las palomas.

h) *Arbitrariedad*: no hay una relación de necesidad entre el signo lingüístico y el referente de éste. En el caso de las abejas, esto no ocurre.

i) *Discretitud*: el valor de los signos se establece por oposición entre ellos. En el caso, por ejemplo, de las abejas, no.

j) *Desplazamiento*: Para la emisión y recepción de las señales lingüísticas no es necesaria la presencia del referente, lo que quiere decir que los mensajes pueden referirse a cosas que están lejos, tanto en el espacio como en el tiempo, e incluso a entidades que no existen. Esto no ocurre en las palomas; en el caso de los cuervos no ocurre con relación al tiempo.

k) *Apertura*: facilidad para acuñar mensajes nuevos que no han sido oídos anteriormente. No ocurre ni en los grillos ni en las palomas.

l) *Tradición:* el sistema de comunicación se adquiere a través de la enseñanza, es decir, a través de quienes ya hacen uso de la lengua. En el caso de las palomas, no.

m) *Dualidad de configuración*: corresponde a la doble articulación (Martinet). Con elementos mínimos carentes de significado (los fonemas) construimos unidades mayores que sí lo tienen. En el caso tanto de las abejas como de las palomas esto no ocurre.

n) *Prevaricación*: es la capacidad de utilizar el lenguaje para mentir. Esto, obviamente, no se da ni en grillo, abejas, palomas ni cuervos.

o) *Reflexividad*: capacidad de comunicar informaciones sobre el propio sistema. Este grado de diseño solo se da en el hombre.

p) *Aprendibilidad*: el hablante de una lengua puede aprender otra, cosa que no ocurre en muchos animales (en parte solo en los cuervos).

La comunicación humana, como puede deducirse de lo anterior, es la única que posee los 16 *rasgos de diseño* señalados por Hockett.

8. La organización semiótica de las lenguas.

Las lenguas se comportan como un auténtico sistema semiótico caracterizado por una estructura peculiar. Por ello, para entender el funcionamiento de las lenguas como sistema y, consecuentemente, preparar el desarrollo de los contenidos de la asignatura *Lingüística general II*, debemos precisar primero los términos sistema y estructura para pasar posteriormente a esbozar el funcionamiento sistemático de las lenguas.

8.1. El término «sistema».

La comprensión de este término es muy importante para entender la configuración semiótica de las lenguas.

El *sistema* es una categoría filosófica que comienza con el estoicismo, continúa en la Edad Media con la Escolástica y se trata con profundidad en el Racionalismo con el *Tratado de los sistemas* de E. B. Condillac.

Esta categoría se puede *definir* como un conjunto de elementos relacionados entre sí, de modo que cada elemento es función de algún otro, no encontrándose ningún elemento aislado.

En este sentido, *elemento* puede entenderse de dos maneras; a saber:

– como una realidad *concreta* exterior al pensamiento (ya sea una entidad o entidades, una cosa o cosas, o un proceso o procesos);

– o como una realidad *abstracta* propia del pensamiento (en este caso, conceptos, términos o enunciados).

En el ámbito semiótico, las lenguas en cuanto conjunto de elementos abstractos constituye el sistema semiótico que debemos estudiar.

La disciplina que estudia los sistemas es la *Teoría General de Sistemas*, movimiento filosófico–metodológico de relevancia similar a la del Racionalismo o Positivismo en sus momentos históricos, que quiere ser válido para cualquier investigación, aparecido después de la segunda Guerra Mundial, con la idea de que todo en la realidad se presenta en forma de sistema, y de que su estudio debe realizarse teniendo en cuenta la relación de interdependencia entre sus elementos. Se trata, en definitiva, de encontrar el primer elemento de una jerarquía de sistemas relacionados funcionalmente.

8.2. El término «estructura».

El segundo término sobre la que debemos reflexionar para comprender el funcionamiento de las lenguas como sistema semiótico es el de estructura.

Para ello, vamos a presentar distintas *definiciones* elaboradas sobre este término.

– *Levi Strauss* concibe la estructura como el «sistema relacional latente en el objeto». Consecuentemente, la estructura es un objeto que puede servir como modelo a otros objetos semejantes.

– *Bastide* corrobora la afirmación anterior al considerar la estructura como un sistema ligado (puesto que el cambio en un elemento implica el cambio en otros) latente en el objeto.

– *Pouillon* concibe la estructura como un conjunto de elementos, las relaciones entre éstos y el sistema de estas relaciones.

– *Boudon*, por su parte, concibe la estructura ahora como una totalidad no reducible a la suma de sus partes.

– *B. Russell*, por ello, sostiene que el término estructura no puede aplicarse a un conjunto o a varios sino a la función de los sistemas relacionados; es, consecuentemente, frente al sistema en cuanto conjunto de elementos, la forma de comportarse el sistema.

– Finalmente, para *Piaget*, la estructura es un sistema de transformaciones que comportan una serie de leyes que se enriquecen por el juego de estas mismas transformaciones, sin que se recurra a ningún elemento fuera del sistema.

8.3. Lengua y sistema.

Los elementos de un sistema se relacionan según ciertas propiedades, las cuales constituyen un *nivel*. Los niveles lingüísticos, funcionan dentro de una jerarquía que va de menor a mayor complejidad. Por ello, y antes de precisar las distintas funciones que los elementos lingüísticos desempeñan, es necesario repasar las diferentes relaciones que estos elementos lingüísticos pueden contraer, puesto que como consecuencia de estas relaciones surgirán sus respectivas funciones.

Vamos a seguir para ello las claras y esquemáticas explicaciones de V. Lamíquiz, quien distingue dos tipos de relaciones:

– *Relaciones dentro de un sistema*:

• *Una unidad de un nivel inferior puede funcionar sin cambio en un nivel superior*. Así, por ejemplo, la unidad del plano léxico *come* puede funcionar en el plano sintáctico *¡come!,* comportándose ahora no como una lexía sino como una oración.

• A su vez, también *una unidad de un nivel superior puede funcionar sin cambio en un nivel inferior;* es el caso, por ejemplo, de las oraciones simples que pasan a ser subordinadas dentro de una oración compuesta.

– *Relaciones dentro de un nivel*:

• Dos o más unidades de un mismo nivel pueden *adicionarse*; por ejemplo, *comí, canté, bailé.*

• Una unidad de un mismo nivel puede quedar *sustituida* por otra en su funcionamiento: *he comido pan, he comido fruta.*

8.4. Las lenguas y su organización semiótica.

Los signos que constituyen los sistemas lingüísticos adquieren precisamente su carácter lingüístico por el valor funcional de sus formas; dicho de otra manera, la característica principal de los sistemas semióticos que constituyen las lenguas es la funcionalidad. Vamos a estudiar, pues, en qué consiste la funcionalidad de los sistemas semióticos que constituyen las lenguas.

Para Hjelmslev, la función es la relación de dependencia que se establece entre los elementos de un sistema, y se analiza siempre de forma dual, es decir, entre parejas de elementos. Se representa mediante la letra griega φ.

Hjelmslev utiliza el término de *funtivo* para referirse a los diferentes elementos que contraen funciones.

En el sistema lingüístico son dos los tipos de elementos que pueden contraer una relación funcional y adquirir, por tanto, el rango de *funtivo.* Son los siguientes:

– *Constantes*: son aquellos funtivos cuya presencia es condición necesaria para la presencia del otro funtivo con el que contrae la función. Un ejemplo podía ser la vocal en el caso de la sílaba. Se representa mediante la letra C.

– *Variables*: son los que su presencia no es condición necesaria para la presencia del otro funtivo con el que entabla la relación funcional. En este caso, un ejemplo sería la consonante para constituir una sílaba. Se representa mediante la letra V.

Finalmente, los *tipos de funciones* se establecen según sean los funtivos que contraigan la función. Veamos los siguientes tipos de funciones en un cuadro sistematizador:

TIPO DE FUNCIÓN	FUNTIVOS	EJEMPLO
DETERMINACIÓN	C φ V	Vocal y sílaba.
INTERDEPENDENCIA	C φ C	Oración y entonación.
CONSTELACIÓN	V φ V	Adjetivo y sustantivo en la oración.

Fig. 4: Tipos de funciones según Hjelmslev.

Como puede apreciarse, podemos diferenciar tres tipos de funciones según sean los funtivos relacionados; a saber, la *determinación,* cuando un funtivo es constante y otro variable;

la *interdependencia*, cuando los dos son constantes; y la *constelación*, cuando los dos son variables.

Las lenguas serán, por tanto, como afirma Meillet, sistemas semióticos caracterizados por su organización interna, unos sistemas en los que todo está en función de todo; dicho en otras palabras, un conjunto de signos organizados, cuyo valor depende de su relación con los demás.

La organización semiótica de las lenguas consta entonces:
– De los *funtivos* situados en los diferentes planos.
– De las *relaciones* que se pueden establecer entre ellos por oposición.

Una vez comprendido el carácter semiótico de las lenguas, la tarea consiste en analizar su estructura, puesto que un sistema se diferencia de otro por la estructura que presentan sus elementos.

Al respecto, el Estructuralismo, ha aportado la metodología técnica precisa para ello, permitiéndonos analizar la estructura de las lenguas separando ésta de lo que es el uso particular e individual que se hace de ella.

Finalmente, considere que para haber alcanzado correctamente los objetivos propuestos en el proceso de enseñanza y aprendizaje del tema finalizado, debe haber comprendido con claridad que:

1. La Semiótica puede ser entendida como una *parte de la filosofía* cuya finalidad es la formación del lenguaje; como una *semántica*; o como *semiología*, teniendo por objeto, consecuentemente, el signo y su empleo comunicativo.

2. El primer paso para la constitución de la Semiótica fue el establecimiento de sus unidades constitutivas. Para ello, el criterio de demarcación establecido fue el hecho de si había o no intención comunicativa a la hora de transmitir un mensaje. En el índice no la hay; en la señal, sí.

3. El lenguaje natural humano se va a comportar como un sistema semiótico porque es un sistema de signos, y van a ser usados comunicativamente.

4. En este proceso de comunicación intervienen una serie de elementos; a saber, emisor, receptor, canal, código, contexto, etc.

5. Los sistemas comunicativos desde el planteamiento semiótico se pueden clasificar atendiendo al funcionamiento de sus señales, a las perturbaciones en los canales de emisión y recepción de los mensajes y, lo que es más importante, a las unidades y usuarios de estos sistemas.

6. La disciplina que estudia la comunicación animal es la Zoosemiótica. Es una rama de la Semiótica y de la Etología. La forma más frecuente de comunicación animal es la comunicación química, que tiene como misión el establecimiento del territorio que corresponde a cada animal y la procreación.

7. La característica principal de los sistemas semióticos que constituyen las lenguas es la *funcionalidad*. La función es la relación de dependencia que se establece entre los elementos de un sistema. Las lenguas serán sistemas semióticos caracterizados por su organización interna, unos sistemas en los que todo está en función de todo; dicho en otras palabras, un conjunto de signos organizados, cuyo valor depende de su relación con los demás.

F. Actividades sugeridas.

— A continuación vaya anotando las dudas que le van surgiendo tras la lectura de los distintos puntos del tema y después la resolución de las mismas, ya sea por las clases recibidas, el estudio personal o las tutorías realizadas. Este proceso le servirá tanto para la mejor compresión de la materia como para la preparación de la prueba final.

— Conteste a las siguientes cuestiones:

1. Explique qué tipo de relación existe entre la Lingüística y la Semiótica.

2. Precise todas las diferencias existentes entre las nociones de *índice, señal, signo* y *símbolo.*

3.   ¿Qué es un sistema semiótico? ¿Por qué las lenguas son sistemas semióticos?

4.   ¿Cuáles son las diferencias entre signos individuales y genéricos? Explique las razones para el uso de los signos genéricos.

5.   ¿Cuál es la relación existente entre el signo lingüístico y la realidad extralingüística?

6.   Explique los significados que puedan tener los siguientes significantes, precisando distintos contextos de aparición.

* Una cruz.

* Un puño cerrado.

* Unas llaves.

7. ¿Es el llanto de un niño un acto de comunicación? Razone la respuesta.

8. ¿Cuáles son las características de la comunicación animal?

9. Explique en qué consisten los kinemas y ponga una serie de ejemplos.

10. ¿Cuáles son las principales diferencias entre el sistema y la estructura?

11. Comente las funciones que se pueden establecer entre los siguientes elementos:

* El morfema de género y el lexema en el adjetivo.

* Las consonantes para formar sílabas.

* El adjetivo y el sustantivo en el sintagma nominal.

A continuación, utilice este espacio para resolver los ejercicios adicionales que le pueda proponer su profesor o para contestar a las preguntas de los posibles documentales visionados durante las clases.

— Comente los siguientes textos explicando su contenido y realizando la pertinente valoración. Como orientación para el análisis crítico sugerimos el presente modelo:

1. Breve noticia sobre el autor del texto.

2. Determinación de la problemática del texto, señalando su unidad específica y la formulación teórica en la que se ubica la misma.

3. Establecimiento de la estructura que presenta el texto; esto es, división en partes temáticas.

4. Exposición de la tesis que defiende el autor sobre la problemática planteada, señalando:

4.1. La filosofía espontánea que afecta a su propuesta.

4.2. Las ideas principales y secundarias del texto.

5. Precisión como conclusión de la respuesta que se pueda dar a la problemática planteada.

6. Valoración del texto en su conjunto a partir de una breve opinión personal.

1. Texto de Condillac.

«Las primeras expresiones del lenguaje de los gestos vienen dadas por la naturaleza, puesto que resultan de la constitución orgánica del hombre: son las primeras que aparecen, pero la analogía forma las restantes y difunde esta especie de lengua; poco a poco aquélla es capaz de expresar representaciones de todo tipo.

La naturaleza que empieza todo, empieza la lengua de los sonidos articulados al igual que empezó la lengua de los gestos; y la analogía que sigue estructurando las lenguas, las estructura bien si continúa en su tarea de la misma manera que la naturaleza la inició.

La analogía es, en cierto sentido, una relación de semejanza: así, una cosa puede ser expresada de muchísimas maneras, pues no hay ninguna que no se parezca a muchas otras [...].

Así son las lenguas que crea el uso, al que los gramáticos consideran como un legislador, y que, sin embargo, es solo la manera de hablar que ha encontrado en un pueblo, cuyos miembros apenas se aperciben de lo que dicen.

La arbitrariedad que se cree percibir en las lenguas ha conducido a la errónea interpretación de que el uso las ha conformado a su gusto y los gramáticos nos han impuesto como leyes estos caprichos...

Las lenguas son tanto más imperfectas cuanto más arbitrarias aparecen. El álgebra es un lenguaje bien formado, y por cierto el único. Nada en él es caprichoso. La analogía siempre evidente conduce claramente de expresión en expresión. El uso aquí no tiene vigencia. No se trata de hablar como los demás, sino que hay que hablar según la mayor analogía para alcanzar la mayor exactitud».

(E. B. de Condillac (1715-1780), *La langue des calculs*, París, 1798).

2. Texto de Saussure.

«Lo que el signo lingüístico une no es una cosa y un nombre, sino un concepto y una imagen acústica. La imagen acústica no es el sonido material, cosa puramente física, sino su huella psíquica, la representación que de él nos da el testimonio de nuestros sentidos; esa imagen es sensorial, y si llegamos a llamarla "material" es solamente en este sentido y por oposición al otro término de la oposición, el concepto, generalmente más abstracto.

[...] Llamamos signo a la combinación del concepto y de la imagen acústica: pero en el uso corriente este término designa generalmente la imagen acústica sola [...]. La ambigüedad desaparecería si designáramos las tres nociones aquí presentes por medio de nombres que se relacionen recíprocamente al mismo tiempo que se opongan. Y proponemos conservar la palabra signo para designar el conjunto, y reemplazar concepto e imagen acústica respectivamente con significado y significante. Estos dos últimos términos tienen la ventaja de señalar la oposición que los separa, sea entre ellos dos, sea del total de que forman parte».

(F. de Saussure (1857-1913), *Curso de Lingüística General*, París, 1916).

3. Texto de Schmidt.

«Una actividad comunicativa está constituida por: el contenido socio-cultural de una sociedad comunicativa; por los interlocutores con todas las condiciones y suposiciones comunicativas que los influyen; por una situación comunicativa envolvente; por textos enunciados y por textos verbales deducibles. En una sociedad de hablantes el conjunto de las actividades comunicativas constituye una sociedad comunicativa considerada como una sociedad de interacción».

(S. J. Schmidt, *Teoría del texto*, Cátedra, Madrid, 1977).

4.   Texto de Hjelmslev.

«A la dependencia que satisface las condiciones del análisis la llamaremos función. Así, decimos que hay función entre una clase y sus componentes (una cadena y sus partes, o un paradigma y sus miembros) y entre los componentes (partes o miembros) entre sí. A los terminales de una función los llamaremos funtivos, entendiendo por funtivo un objeto que tiene función con otros objetos. De él se dice que contrae su función. De las definiciones se sigue que las funciones pueden ser funtivos puesto que puede haber función entre las funciones. Así, hay función entre la función contraída por las partes de una cadena entre sí y la función contraída por la cadena con sus partes […].

Hemos adoptado el término función en un sentido que se encuentra a mitad de camino entre el lógico-matemático y el etimológico (que tan considerable papel ha jugado en la ciencia, incluso en la ciencia lingüística), más próximo en lo formal al primero pero no idéntico a él».

(L. Hjelmslev (1899-1965), *Prolegómenos a una teoría del lenguaje, Gredos*, Madrid, 1969).

G. Lecturas recomendadas.

BALDINGER, K. (1970): «Estructura y sistemas lingüísticos» *apud Teoría semántica,* Alcalá, Madrid, pp. 151-160.
Aproximación a las nociones de estructura y sistema en el ámbito lingüístico.

BENVENISTE, E. (1974): «Naturaleza del signo lingüístico» *apud Problemas de Lingüística General,* Siglo XXI, México, pp. 49-55.
Clara presentación de las características del signo lingüístico.

ECO, U. (1988): *Signo,* Labor, Barcelona.
Denso y exhaustivo estudio sobre el signo desde el punto de vista semiótico, con interesantes clasificaciones y aproximaciones desde el punto de vista filosófico.

MALMBERG, B. (1966): «El mecanismo de la lengua: signos-símbolos» *apud La lengua y el hombre*, Istmo, Madrid, pp. 39-56.
Aproximación a la lengua desde el punto de vista semiótico con la diferenciación entre signos y símbolos.

SAUSSURE, F. de (1979): «Lugar de la lengua en los hechos humanos: la Semiología» *apud Curso de Lingüística General,* Losada, Buenos Aires, pp. 59-62.
Presentación de la concepción saussureana sobre la Semiología.

H. Ejercicios de autoevaluación.

Con el fin de que se pueda comprobar el grado de asimilación de los contenidos, presentamos una serie de cuestiones, cada una con tres alternativas de respuestas. Una vez que haya estudiado el tema, realice el test rodeando con un círculo la letra correspondiente a la alternativa que considere más acertada. Después justifique en el espacio que se deja a continuación las razones por las que piensa que la respuesta elegida es la correcta, indicando también las razones que invalidan la corrección de las restantes.

Cuando tenga dudas en alguna de las respuestas vuelva a repasar la parte correspondiente del capítulo e inténtelo otra vez.

1. Cuando se produce un índice

    A La intención comunicativa parte del hablante.
    B La intención comunicativa está en la propia unidad lingüística.
    C No existe intención comunicativa.

2. La relación entre significante y significado es *constante* porque

    A Un significante puede tener varios significados y viceversa.
    B Un significante no puede ser significado ni viceversa.
    C Las respuestas A y B son incorrectas.

3. ¿Cuál es la disciplina que estudia el comportamiento de los seres vivos?

    A Zoosemiótica.
    B Etología.
    C Biótica.

4. La relación entre significante y significado es

    A Convencional.
    B Reversible.
    C Natural.

5. La substancia es un fenómeno de

    A Los actos de habla.
    B La lengua.
    C El lenguaje.

6. La forma de la expresión está constituida

    A Por los morfemas de cada lengua.
    B Por los fonemas de cada lengua.
    C Por las comunicaciones que un hablante puede realizar.

7. El carácter lingüístico que nos permite situar el signo en el tiempo se denomina

    A Arbitrariedad.
    B Denotación.
    C Linealidad.

8. La doble articulación del lenguaje fue definida por

    A Hockett.
    B Martinet.
    C Hjelmslev.

9. Los sistemas semiológicos pueden ser

    A Discretos y sustitutivos.
    B Extrínsecos e intrínsecos.
    C Sistemáticos y asistemáticos.

10. Podemos definir el conjunto de señales que constituye la música como un

    A Sistema semiológico extrínseco discreto.
    B Sistema semiológico extrínseco sustitutivo.
    C Sistema semiológico intrínseco.

11. Las lenguas en cuanto sistemas semióticos tienen un carácter

A Extrínseco.
B Intrínseco.
C Discreto.

12. La Semiótica es una rama de la Lingüística que estudia los signos en general

A Verdadero.
B Falso.
C Estudia solo los signos lingüísticos.

13. Para Saussure, el objeto de la Semiología es

    A El signo.
    B El signo lingüístico.
    C El índice y la señal.

14. ¿Cuál es la característica del lenguaje natural humano que actualiza el rasgo de la prevaricación?

    A Economía.
    B Simbolismo.
    C Creatividad.

15. El componente pragmático de la Semiótica estudia

A La interpretación de los signos.
B Las relaciones entre los signos interpretados con sus interpretantes.
C El lenguaje que usa el hombre en los textos.

16. La terminología precisa de la Semiótica fue establecida por

A Peirce.
B Morris.
C Barthes.

17. El sistema es

    A Una categoría filosófica.
    B Una noción lingüística.
    C Un concepto científico.

18. La Teoría General de Sistemas es la ciencia que estudia los sistemas

    A Siempre que éstos sean conceptuales o abstractos.
    B Concretos y abstractos.
    C Las respuestas A y B no son correctas.

19. La estructura se presenta como un

    A Sistema de relaciones latentes en el Objeto.
    B Sistema relacional presente en el Objeto.
    C Sistema relacional latente en el Sujeto.

20. El término «semiótica» fue acuñado por

    A Saussure.
    B Peirce.
    C Morris.

21. La diferencia entre la organización y el sistema estriba en

   A El carácter de sus elementos.
   B Su estructura paradigmática.
   C Su configuración sintagmática.

22. Según B. Russell, el término estructura puede aplicarse

   A A un elemento.
   B A un conjunto de elementos.
   C A la función de los sistemas.

23. Para Hjelmslev, la función es

A La relación de dependencia entre los elementos del sistema.
B La relación sintagmática entre los elementos del sistema.
C La relación de complementariedad entre los elementos del sistema.

24. La función que se establece entre el morfema de número y el lexema para la constitución del sustantivo es de

A Determinación.
B Interdependencia.
C Constelación.

25. La función propia de la lengua animal es la

    A Apelativa.
    B Expresiva.
    C Representativa.

I. Glosario.

Análisis: Descomposición de un todo lingüístico en sus elementos mínimos.

Arbitrariedad: Carácter convencional mediante el cual la comunidad social establece la relación entre significante y significado en el signo lingüístico.

Bidireccional: [Comunicación] En la que emisor y receptor intercambian sus papeles.

Canal: Medio físico por el que circula el mensaje.

Canto: Acto de comunicación complejo entre aves, formado por melodías.

Código: Conjunto moderadamente extenso de signos y de reglas de construcción conocidos por el emisor y receptor.

Comunicación: Proceso mediante el cual determinada información contenida en un mensaje es transmitida desde una fuente hasta un destino.

Constancia: Carácter perdurable de la relación entre significante y significado en el signo lingüístico.

Constelación: En Glosemática, función que se establece entre dos funtivos variables.

Contenido: Plano del signo lingüístico que corresponde a lo que se manifiesta a través de la expresión.

Contenido absoluto: Infraestructura del plano del contenido formada por las unidades muy numerosas y poco sistematizadas que constituyen los niveles de la estructura lexicosemántica de una lengua.

Contenido relativo: Infraestructura del plano del contenido formada por las unidades poco numerosas y muy sistematizadas que constituyen los niveles de la estructura morfosintáctica de una lengua.

Contexto: En Teoría de la Comunicación, conjunto de factores y circunstancias en las que se produce el mensaje.

Denotación: Significación objetiva del signo lingüístico fuera de cualquier contexto.

Dependencia: En el ámbito de la Glosemática, conexión que liga a los elementos lingüísticos de un nivel determinado.

Determinación: En el ámbito de la Glosemática, función que se establece entre un funtivo constante y otro variable.

Discretitud: Carácter del signo lingüístico que le permite establecer su valor a través de la oposición con otros signos del sistema.

Elemento: Parte de un todo lingüístico que puede separarse de él mediante el análisis.

Emisor: Fuente que produce el acto de la comunicación.

Estructura: Sistema relacional ligado (puesto que el cambio de un elemento implica el cambio de otros) latente en el objeto, formado por un conjunto de sistemas.

Expresión: Plano del signo lingüístico que sirve para manifestar el contenido.

Función signo: Entidades que han adquirido un valor semiótico dentro de una comunidad social.

Función: Relación de dependencia entre los elementos de un sistema, que, en nuestro ámbito disciplinario, otorgan a las formas el rango de lingüísticas.

Funtivo constante: Aquél cuya presencia es condición necesaria para la presencia del otro funtivo con el que contrae la función.

Funtivo variable: Aquél cuya presencia no es condición necesaria para la presencia del otro funtivo con el que contrae la función.

Funtivo: En el ámbito de la Glosemática, elemento lingüístico que contrae una función.

Índice: Hecho perceptible producido sin intención comunicativa, que nos da a conocer algo sobre otro hecho no perceptible.

Información: Contenido del mensaje.

Interdependencia: En el ámbito de la Glosemática, función que se establece entre dos funtivos constantes, de tal manera que dependen mutuamente, implicando un término a otro y viceversa.

Interpersonal: [Comunicación] Que se realiza entre personas.

Intrapersonal: [Comunicación] Que un sujeto realiza consigo mismo.

Irreversibilidad: Carácter funcional no intercambiable entre el significante y el significado del signo lingüístico.

Kinesia: Disciplina de la Paralingüística encargada del estudio de los sistemas de expresiones faciales, gestos y movimientos corporales.

Linealidad: Carácter del significante que le permite su situación sucesiva en el tiempo durante los actos de habla.

Llamada: Acto de comunicación innato entre aves, formado por una nota o secuencia reducida de notas.

Mensaje: Información transmitida por el emisor en el acto de la comunicación.

Nivel: Estrato que compone una estructura y que constituye una etapa analítica de la descripción lingüística.

Proxémica: Disciplina de la Paralingüística encargada del estudio del espacio mantenido entre los hablantes durante el acto comunicativo.

Receptor: Destino del mensaje transmitido en el acto de la comunicación.

Reciprocidad: En el ámbito de la Glosemática, función en la que solo participan funtivos de la misma clase, ya sean constantes o variables.

Referente: En Teoría de la Comunicación, aquello a lo que alude el mensaje.

Semiología: Semiótica.

Semiótica: Disciplina que estudia los signos y su funcionamiento en el interior de un sistema comunicativo.

Señal: Hecho perceptible producido con intención comunicativa.

Signo lingüístico: Unidad lingüística resultante de la relación arbitraria, constante e irreversible entre significante y significado, con la que se actualizan los aspectos inmanentes y trascendentes del lenguaje.

Signo: Fenómeno o acción material, perceptible que representa a un objeto.

Signos históricos: Signos establecidos para ser instrumentos de la comunicación.

Símbolo: Señal que presenta una relación de necesidad entre su significante y su significado.

Sistema estructurado: Conjunto de signos organizados cuyo valor depende de su relación con los demás.

Sistema lingüístico: Conjunto de elementos abstractos que constituyen tanto una lengua (desde un planteamiento empírico) como una teoría de la gramática (desde un planteamiento glotológico).

Sistema semiótico extrínseco: Conjunto de signos.

Sistema semiótico intrínseco: Conjunto de símbolos.

Sistema semiótico: Conjunto de señales usadas con fines comunicativos.

Sistema: Categoría filosófica que designa el conjunto de elementos relacionados entre sí funcionalmente, sin que haya ninguno aislado.

Solidaridad: En el ámbito de la Glosemática, relación de interdependencia entre los miembros de un nivel lingüístico.

Telecomunicación: Comunicación que se da a través de canales artificiales de naturaleza técnica.

Teoría General de Sistemas: Movimiento filosófico-metodológico aparecido después de la 2ª guerra mundial, que sostiene que todo en la realidad se comporta en forma de sistema y que debe estudiarse teniendo en cuenta la relación de interdependencia entre sus elementos.

Unidireccional: [Comunicación] En la que el mensaje circula en una sola dirección.

J. Bibliografía general.

AA. VV. (1982): *Hacia una semiótica de la interacción textual,* Cátedra, Madrid.

ARANGUREN, J. L. (1975): *La comunicación humana*, Guadarrama, Madrid.

BARTHES, R. (1970): *Elementos de semiología*, Alberto Corazón, Madrid.

BARTHES, R. (1970): *La semiología*, Tiempo contemporáneo, Buenos Aires.

BOBES NAVES, M. del C. (1973): *La semiótica como teoría lingüística*, Gredos, Madrid.

BÜHLER, K. (1975): *Psicología de la forma. Cibernética y vida*, Morata, Madrid.

BUYSSENS, E. (1967): *La communication et l'articulation linguistiqu*e, P.U.F., París.

CHAFE, M. L. (1976): *Significado y estructura de la lengua*, Planeta, Barcelona.

DURAND, J. (1985): *Las formas de la comunicación*, Mitre, Barcelona.

ECO, U. (1978): *Tratado de semiótica general*, Lumen, Barcelona.

ECO, U. (1965): *Obra abierta*, Seix Barral, Barcelona.

ECO, U. (1976): *Signos*, Labor, Barcelona.

ECO, U. (1981): *La estructura ausente*, Lumen, Buenos Aires.

ESCARPIT, R. (1977): *Teoría general de la información y de la comunicación*, Icaria, Barcelona.

GREIMAS, A. J. (1971): *Lingüística y comunicación*, Nueva Visión, Buenos Aires.

GUIRAUD, P. (1974): *La semiología*, Siglo xxi, Buenos Aires.

HAARMANN, H. (1990): *Language in its cultural embedding. Explorations in the relativity of signs and signs sistems*, Mouton de Gruyter, Berlín-Nueva York.

HABERMAS, J. (1987): *Teoría de la acción comunicativa*, Taurus, Madrid.

HALLIDAY, M. (1982): *El lenguaje como semiótica social. La interpretación social del lenguaje y del significado*, F.C.E., México.

HALLIDAY, M. A. K. & HASAN, R. (1986): *Language context, and text: Aspects of language in a social-semiotic perspective*, Deakin University, Victoria.

HARRIS, R. (1996): *Signs, Language and Communication. Integrational and Segregational Approaches*, Routledge, Londres.

HENAULT, A. (1979): *Les enjeux de la sémiotique. Introduction a la sémiotique générale*, PUF, París.

LABORDA GIL, J. (1984): «Teoría de la comunicación y análisis transaccional», *Revista Española de Lingüística*, 14, 1, pp. 118-124.

MALMBERG, B. (1970): *Lingüística estructural y comunicación humana*, Gredos, Madrid.

MCQUAIL, D. (1983): *Introducción a la teoría de la comunicación*, Paidós, Barcelona.

MILLER, G. A. (1979): *Lenguaje y comunicación*, Amorrortu editores, Buenos Aires.

MOUNIN, G. (1972): *Introducción a la semiología*, Anagrama, Barcelona.

NORRICK, N. (1981): *Semiotic principles in semantic theory*, John Benjamins, Amsterdam.

NÚÑEZ LADEVÉZE, L. (1977): *Lenguaje y comunicación*, Pirámide, Madrid.

PEIRCE, Ch. S. (1974): *La ciencia de la semiótica,* Nueva Visión, Buenos Aires.

PEIRCE, Ch. S. (1987): *Obra Lógico-Semiótica*, Taurus, Madrid.

POYATOS, F. (1974): «Del paralenguaje a la comunicación total» apud AA. VV., *Doce ensayos sobre el lenguaje,* Fundación J. March, Madrid, pp. 157-172.

PRIETO, L. J. (1967): *Mensajes y señales*, Seix Barral, Barcelona.

REZNIKOV, L. O. (1970): *Semiótica y teoría del conocimiento*, Alberto Corazón, Madrid.

SHANNON, C. E. & WEAVER, W., (1962): *The mathematical theory of communication*, University of Illinois Press, Urbana.

SCHRAMM, W. (1973): *La ciencia de la comunicación humana*, Roble, México.

SEGRE, C. (1990): *Semiótica filológica*, Universidad de Murcia, Murcia.

SERRANO, S. (1980): *Signos, lengua y cultura*, Anagrama, Barcelona.

SERRANO, S. (1981): *La semiótica*, Montesinos, Barcelona.

SINGH, J. (1972): *Teoría de la información, del lenguaje y de la cibernética*, Alianza, Madrid.

THAYER, L. (1975): *Comunicación y sistemas de comunicación*, Península, Barcelona.

TOBIN, Y. (1990): *Semiotics and linguistics,* Longman, Londres.

Capítulo 5

EL LENGUAJE COMO FENÓMENO BIOLÓGICO.

A. Cronograma.

Semana 12

Actividad docente	Horas presenciales		Horas no presenciales		
	Teó-ricas	Prác-ticas	Estu-dio	Ejer-cicios	Tuto-rías
1. Lectura de los puntos 1, 2, 3 y 4 del tema y anotación de dudas			1		
2. Exposición panorámica de los puntos 1, 2, 3 y 4 y resolución de dudas	2				
3. Realización de actividades teóricas y prácticas 1, 2 y 3 y texto 1				2	
4. Estudio de los contenidos y nociones de los puntos 1, 2, 3 y 4			1		
5. Sesión práctica sobre los contenidos y actividades realizadas		2			
6. Tutorías grupales o autorresolución de dudas					2

Semana 13

Actividad docente	Horas presenciales		Horas no presenciales		
	Teó-ricas	Prác-ticas	Estu-dio	Ejer-cicios	Tuto-rías
1. Lectura de los puntos 5, 6 y 7 del tema y anotación de dudas			1		
2. Exposición panorámica de los puntos 5, 6 y 7 y resolución de dudas	2				
3. Realización de actividades teóricas y prácticas 4, 5 y 6 y lecturas recomendadas				2	
4. Estudio de los contenidos y nociones de los puntos 5, 6 y 7			1		
5. Sesión práctica sobre los contenidos y actividades realizadas		2			
6. Proceso de autoevaluación			1		
7. Tutorías grupales o autorresolución de dudas					2
Total volumen de trabajo del tema en las dos semanas	4	4	5	4	4
	8		13		

B. Objetivos.

1. *Valorar* la importancia de la distinción entre capacidad y habilidad lingüística para el estudio del lenguaje.

2. *Conocer* los fundamentos neuropsicológicos del lenguaje.

3. *Comprender* la organización cerebral del lenguaje, precisando los centros corticales relevantes.

4. *Conocer* los estudios clínicos y experimentales relevantes sobre la adquisición de las capacidades lingüísticas.

5. *Relacionar* los hemisferios cerebrales con las distintas potencialidades lingüísticas.

6. *Comprender* la noción de afasia y sus distintos tipos.

7. *Valorar* la aportación de la Lingüística en el estudio de la afasia.

C. Palabras clave.

- Lenguaje.
- Corteza cerebral.
- Hemisferio izquierdo.
- Capacidad lingüística.
- Aparato fonador.
- Sonido audible.
- Rombencéfalo.
- Prosencéfalo.
- Cisura de Rolando.
- Lóbulo occipital.
- Lóbulo frontal.
- Afasia.
- Agnosia.

- Cerebro.
- Cuerpo calloso.
- Hemisferio derecho.
- Habilidad lingüística.
- Aparato auditivo.
- Sonido articulado.
- Mesencéfalo.
- Neurofisiología.
- Cisura de Silvio.
- Lóbulo parietal.
- Lóbulo temporal.
- Apraxia.
- Agramatismo.

D. Organización de los contenidos.

1. El lenguaje como fenómeno biológico: planteamientos previos.
2. Fundamentos neuropsicológicos del lenguaje: emisión, recepción y procesamiento de la información.
   2.1. La emisión de la información.
   2.2. La recepción de la información.
   2.3. El procesamiento de la información.
3. Neurofisiología del lenguaje: su organización en el cerebro.
   3.1. Neurología de la corteza cerebral.
   3.2. Estructuras corticales del lenguaje.
   3.3. Los lóbulos.
   3.4. Centros corticales relevantes para el lenguaje.
4. Anatomía funcional del desarrollo del lenguaje: estudios clínicos y experimentales.
   4.1. Estudios clínicos.
   4.2. Estudios experimentales.
   4.3. Conclusiones.
5. Hemisferios cerebrales y lenguaje.
   5.1. Hemisferio izquierdo y lenguaje.
   5.2. Hemisferio derecho y lenguaje.
   5.3. Investigaciones clínicas.
6. Fisiopatología del lenguaje: la afasia
   6.1. Concepto de afasia.
   6.2. Etiología de la afasia.
   6.3. Tipos de afasia.
7. Lingüística y afasia.
   7.1. Alteraciones fonológicas en la afasia.
   7.2. Alteraciones semánticas en la afasia.
   7.3. Alteraciones sintácticas en la afasia.

Una vez que haya estudiado el tema y con el fin de que alcance una visión panorámica del mismo que le ayude a *sintetizar, ordenar* y *estructurar* una información de cierta amplitud y a preparar una posible prueba de examen, realice un **cuadro sinóptico o esquema** en el que, partiendo de la estructuración propuesta anteriormente, organice de manera resumida los contenidos fundamentales del tema. Utilice para ello únicamente el espacio que se le propone.

E. Desarrollo de los contenidos.

1. El lenguaje como fenómeno biológico: planteamientos previos.

En este capítulo vamos a estudiar el lenguaje como fenómeno *biológico*. Como vimos anteriormente, el lenguaje forma parte de un sistema más amplio, el de la comunicación, cuyos elementos estudiamos con anterioridad (Capítulo 4). Sin embargo, además del conocimiento de este proceso comunicativo ocupa también un lugar muy importante la comprensión de los mecanismos neuropsicológicos que subyacen al lenguaje. Por ello, se trata de abordarlo ahora no para descubrir sus bases semióticas y su plasmación en las lenguas sino para estudiar los procedimientos tanto mecánicos (emisión y percepción del mensaje) como neuropsicológicos (procesamiento de la información) que entrañan los actos comunicativos.

Ello es fruto de la importancia que ha cobrado en el ámbito lingüístico el análisis funcional del lenguaje *vivo*, es decir de las razones que posibilitan que el pensamiento del hablante pueda convertirse en expresión y ésta pueda también transformarse en pensamiento en el oyente. Recuérdese, al respecto, la distinción chomskyana entre componente *sintagmático*, en cuanto conjunto de reglas que permiten generar oraciones en la estructura profunda; y el componente *transformatorio*, que permite el paso de la estructura profunda a la superficial de las unidades lingüísticas (Capítulo 2).

Lo cierto es que en la última década el estudio y análisis de la organización cerebral del lenguaje y de sus alteraciones en caso de patología cerebral, ha cobrado un creciente auge. Por ello, vamos en este capítulo a estudiar los *fundamentos neuropsicológicos del lenguaje*, es decir los órganos que intervienen en el proceso de *emisión* de un mensaje (el aparato fonador) y *recepción* del mismo (el aparato auditivo), así como el órgano que permite el *procesamiento* de la información (el cerebro). Continuaremos con un *estudio neurofisiológico*, en el que analizaremos los aspectos neurológicos de la relación entre cerebro y lenguaje, precisando la organización cerebral que presenta el lenguaje así como las funciones tanto del hemisferio izquierdo como del hemisferio derecho del cerebro. Tras ello realizaremos un *estudio ontogenético* del lenguaje para intentar comprender las bases neurológicas de la función verbal, comentando las distintas investigaciones que han analizado los centros nerviosos paralelamente a la adquisición de las capacidades lingüísticas en los niños. Continuaremos revisando los trabajos que han analizado las aptitudes verbales que puedan tener ambos *hemisferios*, y finalizaremos el capítulo con un *estudio fisiopatológico* del lenguaje, es decir, de los principales trastornos que puede presentar el lenguaje.

2. Fundamentos neuropsicológicos del lenguaje: emisión, recepción y procesamiento de la información.

Junto a los aspectos sociales de los hechos lingüísticos (Capítulo 6) debemos recordar que éstos son también procesos psicológicos, ya que el lenguaje tiene una base neurológica que hace que lo podamos concebir como una *capacidad* propia de la especie humana y al mismo tiempo como una *habilidad* o *destreza* característica de todos nosotros.

Esta reflexión plantea la duda sobre el lugar en el que se ubica esta capacidad cognitiva: ¿estamos ante una capacidad localizada en alguna parte específica del cerebro o por el contrario no existen zonas cerebrales especializadas en el lenguaje y cualquiera de ellas puede intervenir en su producción?

Ante esta cuestión han sido dos las hipótesis planteadas:

a)   La *Lingüística transformatoria*, con Chomsky al frente, defendía la autonomía del lenguaje y su carácter innato.

b)   La *Lingüística cognitiva*, con Langacker, sostiene hoy que el lenguaje como capacidad cognitiva no difiere sustancialmente en su procesamiento de otras destrezas.

El lenguaje, por tanto, lo podemos considerar como una *capacidad* (puesto que presenta una configuración neuronal genérica en todos los seres humanos) y al mismo tiempo como una *habilidad* (puesto que se relaciona con el proceso de emisión y recepción de mensajes, específico ya de cada individuo).

Veamos primero el lenguaje como *habilidad*, relacionándolo con los tres factores del acto comunicativo (emisión, recepción y procesamiento de la información).

2.1. La emisión de la información.

En este apartado se trata de que conozcamos los órganos que intervienen en el acto de hablar. Es importante que sepamos que no son órganos destinados para hablar puesto que otros animales los poseen y sin embargo no hablan.

Estos órganos son la *laringe* y las *cuerdas vocales*. La laringe está formada por tres cartílagos que rodean las dos cuerdas vocales, que cuando no hablamos están relajados, presentado la laringe una abertura amplia, que deja pasar el aire con facilidad. Cuando hablamos tienden a unirse de dos maneras: por completo y con gran tensión, de tal forma que el aire que sale choca con fuerza contra las cuerdas vocales produciendo la vibración de las vocales; y con menos tensión, produciéndose en este caso la vibración de las consonantes sonoras, puesto que las sordas no tienen movimiento.

El espacio variable entre ambas cuerdas vocales es la *glotis* que posibilita la intensidad acústica de la fonación lingüística.

Estas vibraciones producen unas ondas sonoras que se propagan en forma esferoidal (de ahí el nombre de onda), gracias a unos *resonadores*, que pueden ser la faringe, las fosas nasales y la cavidad bucal.

Dentro del resonador encontramos unos órganos *activos* o *móviles* (como pueden ser la lengua, el maxilar inferior, los labios o el velo blando del paladar) y otros *pasivos* o *estáticos* (como los dientes, los alveolos y el paladar duro), que nos permiten transformar la forma y la abertura de la cavidad para que el aire se transforme en los distintos sonidos de las lenguas.

Son dos los rasgos fundamentales que posee el hombre y que permiten la producción de sonidos articulados:

– *La posición erecta de su cuerpo*, que le permite tener una inteligencia superior, ya que el peso de su cabeza recae en la columna y no en el aire.

– *La especialización de las extremidades*, que, al posibilitar la manipulación de los objetos, provoca el desarrollo de la inteligencia.

Para que se produzcan los sonidos articulados deben darse los dos rasgos a la vez, tal y como ocurre en el ser humano. En caso de que solo se cumpla un rasgo, esto posibilita la imitación de sonidos articulados, pero no con valor lingüístico (piénsese en algunas aves que por su posición erecta pueden imitar el lenguaje humano).

2.2. La recepción de la información.

Ahora se trata de que conozcamos el órgano que interviene en el acto de escuchar. Se trata de *oído* y éste sí es un órgano destinado a la función fisiológica de escuchar.

El oído es un órgano que poseen todos los animales superiores, aunque con distintos grados de evolución: así, los anfibios poseen solo oído medio, los reptiles oído sin pabellón auditivo, y los mamíferos oído con pabellón auditivo.

El aparato auditivo del hombre consta del pabellón de la oreja que recoge las ondas acústicas y las traslada al oído externo hasta el tímpano, con el que chocan y se pone a vibrar a la vez. Estas vibraciones se transmiten por los huesecillos del oído medio que comunica con la trompa de Eustaquio. El oído interno comienza con la ventana oval y la ventana redonda hasta llegar a los canales semicirculares y al caracol óseo, protegidos los dos por el peñasco.

Finalmente, los nervios auditivos transmitirán las sensaciones acústicas al cerebro.

El sonido que puede percibir el hombre se denomina *sonido audible* y es solo una parcela del sonido cuya frecuencia está entre 16 y 20.000 vibraciones por segundo, aunque una persona de mediana edad suele ser sorda para sonidos de frecuencia superior a 16.000. Dentro de los sonidos audibles, el hombre capta los *sonidos articulados*, que se sitúan entre 512 y 1.624 vibraciones por segundo.

2.3. El procesamiento de la información.

Finalmente, el procesamiento de la información que nos llega del exterior se produce en el *cerebro*, que actúa de una doble manera: pensando lo que se va a decir antes de la emisión del mensaje, y comprendiendo lo que se percibe en la recepción del mensaje.

Para que podamos entender como se produce este procesamiento de la información es necesario que estudiemos fisiológicamente el cerebro así como la organización que del lenguaje se da en él.

3. Neurofisiología del lenguaje: su organización en el cerebro.

Como *capacidad*, el lenguaje está localizado en el cerebro humano. Desde un planteamiento *embriológico* el cerebro se divide en tres regiones:

a) El *cerebro posterior* o *profundo*, llamado *rombencéfalo*, que es la capa más profunda del cerebro, que regula el riego sanguíneo y controla lo más básico.

b) El *cerebro medio* o *mesencéfalo*, que se encarga de cuestiones menos automáticas, como el control de movimientos, sentidos, etc.

c) El *cerebro anterior* o *externo*, llamado *prosencéfalo*, que es la sección cerebral más amplia y que mayor desarrollo ha alcanzado en el ser humano. Este cerebro tiene una parte reciente, en términos de evolución, que se llama *corteza*. Se trata de una capa de pocos milímetros, de color gris, provista de rugosidades y compuesta de seis capas de neuronas, en la que se dan los principales mecanismos psicológicos como el razonamiento y el procesamiento de la información.

Desde un planteamiento *anatómico*, el cerebro consta de dos *hemisferios* (el izquierdo y el derecho) que están conectados entre sí por una estructura compuesta de sustancia blanca llamada *cuerpo calloso*.

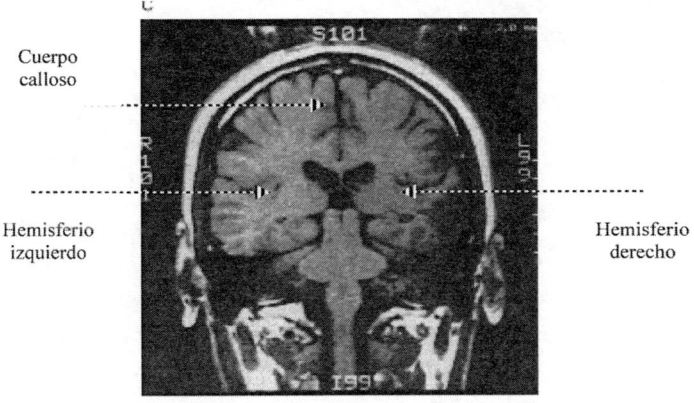

Cuerpo calloso

Hemisferio izquierdo

Hemisferio derecho

Fig. 1: Hemisferios cerebrales.

En el gráfico anterior hemos representado los resultados de una resonancia magnética nuclear en la que se aprecian los dos hemisferios cerebrales y el cuerpo calloso.

Además, cada uno de los hemisferios está dividido en cuatro lóbulos por una serie de cisuras llamadas surcos:

a)   El surco central o *cisura de Rolando*, que separa el lóbulo frontal del parietal.

b)   El surco lateral o *cisura de Silvio*, que separa en este caso el lóbulo temporal del parietal.

Es importante la distinción de estas partes en el cerebro humano porque las distintas funciones del hombre se asocian a los diferentes lóbulos cerebrales. Por ello, vamos a representar estas ahora estas divisiones en una resonancia magnética nuclear de un corte sagital de la cabeza.

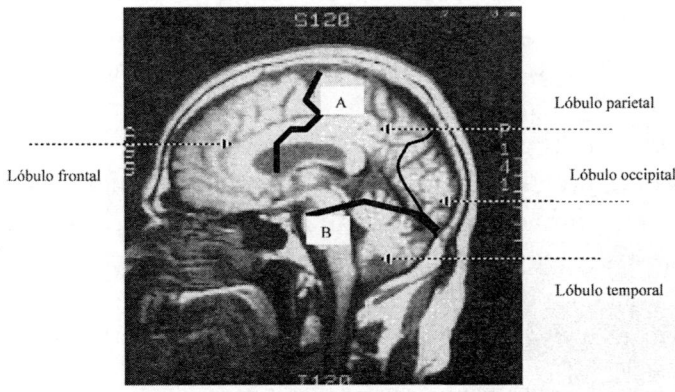

Lóbulo frontal

Lóbulo parietal

Lóbulo occipital

Lóbulo temporal

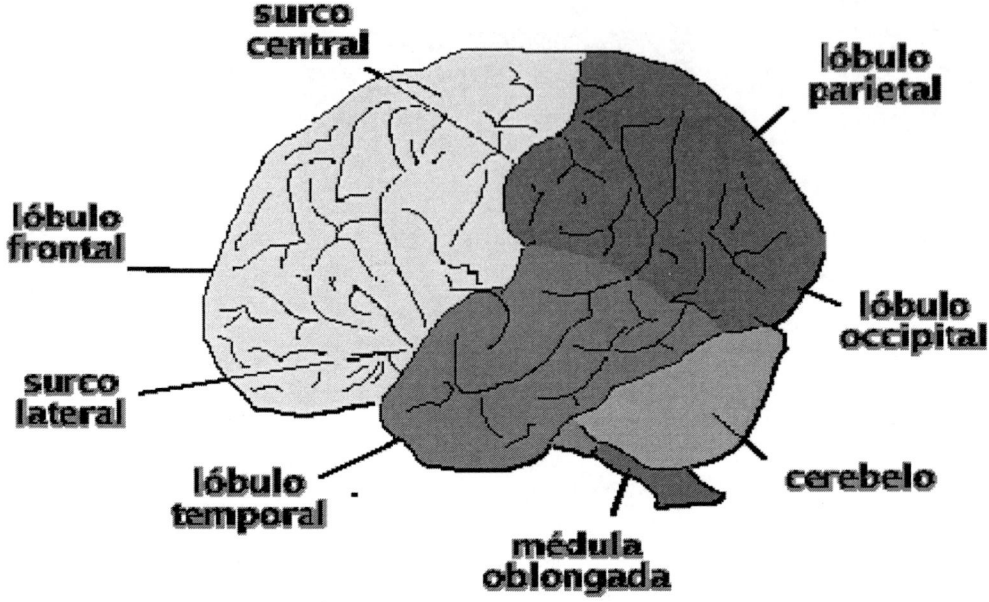

Fig. 2: Lóbulos cerebrales.

Téngase en cuenta que lo más importante desde el ámbito lingüístico es la distinción entre las zonas corticales anterior y posterior a la *cisura de Rolando* (representada con la letra A), porque allí residen los procesamientos motor y sensorial. La letra B representa la *cisura de Silvio*.

A continuación vamos a realizar la descripción de las partes señaladas con anterioridad que van a tener relación con el lenguaje.

3.1. Neurología de la corteza cerebral.

Uno de los primeros científicos que estudió la corteza fue Paul Broca, quien comenzó a investigar alrededor del año 1861. Desde entonces, las investigaciones han demostrado que las funciones principales de la corteza cerebral son las siguientes:

– *Función motriz*: el área que corresponde a esta función está situada en el lóbulo frontal, de tal manera que los lóbulos frontales de cada hemisferio regular el movimiento de la parte contraria del cuerpo.

Dentro de esta área se sitúan además los órganos articulatorios que hacen posible la producción de los mensajes verbales.

– *Función sensorial*: el área que corresponde a esta función está situada en el lóbulo parietal.

– *Función visual*: en este caso, el área que corresponde a esta función es el lóbulo occipital. Las lesiones del mismo potencian la incapacidad para reconocer el sentido de las letras y la imposibilidad para la lectura o alexia.

– *Función auditiva*: situada en el lóbulo temporal, permite que los sonidos adquieran un significado conceptual.

3.2. Estructuras corticales del lenguaje.

Dentro de la corteza cerebral podemos encontrar dos tipos de células en las distintas capas neuronales:

– *Eferenciales*: son aquellas que permiten la salida de la información y están localizadas en las capas 2, 3 y 5.

– *Aferenciales*: son, en este caso, las que permiten la entrada de la información. Aunque están situadas en todas las capas hay mayor concentración de ellas en la capa 4.

3.3. Los lóbulos.

– *Lóbulo occipital*: lleva a cabo el procesamiento visual, discriminando formas, contornos y colores. Permite, además, precisar la forma de los símbolos lingüísticos y, lo que es más importante, el aprendizaje de la escritura.

– *Lóbulo parietal*: lleva a cabo el procesamiento táctil y el procesamiento lector, debido a que permite interpretar los espacios dentro de la escritura, identificar los grafemas y su valor fonético, así como interpretar diferentes grafemas en sílabas, palabras, oraciones, etc.

– *Lóbulo temporal*: lleva a cabo el procesamiento auditivo, siendo, por tanto, su función más importante la comprensión del lenguaje, la música, el ritmo, la percepción del tiempo, etc.

– *Lóbulo frontal*: es una de las áreas cerebrales que más ha evolucionado, por ello recoge funciones motrices, sensoriales, perceptivas, cognitivas, etc. Desde el punto de vista lingüístico, posibilita tanto la escritura como la codificación del habla.

3.4. Centros corticales relevantes para el lenguaje.

– *Centro de Wernicke*: llamado así por su descubridor, quien en 1874, descubrió que era la parte del cerebro más importante para la comprensión del lenguaje hablado. Por tanto, su función es semasiológica, porque decodifica la palabra hablada e interpreta los sonidos relacionados con la voz. Representamos su situación cerebral en el gráfico con la letra A.

– *Centro de Broca*: su función es la onomasiológica, puesto que interviene en la codificación del mensaje. Lo representamos con la letra B.

– *Centro de Luria inferior*: es junto con el centro de Broca imprescindible para la realización de la palabra hablada, ya que coordina el sistema fonoarticulatorio. Lo representamos con la letra C.

– *Centro de Luria superior*: su función se centra en las expresiones no verbales del cuerpo. Tiene además importancia en el proceso de escritura. La letra con la que lo representamos es la D.

– *Centro de Dejèrine:* es el centro de la integración simbólica tanto de la lectura como de la escritura, por tanto es el que nos permite entender un texto escrito. Lo representamos con la E.

– *Centro de Exner:* coordina los movimientos de las manos y de los dedos para que se produzca la escritura. Lo representamos con la F.

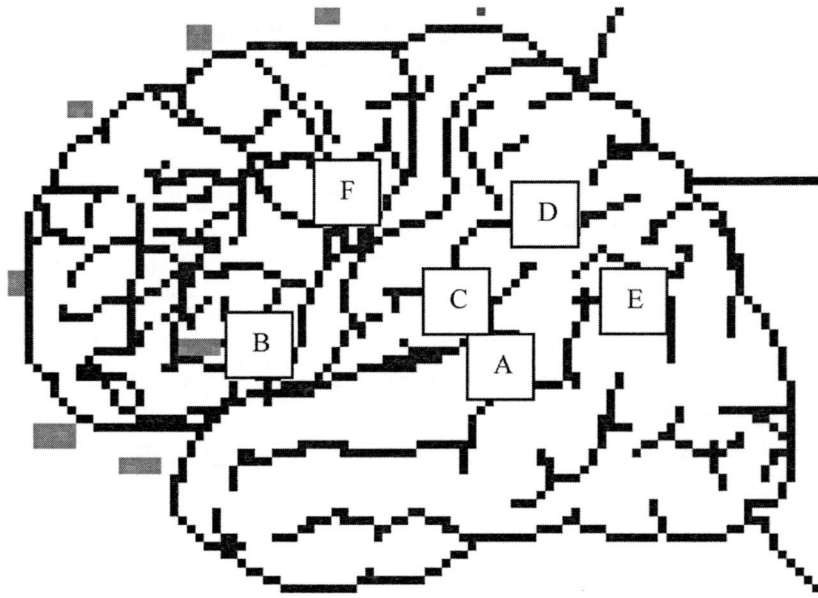

Fig. 3: Localización de los centros corticales relevantes para el lenguaje.

4. Análisis funcional del desarrollo del lenguaje: estudios clínicos y experimentales.

A continuación vamos a relacionar el lenguaje como *capacidad* (atendiendo al desarrollo de los centros nerviosos) con la concepción del lenguaje como *habilidad* (teniendo en cuenta la adquisición de las capacidades lingüísticas en el niño), para ver la asimetría.

Hasta los dos años el hemisferio dominante para el lenguaje es el izquierdo, madurando primero el área de la comprensión (centro de Wernicke), la codificación (centro de Broca) y más tarde la producción de palabras habladas (centro de Luria inferior).

A partir de los dos años se desarrollan otras zonas marginales de la cisura de Silvio, aprendiendo el niño a entender el significado de las palabras, llegando a formar conceptos. Además, la maduración de las áreas frontales (centro de Exner) permitirá al niño coordinar movimientos para poder después producir la escritura (centro de Luria superior) y comprender los textos escritos (centro de Dejèrine).

Estos datos se han podido establecer de dos maneras.

4.1. Estudios clínicos.

– Zangwill en 1960 comprobó la equipotencialidad funcional, es decir, el desarrollo de un hemisferio por lesión del otro.

– Gazzaniga en 1970 afirmó que los niños nacen con igual potencial en el cerebro, sugiriendo que el mayor rendimiento de la mano derecha determina que el hemisferio izquierdo adquiera centros de procesamiento más importantes.

– Annet en 1973, sin embargo, demostró que niños con daños en el hemisferio izquierdo tienen con mayor frecuencia alteraciones del lenguaje.

4.2. Estudios experimentales.

– Kimura en 1963 avala también la asimetría. Así, mediante la escucha dicótica en niños de 4 a 9 años demuestra que escuchan mejor lo que han procesado por el oído derecho. A la misma conclusión llega Allard en 1981.

– Fernández Ballesteros en 1982 comprobó con el taquistoscopio que se veía más lo que lo que se procesaba por el ojo derecho.

4.3. Conclusiones.

– Algunos aspectos del procesamiento del lenguaje están lateralizados a edades tempranas mientras otros se lateralizan progresivamente.

– El cerebro del recién nacido tienen mayor plasticidad que el del adulto y en caso de lesión de un hemisferio, el opuesto puede hacerse cargo de las funciones del hemisferio dañado.

5. Hemisferios cerebrales y lenguaje.

Durante mucho tiempo se pensó que el hemisferio dominante era el izquierdo (de ahí que muchas personas fueran diestras). Sin embargo hoy se considera que la distinción funcional entre ambos hemisferios no es fruto de un condicionamiento fisiológico sino de una especialización que se da en las primeras fases del desarrollo de la persona, que justifica que cada hemisferio sea dominante para determinadas funciones. Así el izquierdo lo sería para el habla, la lectura, la escritura y el razonamiento lógico entre otros; y el derecho para la orientación espacial, la emoción, el dibujo, la música, la creatividad, etc.

Por tanto, el hemisferio izquierdo se dedica más a las actividades lingüísticas y el derecho más al procesamiento perceptivo espacial, aunque también tiene repercusiones en el lenguaje.

Ello se ha puesto de relieve en distintas investigaciones que han demostrado que aunque el hemisferio derecho no reconoce las palabras abstractas, sí reconoce las concretas (Ellis, 1974), que en el ámbito de la entonación tiene una superioridad sobre el izquierdo (Zurif, 1974), o que las letras borrosas las reconoce antes que el izquierdo (Webster, 1979).

Por tanto, debemos ver la relación entre ambos hemisferios y el lenguaje.

5.1. Hemisferio izquierdo y lenguaje.

En relación con el lenguaje, el hemisferio izquierdo realiza las siguientes funciones:
– Controla el comportamiento lingüístico auditivo y verbal.
– Elabora unidades lingüísticas y las emite.
– Controla la habilidad para la expresión escrita.
– Domina el pensamiento abstracto de tipo verbal.

5.2. Hemisferio derecho y lenguaje.

El hemisferio derecho tiene también algunas capacidades lingüísticas pero a un nivel inferior que el izquierdo. Así, las funciones lingüísticas que realiza el hemisferio derecho son las siguientes.
– Interviene en la creatividad literaria.
– Interviene en los elementos prosódicos del lenguaje y en la entonación.
– Participa en la elaboración del lenguaje automático.
– Identifica sustantivos y adjetivos aunque no verbos.
– Tiene poca capacidad para la lectura y ninguna para la escritura.

5.3. Investigaciones clínicas.

Las capacidades lingüísticas que hemos mencionado se consideraron a partir de unos datos clínicos obtenidos con pacientes que habían sufrido hemiferectomía (sección en uno de los hemisferios) o comisurotomía (sección en la comisura callosa).

– En pacientes *hemisfectomizados* del lado izquierdo en edades previas al desarrollo del lenguaje, Dennis (1976) comprueba que el hemisferio derecho recoge estas funciones, aunque los pacientes presentan dificultades sintácticas. En adultos se conserva más la capacidad de recepción que de producción, comprendiéndose mejor las palabras que las oraciones.

– En pacientes *comisurotomizados*, Levy (1971) comprobó que el hemisferio derecho permite formar palabras pero no nombrarlas o escribirlas. De hecho, uno de sus pacientes compuso la palabra *kid* (niño) pero al escribirla puso *cat* (gato).

6. Fisiopatología del lenguaje: la afasia.

Con este nombre designamos las principales patologías que puede presentar el lenguaje. Veamos en un cuadro las principales.

PATOLOGÍAS LINGÜÍSTICAS	TIPOS	ACLARACIÓN
De la emisión	Agrafia	Dificultad para escribir.
	Disfemia	Trastornos en la fluidez verbal.
	Disfonía	Trastornos de la voz como afonía, ronquera, voz débil.
	Dislalia	Deficiente expresión verbal de origen no neurológico, por disposición de dientes, labios, lengua, etc.
	Dislogia	Deficiente expresión de ideas por habla incoherente (agramatismo), ausencia de ideas, etc.
De la recepción	Sordera verbal pura	Escucha sin codificación lingüística.
	Alexia	Pérdida de la capacidad de leer lo que se ha escrito.
	Hipoacusia	Baja percepción de los sonidos.
De la emisión y la recepción	Afasia	Dificultad para la expresión y comprensión de los signos verbales.
	Apraxia	Incapacidad para realizar actividades como respuestas a una orden verbal.
	Agnosia	Incapacidad para entender el significado simbólico.

Fig. 4: Patologías del lenguaje.

De todas estas patologías, las que han sido más estudiadas son las *afasias*. Veámoslas, pues, con más detalle.

6.1. Concepto de afasia.

En general, se considera afasia la perturbación del lenguaje debida a una lesión cerebral ocurrida una vez que se ha adquirido el lenguaje. Por tanto, no son afásicas las perturbaciones del aparato fonador que impiden la correcta producción de un mensaje, ni las afecciones del oído, que impiden la recepción del mensaje, ni los retrasos del lenguaje debidos a lesiones cerebrales congénitas, producidas antes de la aparición del lenguaje.

Se producen, por tanto, normalmente entre adultos y como consecuencia de algún trastorno traumático, de ahí que hasta ahora su estudio haya estado restringido al ámbito médico. Sin embargo, los lingüistas están cada vez más interesados por estas patologías hasta el punto de que son requeridos como asesores en algunos de sus tratamientos y han establecido la Lingüística clínica como rama de la Lingüística aplicada.

6.2. Etiología de la afasia.

Las causas que producen las lesiones cerebrales que desencadenan las afasias son las siguientes.

– Los accidentes vasculares que se producen cuando se obstruye el flujo sanguíneo en las arterias cerebrales debido a trombosis o a obstrucciones progresivas.

– Las hemorragias cerebrales por la ruptura de una arteria con la consiguiente supresión del riego sanguíneo.

– Los tumores cerebrales que causan una lesión permanente por presionar las estructuras nerviosas.

– Un traumatismo craneal producido por un golpe fuerte en la cabeza.

– Enfermedades de tipo inflamatorio y crisis epilépticas.

6.3. Tipos de afasia.

En la actualidad, las investigaciones sobre casos afásicos han demostrado la dificultad que entraña la parcelación en bloques, por lo que más que clasificar patologías, se pretende hoy caracterizar los rasgos deficitarios de cada caso clínico. Sin embargo, por razones metodológicas, vamos a recoger a continuación los tipos clásicos de síndromes afásicos.

– *Afasia de Wernicke*: es la localizada en el centro de Wernicke y caracterizada por una lectura y escritura alterada aunque el paciente conserva la sintaxis. La comprensión y la emisión se ven muy alterada. El lenguaje es muy fluido, produciéndose sustituciones de fonemas en el interior de palabras y secuencias silábicas sin sentido. Por ello, el discurso se hace incomprensible.

Por tanto, los individuos con este tipo de afasia pueden hablar con oraciones largas que no tienen ningún significado, agregan palabras innecesarias y crean nuevas palabras. Por ejemplo, alguien con afasia de Wernicke puede decir, *Usted conoce que el chonchodro toludio y que quiero tenerlo y rodearlo como usted quiere mañana,* pero que en realidad significa *Necesitamos comprar harina, así que iremos al super.* Los individuos con afasia de Wernicke tienen generalmente grandes dificultades para comprender y entender el habla y, por lo tanto, no son conscientes de los errores que cometen al comunicarse.

– *Afasia de Broca*: es la localizada en el centro de Broca y caracterizada por la incapacidad del individuo para hablar con fluidez, con lo que el discurso aparece sin cohesión ni coherencia.

Por tanto, su característica principal es la casi imposibilidad para articular. Las personas que padecen de una afasia de Broca hablan con frecuencia con frases cortas, significativas que son producidas con gran esfuerzo. La afasia de Broca se manifiesta con una especie de tartamudeo. Por ejemplo, una persona con afasia de Broca puede decir, *comprar harina*, pero en realidad está tratando de decir que *tienen que ir a comprar harina*. La misma oración también podría significar *¿usted va a ir a comprar la harina?*, o *mi mujer comprará harina*, dependiendo de las circunstancias. Individuos con afasia de Broca pueden comprender el habla de los demás en distintos grados. Debido a esto, son conscientes de sus dificultades y pueden frustrarse fácilmente por sus problemas de lenguaje.

– *Afasia de conducción*: también llamada afasia central o motora, presenta una incapacidad para repetir y hablar de manera consciente, aunque el lenguaje es fluido y con errores.

– *Afasia anómica*: parecida a la afasia de Wernicke presenta la particularidad de que el paciente es incapaz de recuperar nombres de objetos, por lo que utiliza circunloquios para hablar.

7. Lingüística y afasia.

La Lingüística aporta a la afasiología una nueva visión del lenguaje en la que éste se considera como una multiplicidad de niveles en los que aparecerán las distintas alteraciones.

7.1. Alteraciones fonológicas en la afasia.

Mediante el estudio de las alteraciones fonológicas de la afasia se trata de comprender a qué se deben las deficiencias articulatorias que presentan los pacientes afásicos. Lesser resume en tres las hipótesis presentadas.

– La desorganización de los mecanismos que sustentan el control neuromuscular.

– La dificultad en la utilización de las pautas necesarias para la codificación del mensaje.

– La perturbación de las competencias fonológicas.

7.2. Alteraciones semánticas en la afasia.

Las alteraciones semánticas de la afasia han sido interpretadas de dos maneras.

– *Interpretación neuroanatómica*: la perturbación en la comprensión se debe a un análisis deficiente de los estímulos semánticos que provienen de las áreas corticales de elaboración sensorial.

– *Interpretación central*: para Gainotti, en el paciente afásico existe una desorganización central del léxico, es decir, una perturbación de las representaciones semánticas que repercutirán en todas las modalidades del lenguaje.

7.3. Alteraciones sintácticas en la afasia.

Las alteraciones sintácticas de la afasia han sido interpretadas también de dos maneras.

– *Desde el punto de vista de la producción verbal:* el agramatismo ha sido interpretado por Saffran como una alteración que afecta a la capacidad de combinar palabras y de producir gramemas.

– *Desde el punto de vista de la comprensión:* Zurif sostiene que la alteración en la comprensión sintáctica está relacionada con el tipo de oración. Por ello, cuanta mayor información sintáctica se requiera, mayor déficit de comprensión habrá.

Finalmente, considere que para haber alcanzado correctamente los objetivos propuestos en el proceso de enseñanza y aprendizaje del tema finalizado, debe haber comprendido con claridad que:

1. El punto de vista biológico para estudiar el lenguaje trata de comprender los procedimientos tanto *mecánicos* (emisión y percepción del mensaje) como *neuropsicológicos* (procesamiento de la información) que entrañan los actos comunicativos. Esto permite entender el lenguaje como

una *capacidad* (Lingüística transformatoria), puesto que presenta una configuración neuronal genérica en todos los seres humanos, o como una *habilidad* (Lingüística cognitiva) de la especie humana, puesto que se relaciona con el proceso de emisión y recepción de mensajes, específico ya de cada individuo.

2.   Los órganos que intervienen en el acto de hablar no son órganos destinados para ello puesto que otros animales los poseen y sin embargo no hablan. Estos órganos son la laringe y las cuerdas vocales. El oído es el órgano destinado a la función fisiológica de escuchar. Lo poseen todos los animales superiores, aunque con distintos grados de evolución.

3.   Desde un planteamiento anatómico: el cerebro consta de dos *hemisferios* (el izquierdo y el derecho) que están conectados entre sí por una estructura compuesta de sustancia blanca llamada cuerpo calloso. Cada uno de los hemisferios cerebrales está dividido en cuatro *lóbulos* (frontal, parietal, occipital y temporal) por una serie de cisuras llamadas surcos. El lóbulo frontal tiene la función motriz; el parietal la función sensorial; el occipital la función visual; y el temporal, la función auditiva. Los principales centros corticales relevantes para el lenguaje son el de Broca, que interviene en la codificación del mensaje; el de Wernicke, que permite la descodificación de los mensajes; los de Luria, que coordinan el sistema fonoarticulatorio y el uso de las expresiones no verbales; el de Dejèrine, que permite la comprensión de los textos escritos; y el de Exner, que coordina los movimientos de las manos y dedos para poder escribir.

4.   Hasta los dos años el hemisferio dominante para el lenguaje es el izquierdo. A partir de los dos años se desarrollan otras zonas marginales de la cisura de Silvio, aprendiendo el niño a entender el significado de las palabras, llegando a formar conceptos. Destacan los estudios de Zangwill, Gazzaniga, Annet, Kimura y Fernández Ballesteros.

5.   Durante mucho tiempo se pensó que el hemisferio dominante era el izquierdo (de ahí que muchas personas fueran diestras). Sin embargo hoy se considera que la distinción funcional entre ambos hemisferios no es fruto de un condicionamiento fisiológico sino de una *especialización* que se da en las primeras fases del desarrollo de la persona, que justifica que cada hemisferio sea dominante para ciertas funciones. El izquierdo para el habla, la lectura, la escritura y el razonamiento lógico. El derecho para la orientación espacial, la emoción, el dibujo, la música, la creatividad.

6. La *afasia* consiste en la perturbación del lenguaje debida a una lesión cerebral ocurrida una vez que se ha adquirido el lenguaje. Se producen, por tanto, normalmente entre adultos y como consecuencia de algún trastorno traumático. Destacan la afasia de Broca, Wernicke, conducción y anómica.

7. La Lingüística aporta a la afasiología la visión del lenguaje organizado en niveles en los que aparecerán las distintas alteraciones fonológicas, semánticas y sintácticas.

F. Actividades sugeridas.

— A continuación vaya anotando las dudas que le van surgiendo tras la lectura de los distintos puntos del tema y después la resolución de las mismas, ya sea por las clases recibidas, el estudio personal o las tutorías realizadas. Este proceso le servirá tanto para la mejor compresión de la materia como para la preparación de la prueba final.

— Conteste a las siguientes cuestiones:

1. ¿El lenguaje es una capacidad o una habilidad? Razone su respuesta.

2. Explique la organización anatómica del cerebro humano.

3. ¿Cuáles son los centros corticales relevantes para el lenguaje? Explíquelos.

4. ¿Está el lenguaje localizado en algún hemisferio cerebral?

5. Explique en qué consiste la afasia y sus principales tipos.

6. ¿A qué se deben las alteraciones fonológicas de la afasia?

A continuación, utilice este espacio para resolver los ejercicios adicionales que el pueda proponer su profesor o para contestar a las preguntas de los posibles documentales visionados durante las clases.

— Comente el siguiente texto explicando su contenido y realizando la pertinente valoración. Como orientación para el análisis crítico sugerimos el presente modelo:

1. Breve noticia sobre el autor del texto.

2. Determinación de la problemática del texto, señalando su unidad específica y la formulación teórica en la que se ubica la misma.

3. Establecimiento de la estructura que presenta el texto; esto es, división en partes temáticas.

4. Exposición de la tesis que defiende el autor sobre la problemática planteada, señalando:

4.1. La filosofía espontánea que afecta a su propuesta.

4.2. Las ideas principales y secundarias del texto.

5. Precisión como conclusión de la respuesta que se pueda dar a la problemática planteada.

6. Valoración del texto en su conjunto a partir de una breve opinión personal.

1. Texto de Fajardo y Moya.

«Durante mucho tiempo se pensó que el hemisferio dominante era el izquierdo y se afirmó que había una correlación entre éste y el hecho de que la mayoría de las personas fueran diestras.

Con el tiempo se ha pensado a considerar que cada uno de ellos es dominante para ciertas funciones y no para otras. Se puede aceptar que el hemisferio izquierdo es dominante para el habla, la lectura y la escritura, la memoria verbal, los dibujos esquemáticos y los movimientos intencionales, el razonamiento lógico, el cálculo, el juicio, el sentido del ritmo musical, etc. El hemisferio derecho sería dominante para la orientación espacial, el reconocimiento de caras y objetos, ciertas respuestas emocionales y el dibujo, funciones holísticas, gestálticas, configuraciones de modelos, estructuras melódicas, musicales, creatividad, etc.».

(L. A. Fajardo & C. Moya, *Fundamentos neuropsicológicos del lenguaje*, Universidad de Salamanca e Instituto Caro y Cuervo, Bogotá, 1999).

G. Lecturas recomendadas.

CRYSTAL, D. (1983): *Patologías del lenguaje,* Cátedra, Madrid.
Clara presentación de las distintas patologías lingüísticas.

FAJARDO, L. A. & MOYA, C. (1999): *Fundamentos neuropsicológicos del lenguaje*, Universidad de Salamanca e Instituto Caro y Cuervo, Bogotá.
Actualizado estudio sobre el lenguaje desde el punto de vista neurológico, fisiológico y patológico.

ORTIZ ALONSO, T. (1995): *Neuropsicología del lenguaje*, C.E.P.E., Madrid.
Introducción a los fundamentos neuropsicológicos del lenguaje.

H. Ejercicios de autoevaluación.

Con el fin de que se pueda comprobar el grado de asimilación de los contenidos, presentamos una serie de cuestiones, cada una con tres alternativas de respuestas. Una vez que haya estudiado el tema, realice el test rodeando con un círculo la letra correspondiente a la alternativa que considere más acertada. Después justifique en el espacio que se deja a continuación las razones por las que piensa que la respuesta elegida es la correcta, indicando también las razones que invalidan la corrección de las restantes.

Cuando tenga dudas en alguna de las respuestas vuelva a repasar la parte correspondiente del capítulo e inténtelo otra vez.

1. El prosencéfalo tiene una parte reciente llamada

    A Corteza.
    B Substancia blanca.
    C Cuerpo calloso.

2. La cisura de Rolando cumple la función anatómica de

    A Separar el hemisferio izquierdo del derecho.
    B Separar el lóbulo frontal del parietal.
    C Las respuestas A y B no son correctas.

3. La sección cerebral más amplia es el

    A Rombencéfalo.
    B Mesencéfalo.
    C Prosencéfalo.

4. El hemisferio cerebral se divide en

    A 5 lóbulos.
    B 6 capas neuronales.
    C 2 cisuras.

5. El hemisferio derecho carece de los mecanismos neurológicos que sustentan la función verbal

    A Siempre.
    B Nunca.
    C A veces.

6. El modelo más simple de organización cerebral es el propuesto en las teorías de

    A Broca.
    B Wernicke.
    C Brodman.

7. La incapacidad para entender el significado simbólico se denomina

    A Apraxia.
    B Agnosia.
    C Alexia.

8. La producción de los mensajes lingüísticos está localizada

    A En el lóbulo frontal.
    B En el lóbulo occipital.
    C En el lóbulo temporal

9. El centro de Broca es el que nos permite

    A Codificar los mensajes lingüísticos.
    B Descodificar los mensajes lingüísticos.
    C Realizar ambas funciones.

10. El autor que estableció la igualdad potencial en el cerebro fue

    A Zangwill.
    B Gazzaniga.
    C Broca.

11. Las distintas funciones de ambos hemisferios cerebrales se deben

A A un condicionamiento de carácter fisiológico.
B A un condicionamiento evolutivo.
C A un condicionamiento anatómico.

12. En sujetos adultos que han sido hemisferectomizados se conserva más

A La comprensión.
B La emisión.
C La recepción.

13. Se considera afasia la perturbación del lenguaje presentada

    A En cuadros psicopatológicos sin lesión cerebral nerviosa.
    B En lesiones cerebrales congénitas.
    C En lesiones cerebrales.

14. Puede considerarse el agramatismo como

    A La incapacidad selectiva para evocar palabras.
    B La incapacidad para expresar las ideas.
    C La ausencia de ideas.

15. La afasia de Broca se caracteriza por

    A Un uso del lenguaje lento.
    B Un uso del lenguaje muy fluido.
    C Un uso del lenguaje incomprensible.

16. Las alteraciones fonológicas que se producen en la afasia se deben a

    A Deficiencias acústicas.
    B Deficiencias articulatorias.
    C Deficiencias musculares.

17. Los objetos semánticos se procesan

A En la corteza cerebral.
B En el cerebro medio.
C En la cisura de Rolando.

18. Las habilidades lingüísticas del hemisferio derecho quedan congeladas en cierto momento del desarrollo

A Siempre.
B Nunca.
C En algunos sujetos con lesiones.

19. La lengua materna tiene una representación cerebral

    A Menos extensa que la segunda lengua.
    B Más extensa que la segunda lengua.
    C Igual de extensa que la segunda lengua.

20. La alexia consiste

    A En la dificultad para escribir.
    B En la dificultad para leer.
    C En la dificultad para construir palabras.

21. Para Chomsky, la gramática tiene un componente de base que

A Genera estructuras sintácticas superficiales.
B Permite pasar de la estructura superficial a la profunda.
C Las respuestas A y B no son correctas.

22. La intensidad acústica de los sonidos se produce en

A La glotis.
B Las cuerdas vocales.
C Los resonadores.

23. Los sonidos que constituyen el sistema gramatical de las lenguas son

A Audibles.
B Articulados.
C Las respuestas A y B no son correctas.

24. ¿Qué aporta la Lingüística a los estudios afasiológicos?

A Prestigiosos lingüistas.
B La concepción del lenguaje como sistema.
C Estudios de Fonética y Fonología experimental.

25. Las células de los lóbulos cerebrales que permiten la salida de la información se denominan

      A Eferenciales.
      B Aferenciales.
      C Las respuestas A y B no son correctas.

I. Glosario.

Afasia anómica: La que presenta la particularidad de que el paciente es incapaz de recuperar nombres de objetos, por lo que utiliza circunloquios para hablar.

Afasia de Broca: La localizada en el centro de Broca y caracterizada por la incapacidad del individuo para hablar con fluidez.

Afasia de conducción: La que presenta una incapacidad para repetir y hablar de manera consciente, aunque el lenguaje es fluido y con errores.

Afasia de Wernicke: La localizada en el centro de Wernicke y caracterizada por una comprensión y emisión muy alterada.

Afasia: Patología lingüística de la emisión y la recepción que se manifiesta en la dificultad para la expresión y comprensión de los signos verbales.

Agnosia: Patología lingüística de la emisión y la recepción que se manifiesta en la incapacidad para entender el significado simbólico.

Agrafia: Patología lingüística de la emisión consistente en la dificultad para escribir.

Agramatismo: Alteración que afecta a la capacidad de combinar palabras y de producir gramemas.

Alexia: Patología lingüística de la recepción que se manifiesta en la pérdida de la capacidad de leer lo que se ha escrito.

Apraxia: Patología lingüística de la emisión y la recepción que se manifiesta en la incapacidad para realizar actividades como respuestas a una orden verbal.

Células aferenciales: Aquéllas de la corteza cerebral que permiten la entrada de la información.

Células eferenciales: Aquéllas de la corteza cerebral que permiten la salida de la información.

Centro de Broca: Parte del cerebro más importante para la codificación del lenguaje hablado, situada en la parte inferior del lóbulo frontal.

Centro de Dejèrine: Parte del cerebro situada en el lóbulo occipital que permite la integración simbólica tanto de la lectura como de la escritura y, por ello, el entendimiento de un texto.

Centro de Exner: Parte del cerebro situada en la parte superior del lóbulo frontal que coordina los movimientos de las manos y de los dedos para que se produzca la escritura.

Centro de Luria inferior: Parte del cerebro situada en el lóbulo parietal que coordina el sistema fonoarticulatorio.

Centro de Luria superior: Parte del cerebro situada en el lóbulo parietal que coordina las expresiones no verbales del cuerpo y, por ello, los movimientos de la escritura.

Centro de Wernicke: Parte del cerebro más importante para la descodificación del lenguaje hablado, situada en el lóbulo temporal.

Cisura de Rolando: Surco que separa el lóbulo frontal del parietal.

Cisura de Silvio: Surco que separa el lóbulo temporal del parietal.

Cisura: Surco que divide los hemisferios cerebrales.

Comisurotomía: Sección en la comisura callosa.

Corteza cerebral: Capa de pocos milímetros, de color gris, provista de rugosidades y compuesta de seis capas de neuronas, que se encuentra en el prosencéfalo y en la que se dan los principales mecanismos psicológicos como el razonamiento y el procesamiento de la información.

Cuerdas vocales: Órganos del aparato fonador que se encuentran en el interior de la laringe y cuya vibración produce los sonidos.

Cuerpo calloso: Estructura compuesta de sustancia blanca que conecta los dos hemisferios cerebrales entre sí.

Disfemia: Patología lingüística de la emisión que se manifiesta como trastorno en la fluidez verbal.

Disfonía: Patología lingüística de la emisión que se manifiesta como trastorno de la voz (afonía, ronquera).

Dislalia: Patología lingüística de la emisión que se manifiesta en una deficiente expresión verbal de origen no neurológico, por disposición de dientes, labios, lengua, etc.

Dislogia: Patología lingüística de la emisión que se manifiesta en una deficiente expresión de ideas.

Fundamentos neuropsicológicos del lenguaje: Conjunto de órganos que intervienen en el proceso de *emisión* (el aparato fonador), *recepción* (el aparato auditivo), y *procesamiento* de la información (el cerebro).

Glotis: Espacio variable entre ambas cuerdas vocales.

Hemisferectomía: Sección en uno de los hemisferios cerebrales.

Hemisferio cerebral: Desde un planteamiento anatómico, cada una de las dos partes en las que puede dividirse el cerebro.

Hipoacusia: Patología lingüística de la recepción que se manifiesta en la baja percepción de los sonidos.

Laringe: Órgano del aparato fonador formado por tres cartílagos que rodean las dos cuerdas vocales.

Lóbulo frontal: Aquél situado delante de la cisura de Rolando y del lóbulo parietal, que lleva a cabo la función motriz (escritura y codificación del habla).

Lóbulo occipital: Aquél situado debajo del lóbulo parietal, que lleva a cabo el procesamiento visual.

Lóbulo parietal: Aquél situado detrás de la cisura de Rolando y del lóbulo frontal, que lleva a cabo la función sensorial (el procesamiento táctil y lector).

Lóbulo temporal: Aquél situado debajo de la cisura de Silvio y del lóbulo parietal, que lleva a cabo el procesamiento auditivo.

Lóbulo: Parte en que se divide cada uno de los hemisferios cerebrales.

Mesencéfalo: Parte media del cerebro que se encarga de cuestiones poco automáticas, como el control de movimientos, sentidos, etc.

Oído: Órgano que poseen todos los animales superiores, destinado a la función fisiológica de escuchar.

Prosencéfalo: Sección cerebral más amplia y externa del cerebro que mayor desarrollo ha alcanzado en el ser humano.

Rombencéfalo: Capa más profunda del cerebro, que regula el riego sanguíneo y controla las funciones más básicas.

Sonido articulado: Parte del sonido audible, que se sitúa entre las 512 y 1.624 vibraciones por segundo.

Sonido audible: Sonido cuya frecuencia está entre 16 y 20.000 vibraciones por segundo, que puede percibir el hombre.

Sordera verbal pura: Patología lingüística de la recepción que se manifiesta en una escucha sin codificación lingüística.

J. Bibliografía general.

ARDILA, A. (1983): *Psicofisiología de los procesos complejos*, Trillas, México.

ARDILA, A. (1983): *Psicobiología del lenguaje*, Trillas, México.

ARSUAGA, J. L. & MARTÍNEZ, I. (1998): *La especie elegida. La larga marcha de la evolución humana*, Temas de Hoy, Madrid.

AZCOAGA, J. (1977): *Trastornos del lenguaje*, Ateneo, Buenos Aires.

BARRAQUER BODRAS, L., (1973): *Afasias, apraxias, agnosias*, Toray, Barcelona.

BUNGE, M. (1985): *El problema mente-cerebro. Un enfoque psicobiológico*, Tecnos, Madrid.

BUSTAMANTE, J. (1978): *Neuroanatomía funcional*, Fondo Educativo Interamericano, Bogotá.

CAPLAN, D. (1992): *Introducción a la neurolingüística y al estudio de los trastornos del lenguaje*, Visor, Madrid.

CHOMSKY, N. (1998): *Una aproximación naturalista a la mente y al lenguaje*, Prensa Ibérica, Barcelona.

ELLIS, A. W. & YOUNG, A. W. (1992): *Neuropsicología cognitiva humana*, Masson, Barcelona.

GANON, W. (1982): *Fisiología médica*, Editorial El Manual Moderno, México.

GREGORY, R. L. (ed.) (1995): *Diccionario Oxford de la mente*, Alianza, Madrid.

HÉCAEN, H. (1977): *Afasias y apraxias*, Paidós, Buenos Aires.

KOLB, R. & WHISHAW, L. (1986): *Fundamentos de neuropsicología humana*, Labor, Barcelona.

LESSER, R. (1983): *Investigaciones lingüísticas sobre la afasia*, Editorial Médica y Técnica, Madrid.

LIAÑO, H. (1998): *Cerebro de hombre, cerebro de mujer*, Ediciones B, Barcelona.

LURIA, A. R. (1975): *Fundamentos biológicos del lenguaje*, Alianza, Madrid.

LURIA, A. R. (1979): *El cerebro en acción*, Fontanella, Barcelona.

LURIA, A. R. (1984): *Conciencia y lenguaje*, Visor, Madrid.

MANNING, L. (1988): *Neurolingüística*, U.N.E.D., Madrid.

MARINA, J. A. (1993): *Teoría de la inteligencia creadora*, Anagrama, Barcelona.

SCHAFF, A. (1975): *Lenguaje y conocimiento*, Grijalbo, México.

SPRINGER, S. (1985): *Cerebro izquierdo, cerebro derecho*, Gedisa, Madrid.

STEVENS, Ch. (1981): *El cerebro*, Labor, Barcelona.

VYGOTSKY, L. (1995): *Pensamiento y lenguaje*, Paidós, Barcelona.

ZAIDEL, D. W. (1984): «Las funciones del hemisferio derecho», *Mundo científico*, 36, pp. 504-513.

Capítulo 6
EL LENGUAJE COMO FENÓMENO SOCIAL:
LA DIVERSIDAD LINGÜÍSTICA.

A. Cronograma.

Semana 14

Actividad docente	Horas presenciales		Horas no presenciales		
	Teó-ricas	Prác-ticas	Estu-dio	Ejer-cicios	Tuto-rías
1. Lectura de los puntos 1, 2 y 5 del tema y anotación de dudas			1		
2. Exposición panorámica de los puntos 1, 2 y 5 y resolución de dudas	2				
3. Realización de actividades teóricas y prácticas 1, 2 y 3 y texto 1 y 2				2	
4. Estudio de los contenidos y nociones de los puntos 1, 2 y 5			1		
5. Sesión práctica sobre los contenidos y actividades realizadas		2			
6. Tutorías grupales o autorresolución de dudas					2

Semana 15

Actividad docente	Horas presenciales		Horas no presenciales		
	Teó-ricas	Prác-ticas	Estu-dio	Ejer-cicios	Tuto-rías
1. Lectura de los puntos 3, 4 del tema y anotación de dudas			1		
2. Exposición panorámica de los puntos 3, 4 y 5 y resolución de dudas	2				
3. Realización de actividades teóricas y prácticas 4, 5, 6, 7 y 8, texto 3 y lecturas recomendadas				2	
4. Estudio de los contenidos y nociones de los puntos 3, 4 y 5			1		
5. Sesión práctica sobre los contenidos y actividades realizadas		2			
6. Proceso de autoevaluación			1		
7. Tutorías grupales o autorresolución de dudas					2
Total volumen de trabajo del tema en las dos semanas	4	4	5	4	4
	8		13		

B. Objetivos.

1. *Comprender* en qué consiste el fenómeno de la variedad lingüística así como los distintos niveles de variedades.
2. *Conocer* las distintas propuestas teóricas que han sistematizado la variación lingüística, realizando un análisis comparativo.
3. *Comprender* la noción de variación intraidiomática así como sus diferentes tipos (diastrática, diafásica y diatópica).
4. *Conocer* la noción de variación interidiomática así como las distintas variedades genéticas y tipológicas.
5. *Entender* los distintos sistemas de escritura que han sido utilizados a lo largo de la historia.

C. Palabras clave.

- Variedad lingüística.
- Lenguaje.
- Lengua.
- Habla.
- *Ergon.*
- *Energeia.*
- Acción verbal.
- Producto verbal.
- Acto verbal.
- Esquema.
- Norma.
- Uso.
- Acto.
- Competencia.
- Actuación.
- Variación intraidiomática.
- Variación interidiomática.
- Variedades diastráticas.
- Variedades diafásicas.
- Variedades diatópicas.
- Sociolecto.
- Fasolecto.
- Dialecto.
- Variedades genéticas.
- Variedades tipológicas.
- Pictograma.
- Ideograma.
- Jeroglífico.
- Sistema consonántico.
- Sistema alfabético.

D. *Organización de los contenidos.*

1. El fenómeno de la variedad de las lenguas.
2. La variación lingüística: propuestas de caracterización.
   - 2.1. Humboldt: «ergon» y «energeia».
   - 2.2. Saussure: lengua y habla.
   - 2.3. Bühler: acción, producto y acto verbal.
   - 2.4. Hjelmslev: esquema, norma, uso y acto.
   - 2.5. Coseriu: sistema, norma y habla.
   - 2.6. Chomsky: competencia y actuación.
   - 2.7. Conclusión.
3. La variación intraidiomática.
   - 3.1. Las variedades individuales.
   - 3.2. Las variedades diastráticas.
   - 3.3. Las variedades diafásicas.
   - 3.4. Las variedades diatópicas.
4. La variación interidiomática: las lenguas en el mundo.
   - 4.1. Las variedades genéticas.
   - 4.2. Las variedades tipológicas.
5. La escritura.
   - 5.1. El sistema semasiográfico.
   - 5.2. El sistema logográfico.
   - 5.3. El sistema fonográfico.
   - 5.4. El sistema jeroglífico.
   - 5.5. El sistema silábico.
   - 5.6. El sistema consonántico.
   - 5.7. El sistema alfabético.

Una vez que haya estudiado el tema y con el fin de que alcance una visión panorámica del mismo que le ayude a *sintetizar, ordenar* y *estructurar* una información de cierta amplitud y a preparar una posible prueba de examen, realice un **cuadro sinóptico o esquema** en el que, partiendo de la estructuración propuesta anteriormente, organice de manera resumida los contenidos fundamentales del tema. Utilice para ello únicamente el espacio que se le propone.

E. Desarrollo de los contenidos.

1. El fenómeno de la variedad de las lenguas.

Ya hemos manifestado anteriormente que nuestro objeto de estudio (el lenguaje natural humano) es inaprehensible a través de los sentidos; se trata de una abstracción que no captamos directamente a través de lo sentidos pero que, obviamente, sabemos que existe. Y lo sabemos porque hay unos hechos perceptibles que podemos observar y que nos demuestran su existencia. Estos hechos son las actividades verbales.

Estas actividades se dan siempre en el seno de una colectividad humana, de ahí que haya que relacionar las actividades verbales con las comunidades en las que se producen. La razón es que cada colectividad manifiesta una peculiar actividad verbal, diferente a la que realiza otra comunidad. Así, puesto que los seres humanos no hablan todos de la misma manera ni lo hacen en la misma lengua, debemos estudiar el fenómeno del lenguaje teniendo en cuenta la dimensión social en la que se da este fenómeno, es decir los distintos niveles de variedades lingüísticas, ya sean éstos:

a) *Individuales*, es decir, característicos de una sola persona (idiolectos).

b) *Sociales*, o propios del conjunto de individuos de una colectividad (sociolectos).

c) *De la situación, el grupo y el modo* en el que se da el acto verbal (fasolectos).

d) *Del lugar geográfico* al que pertenece el individuo que realiza el acto verbal (dialectos).

Ello nos permite comprobar que tenderemos distintas variedades de una misma lengua; a saber, *variedades individuales*, que dan lugar a los *idiolectos* de una lengua, *variedades diastráticas*, que dan lugar a los *sociolectos* de una lengua, *variedades diafásicas*, que dan lugar a los *fasolectos*, y, finalmente, *variedades diatópicas*, que dan, en este caso, lugar a los *dialectos* de una lengua.

Como puede apreciarse, todas estas variedades se dan en el interior de una lengua; reciben por eso el nombre de *variaciones intraidiomáticas*. Sin embargo, existen también variedades que se dan entre distintas lenguas; son las *variaciones interidiomáticas* que nos permiten organizar las distintas lenguas que se hablan en el mundo.

Con todo, el lenguaje natural humano no solo se manifiesta a través de estas variedades orales cuyo conjunto constituyen las lenguas, sino que lo hacen también a través de un código sustitutorio de la lengua oral: se tata de la *lengua escrita*, como producto de la cultura.

Así pues, en este capítulo vamos en primer lugar a repasar las distintas *propuestas* elaboradas por los lingüistas para caracterizar y diferenciar el lenguaje y el acto verbal como manifestación de éste; en segundo lugar, estudiaremos la *variación intraidiomática*; en tercero, la *variación interidiomática*; y finalizaremos con una reflexión sobre la *escritura*, aspectos todos relacionados con la concepción del lenguaje como un fenómeno social.

2. La variación lingüística: propuestas de caracterización.

Han sido varias las propuestas que pretenden analizar el lenguaje desde el punto de vista social, separando lo individual y particular del uso lingüístico (el acto verbal o habla) de lo abstracto y social (la Lengua), ambos aspectos inmanentes a través de los cuales se puede plasmar el lenguaje en una sociedad. Veamos, pues, estas principales propuestas.

2.1. Humboldt: ergon y energeia.

Establece que el lenguaje no puede reducirse a un resultado cósico dado *(ergon)* sino que, por el contrario encierra un núcleo dinámico *(energeia)*. Con ello, Humboldt sienta los dos principios fundamentales que vimos en el capítulo 2:

– *Lenguaje como actividad*, como creación del que habla. Así es:

• *Subjetivo*, puesto que no es algo dado por el mundo exterior, sino un modo peculiar de representar en nosotros ese mundo.

• *Objetivo*, porque es obra de una nación a lo largo de su historia y, por consiguiente, extraño al individuo.

– *Lenguaje como organismo*: el lenguaje no es solo un medio para expresar la Verdad, sino el camino para descubrir aquello que no conocemos.

Su teoría es, en el fondo, una combinación de tres planteamientos interrelacionados entre sí:

– Respuesta *idealista* al problema del conocimiento, concibiendo la lengua no como una cosa dada *(ergon)* sino como algo por hacer *(energeia)*.

– Concepción *histórico-social*, que se basa en el principio de que la lengua hace a la nación y la nación a la lengua.

– *Vitalismo*, porque busca una justificación biológica de la identidad lengua/nación, sosteniendo que la mentalidad de los pueblos está condicionada por la lengua cuya forma interior obliga a hablar de esa manera.

2.2. Saussure: lengua y habla.

En el contexto de las concepciones organicistas surge la que podríamos denominar etapa sociohistórica de Saussure, quien presenta una Lingüística sociológica, que fundamenta los valores inmanentes de la lengua en la sociedad. Sin embargo, pronto abandonará este camino, ahondando en lo que Normand denomina una Lingüística semiótica (Capítulo 4), gracias precisamente al concepto de valor descubierto por la ciencia económica e importado al ámbito lingüístico (recuérdese la idea saussureana de la Lingüística como un juego de valores arbitrarios).

Esta evolución es válida, simplemente, en cuanto responsable de la especificidad metodológica y objetual de la Lingüística, puesto que en el fondo, Saussure no pretendía la separación entre una Lingüística sociológica y otra semiótica. De hecho, el discurso saussureano esboza realmente una Lingüística social, en la que el lenguaje, como capacidad de comunicación no aprehensible a través de los sentidos, se plasma en:

– La *Lengua Objeto*, producto abstracto y social de la facultad de lenguaje.

– El *Habla Objeto*, acto concreto e individual de la facultad de lenguaje.

Consecuentemente, la lengua es una parte del lenguaje, es su producto social y, por tanto, un conjunto de convicciones adoptadas por una comunidad lingüística. Para Saussure está constituida por un conjunto de signos relacionados entre sí que no poseen un valor por sí mismos sino por el hecho de que se oponen unos a otros.

El habla es el acto singular por el que un emisor cifra un mensaje concreto, extrayendo del código los signos y las reglas que necesita en ese momento. Es, por tanto, un acto individual de voluntad y de inteligencia en el que debemos distinguir:

– Las *combinaciones* de signos para expresar un pensamiento.

– El *mecanismo psicofísico* que permitirá exteriorizar estas combinaciones.

Para finalizar, vamos a resumir los caracteres específicos de la lengua, relacionados con el habla y el lenguaje:

– La lengua es la *parte social del lenguaje,* que existe por una especie de contrato establecido por los miembros de una comunidad. El individuo necesita un aprendizaje para conocer su funcionamiento.

– La lengua es distinta del habla y por ello se puede estudiar *separadamente* (no hablamos latín pero sí podemos estudiar el funcionamiento de la lengua latina).

– Frente al lenguaje que es heterogéneo, la lengua es *homogénea* porque es un sistema de signos en el que solo es esencial la unión del sentido y de la forma para su expresión.

2.3. Bühler: acción, producto y acto verbal.

Parte en su estudio de dos puntos de vista; a saber, la relación con el sujeto hablante (subjetiva/objetiva) y el plano de abstracción (concreto/abstracto). A partir de la combinación de estos elementos establece cuatro aspectos en el lenguaje.

Veamos de forma esquemática su propuesta en el cuadro siguiente, comparándola con la de Humboldt y Saussure:

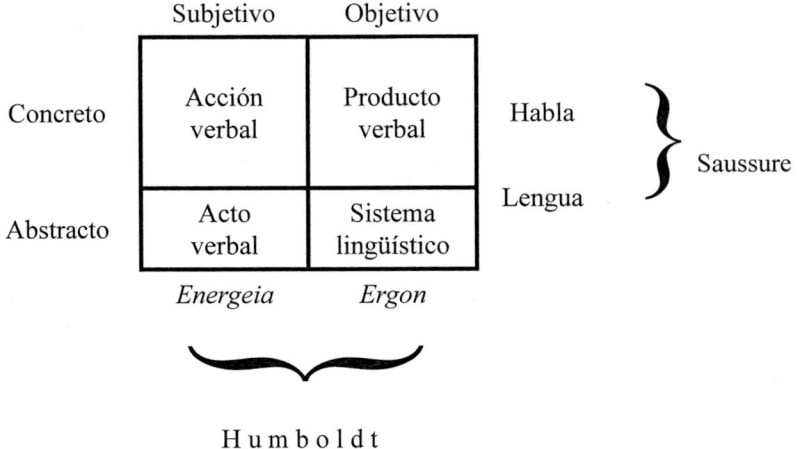

Humboldt

Fig. 1: Propuesta de Bühler, síntesis de Humboldt y Saussure.

Como puede apreciarse, Bühler diferencia entre:
– La *acción verbal*, que es la actividad individual, por tanto, subjetiva y concreta.
– El *producto verbal*, que es el resultado de la acción verbal anterior, en este caso, objetivo y concreto.
– *Acto verbal*, que es la actividad del sujeto hablante en relación con el sistema lingüístico (subjetivo y abstracto).
– Finalmente, el cuarto aspecto del lenguaje está constituido por el propio *sistema lingüístico*, que es el conjunto de formas lingüísticas y, consecuentemente, objetivo y abstracto.

Como afirma Coseriu, Bühler mezcla a Humboldt con Saussure, añadiendo la *acción verbal* y el *sistema lingüístico* a lo que había establecido Saussure.

Las propuestas de Bühler permiten señalar al menos tres deficiencias en el modelo saussureano:

– La primera sería la *identificación* existente entre individual y concreto por un lado y social y formal, por otro, una oposición que no es tan rígida, puesto que los hechos concretos se pueden considerar desligados del sujeto y, por lo tanto, socialmente, y a la vez como actos verbales.

– La segunda sería la *rigidez* de la dicotomía, puesto que ignoran el punto donde la lengua y el habla se encuentran y se combinan (acto verbal).

– Y, finalmente, la tercera insuficiencia vendría dada por la propia concepción que tenía Saussure del *individuo*, un individuo completamente separado de la sociedad y que no sería él mismo «colectividad».

2.4. Hjelmslev: esquema, norma, uso y acto.

La diferencia entre *esquema, norma, uso* y *acto* estriba en que los tres primeros corresponden a la lengua, mientras que el acto corresponde al habla. Veamos cada uno de ellos:

– *Esquema*: es la concepción del lenguaje como forma pura, definido independientemente de su realización social y de su manifestación material.

– *Norma*: el lenguaje es entendido ahora como forma material, quedando definido por la realización social determinada, aunque aún independientemente del detalle de la manifestación concreta.

– *Uso*: en este caso, el lenguaje se concibe como un conjunto de hábitos adoptados por una sociedad y definidos mediante las relaciones observadas.

Todos estos elementos organizan metodológicamente el ámbito del lenguaje perteneciente a la lengua saussureana, siendo quizá el de *esquema* el estrictamente más cercano. Sin embargo, y aunque Saussure rechazase la importancia predominante del individuo en el cambio lingüístico, el habla no quedaba fuera de su formulación y, consecuentemente, tampoco de los planteamientos hjelmslevianos:

– *Acto*: es el empleo individual que se hace de la facultad de lenguaje.

Las funciones que se pueden establecer entre estos elementos son de interdependencia (C φ C), basada en la presuposición mutua (confróntese el capítulo 4). Así, *uso* y *acto* se presuponen mutuamente, la *norma* nace de ellos y presupone su existencia y, finalmente el *esquema* está determinado por el *acto*, el *uso* y la *norma*.

2.5. Coseriu: sistema, norma y habla.

Frente al planteamiento de Hjelmslev que es lógico, el planteamiento de Coseriu está más cercano a la realidad de la lengua. Coseriu —que solo cree en la existencia del hablar concreto—, distingue en el lenguaje dos partes:

– *Aspecto psíquico*: es lo que podríamos denominar el lenguaje virtual, y se trata del momento anterior al acto lingüístico registrado y, por ello, cercano, además de a la Lingüística, al ámbito de la Psicología. Este aspecto presenta a su vez dos componentes:

• *Acervo lingüístico* o *saber lingüístico*: se trata de la memoria lingüística construida a partir de los actos lingüísticos concretos. Por tanto, es una condición necesaria para el hablar concreto.

• *Impulso expresivo*: en este caso no se trata de una noción lingüística, sino de un concepto importado de la psicología de la expresión con el que se significa la necesidad de expresar algo.

– *Aspecto lingüístico*: es el hablar concreto, objeto obviamente exclusivo de la Lingüística en sus distintos ámbitos disciplinarios. Está formado por tres componentes:

• *Habla*: son los actos lingüísticos concretamente registrados en el mismo momento de su producción. No responden a una sistematicidad y son muy susceptibles al cambio.

• *Norma*: aquella parte del habla que es repetición de modelos anteriores. Es el comportamiento lingüístico tenido por «normal» en un colectivo de hablantes. Las normas son plurales y están condicionadas por las variedades intraidiomáticas, especialmente por las diatópicas. Sin embargo, no tiene tanta variedad como el habla.

• *Sistema*: es una segunda abstracción sobre la norma, puesto que se trata de lo que queda cuando eliminamos de la norma lo común, la tradición, las costumbres, es decir, todo aquello que no tiene valor funcional. Por tanto, cuando la norma pasa a formar parte del habla común de una colectividad, se transforma en sistema. Así, es todo lo funcional dentro de un idioma y, por ello mismo, único para cada lengua.

Como puede apreciarse, también hay cierta similitud con algunos de los planteamientos descritos. Vamos a representarlo gráficamente:

	Lengua		Habla	
SAUSSURE	Código abstracto	Normativa	Realización correcta	Individual
COSERIU	**Sistema**	**Norma**		**Habla**
HJELMSLEV	Forma pura	Realización social	Hábitos	Empleo individual
	Esquema	**Norma**	**Uso**	**Acto**

Fig. 2: Comparación entre Coseriu, Saussure y Hjelmslev.

Consecuentemente, la *norma* comprende la noción saussureana de lengua, considerada desde el punto de vista convencional y normativo, y la de habla, desde el punto de vista de su correcta utilización, así como las de norma como realización social y uso como conjunto de hábitos de Hjelmslev. El *sistema* equivaldría a la noción saussureana de lengua, pero solo en cuanto inventario de elementos abstractos, o la hjelmsleviana de esquema, como forma pura. Finalmente, el *habla* correspondería a la parte individual del habla saussureana, es decir, al empleo individual (acto, según Hjelmslev), independientemente de su uso correcto o incorrecto.

Coseriu intentó introducir una noción de carácter interidiomático: *tipo*, en cuanto conjunto de sistemas. Sin embargo, el tipo se refiere a las variedades genéticas de las lenguas.

2.6. Chomsky: competencia y actuación.

Finalmente, otro de los grandes planteamientos es el de Chomsky, quien distingue dentro del lenguaje dos elementos:

– *Competencia*: es la posesión innata de mecanismos universales susceptibles de hacer pasar las estructuras profundas de las experiencias no lingüísticas a las estructuras superficiales de una lengua dada, mediante un conjunto de reglas (gramáticas). Se trata del aspecto creador del lenguaje, que permite al sujeto hablante generar un número infinito de oraciones que nunca ha oído.

– *Actuación*: se trata ahora del uso real que de la lengua se puede hacer en las situaciones lingüísticas concretas.

Para Chomsky, tanto la competencia como la actuación son fenómenos individuales, por lo que no tiene en cuenta el punto de vista social del lenguaje.

Si comparamos el planteamiento chomskyano con las propuestas de Saussure podría pensarse que la competencia correspondería a la lengua y la actuación al habla. En el segundo caso sí podrían darse ciertas similitudes, pero la lengua y la competencia presentan una serie de diferencias que conviene recordar:

– La competencia es *creativa* frente a la lengua que no lo es.

– La competencia incluye aspectos de la *Psicología del lenguaje* frente a la lengua que no los engloba.

– Finalmente, la competencia es un sistema de *reglas* mientras que la lengua es un sistema de signos.

La explicación de la superación saussureana se basará en los dos tipos de creatividad señalados por Chomsky; a saber, la *creatividad que cambia las reglas* y la *creatividad que gobierna las reglas*. El primer tipo de creatividad se localiza básicamente en la actuación, por lo tanto, en el habla, consistiendo fundamentalmente en las desviaciones individuales que, al acumularse, acaban por modificar el sistema. El segundo tipo de creatividad depende de la competencia y podríamos situarlo en la lengua, basándose en el poder recursivo de las reglas que contribuyen al sistema.

Otros autores han querido dotar a la noción de competencia de un valor más amplio. Es el caso de Hymes, quien entiende la competencia como el conocimiento que necesita un hablante de una lengua para mantener un comportamiento correcto y adecuado en cualquier situación comunicativa.

Posteriormente, Chomsky cambiará su concepción de la estructura lingüística y ya no hablará de *sistema de reglas*, sino de *sistema de principios y parámetros*, basándose en la distinción entre:

– *Lengua exteriorizada*: material lingüístico que aparece en la actuación y que se puede percibir por los sentidos.

– *Lengua interiorizada*: material lingüístico que está en la mente del hablante y que, por tanto, no se puede percibir ni tampoco medir.

Con ello, Chomsky está desplazando el foco de atención hacia el sistema de conocimiento que subyace al uso.

2.7. Conclusión.

Finalmente, como conclusión a las distintas propuestas que pretenden analizar el lenguaje desde el punto de vista social, separando lo individual y particular del uso lingüístico (el acto verbal o habla) de lo abstracto y social (la lengua), podemos señalar dos tendencias:

– Una concepción basada en criterios *trascendentes*, que concibe la lengua como un *comportamiento individual interiorizado* o como una *entidad social*. En el primer caso se conectan los estudios lingüísticos con el desarrollo de las capacidades cognitivas de los hablantes; en el segundo, se atiende, preferentemente, a la intercomunicación personal y a la función y condicionamientos sociales y ambientales de la lengua y de sus usuarios (recuérdese el Idealismo).

– Una concepción fundamentada en criterios *inmanentes* que estudia la lengua en sí y por sí misma, atendiendo al estudio de las formas, significados y funciones de los elementos lingüísticos, concebidos como formantes de estructuras opositivas e interrelacionadas, agrupados en niveles o disciplinas en razón de los distintos tipos de unidades (recuérdese el Paradigma Realista señalado anteriormente).

3. La variación intraidiomática.

El lenguaje como facultad de comunicación no está igualmente repartido entre todas las clases sociales, debido precisamente no a la inteligencia de los seres humanos sino al diferente grado de instrucción de los mismos. Cada uno de estos estratos usa diferentemente la lengua. A estas diferencias, Coseriu las llamó *variedades intraidiomáticas,* que son aquellas que se detectan en el interior de una lengua.

Como dijimos al comienzo del capítulo, desde la postura descriptiva, existen cuatro niveles de variedades intraidiomáticas que van desde lo más particular a lo más general, propuestas a partir de factores externos como el espacio, la situación, la sociedad, etc.

Diferenciación interna	Denominación de la variedad	Fenómeno lingüístico	Unidades	Grado de estructuración
Sociocultural	Diastrática	Sociolectos	Sinstráticas	Nivel de lengua
Modos de hablar	Diafásica	Fasolectos	Sinfásicas	Estilos de lengua
Geográfica	Diatópica	Dialectos	Sintópicas	Dialectal

Fig. 3: La variación intraidiomática.

Atendiendo al tipo de diferenciación interna, obtendremos diferentes tipos de variedades que dan lugar a distintos fenómenos lingüísticos funcionales, con unas unidades específicas y que determinarán distintos grados de estructuración interna dentro de una lengua.

No sistematizamos en su interior las variaciones individuales puesto que, como puede comprenderse, responden a particularidades difícilmente sistematizables.

3.1. Las variedades individuales.

Son aquellas que corresponden a la lengua de una sola persona. Es un hecho constatado que cada persona tiene una manera específica de hablar, por tanto habrá modalidades de cada persona (idiolectos) adecuados al contexto en el que se produzca el acto comunicativo: familiar, coloquial, expositivo, etc. Es, por tanto, el primer grado de la variedad lingüística.

3.2. Las variedades diastráticas.

Son aquellas que se diferencian en virtud de los factores sociales; Son, por tanto, diferencias entre los distintos espacios *socioculturales* de una comunidad. Dan lugar a los *sociolectos,* que no son característicos de un individuo sino de un grupo social.

Los factores que determinan los sociolectos son el sexo, la edad, el nivel económico, el nivel cultural, la profesión, el origen, etc. Así tenemos diferentes *niveles de lengua* que los vemos plasmados, entre otras, en las siguientes variedades diastráticas:

– *Habla culta*: la de aquellas personas que presentan un nivel cultural adecuado.

– *Habla popular*: habla común del pueblo, con un nivel inferior al anterior.

– *Habla vulgar y rústica*: la de las personas iletradas, con vulgarismos, arcaísmos, etc.

– *Habla profesional*: habla propia de las profesiones y de las corporaciones.

– *Habla de artesanía*: se trata de un vocabulario reducido y castizo para los materiales de los oficios artesanales.

– *Habla artística*: es un suplemento del vocabulario en el ámbito de la pintura, la música, etc.

– *Habla industrial:* a partir de la incorporación de muchos tecnicismos debido a la gran introducción de maquinarias en muchas profesiones.

– *Habla de germanía*: propia de los ladrones y maleantes.

3.3. Las variedades diafásicas.

Son aquellas propias de los grandes grupos, producidas por las diferencias entre los distintos *modos de hablar*. Así tenemos diferentes *estilos de lengua* (solemne, formal, coloquial, íntimo, etc.) que los vemos plasmados, entre otros, en los siguientes usos del lenguaje:

– *Uso publicitario del lenguaje*: el que se da en el ámbito publicitario, con la finalidad de llamar la atención y favorecer la compra.

– *Uso periodístico del lenguaje*: cuya base está en la noticia. Presenta un estilo claro, conciso, elegante y natural.

– *Uso jurídico-administrativo del lenguaje:* basado principalmente en la denotación.

– *Uso literario del lenguaje*: basado, en este caso, en el poder evocador del lenguaje, en la connotación.

– *Uso científico y técnico del lenguaje*: también denotativo, conciso y con muchos tecnicismos.

3.4. Las variedades diatópicas.

Los hablantes de una lengua no todos lo hacen de la misma manera. Una de las razones es su pertenencia a un *espacio geográfico* distinto, que hace que nos podamos encontrar con diferentes registros orales (nacional, regional, local, urbano, rural, etc.). Sin embargo, los hablantes de zonas geográficas diferentes poseen muchas coincidencias idiolectales, el conjunto de estas coincidencias constituyen un código llamado *dialecto*.

Así, frente a la lengua en cuanto sistema lingüístico diferenciado, con alto grado de nivelación y tradición literaria, el *dialecto* consiste en un sistema de signos desgajado de una lengua común, viva o desaparecida, con una concreta diferenciación geográfica pero sin fuerte diferenciación frente a otros de origen común.

Los dialectos pueden ser de tres tipos:

– *Primarios*: son aquellos dialectos procedentes de una lengua histórica que no existe como tal y no se ha convertido en una lengua común para un conjunto de hablantes.

– *Secundarios*: son los que han surgido dentro de una lengua común.

– *Terciarios*: Son aquellos que se producen en el interior de una lengua histórica cuando en ésta hay además una modalidad ejemplar estándar.

Por tanto, las lenguas dentro de un dialecto serán *lenguas*, si no se tiene en cuanta su relación con otros sistemas lingüísticos (la lengua de Buenos Aires); *dialectos*, si se delimitan dentro de una lengua histórica (el dialecto andaluz del español); y *subdialectos*, si se delimitan dentro de un dialecto (el andaluz de Sevilla).

4. La variación interidiomática: las lenguas en el mundo.

La *variación interidiomática* es aquella que se detecta entre distintas lenguas.

Existen dos tipos de variedades interidiomáticas: las genéticas y las tipológicas.

4.1. Las variedades genéticas.

Son aquellas que permiten agrupar las diferentes lenguas en familias o grupos. Lo importante es saber el origen común entre estas lenguas.

La disciplina que estudia las variedades genéticas es la *Lingüística histórica.* Para estudiar estas variedades a lo largo de la historia, la Lingüística histórica debe acercarse a los textos escritos legibles de estas lenguas. Sin embargo, los testimonios lingüísticos son relativamente escasos, por lo que la Lingüística histórica tiene dificultades a la hora de estudiar de forma global las relaciones genéticas de todas las lenguas del mundo.

No sabemos tampoco cuántas lenguas existen en el mundo, ya que no se ha realizado un estudio serio al respecto. De ahí que el número pueda oscilar entre las dos mil y las diez mil lenguas. Sin embargo, las familias más claramente aceptadas son las siguientes:

– *Lenguas indoeuropeas*: como el español, inglés, galés, ruso, etc.

– *Lenguas finougrias*: como el finlandés, húngaro, lapón, etc.

– *Lenguas semíticas*: como el árabe, hebreo, etíope, etc.

– *Lenguas chinotibetanas*: como el tibetano, el chino, el birmano, etc.

– *Lenguas amerindias*: como el quechua, araucano, etc.

– *Lenguas africanas*: como el bantú.

– *Lenguas malayopolinesias*: como el indonesio.

A pesar de lo que hemos dicho, el volumen de documentación de las lenguas indoeuropeas es abundante, lo que ha permitido estudios más rigurosos. El indoeuropeo es una lengua reconstruida a partir de las que se suponen que nacieron de ella. Veamos una panorámica de las lenguas indoeuropeas:

– *Lenguas indoiranias*: como el sánscrito (bengalí, cingalés, hindí, urdu), el iranio (persa, kurdo), etc.

– *Lenguas románicas*: como el español, gallego, portugués, francés, italiano, rumano, etc.

– *Lenguas germánicas*: como el inglés, alemán, danés, holandés, sueco, noruego, etc.

– *Lenguas célticas*: como el bretón, galés, irlandés, gaélico, etc.

– *Lenguas eslavas*: como el ruso, ucraniano, búlgaro, servocroata, checo, polaco, etc.

Las lenguas van evolucionando y así se producen estas familias. La previsión del cambio es tan segura que los lingüistas han desarrollado la *técnica glotocronológica* para datar la separación entre dos lenguas. Esta técnica se basa en el supuesto de que, debido a los préstamos y a los cambios internos, alrededor del 14% de las palabras básicas del vocabulario de cada lengua serán sustituidas cada mil años.

4.2. Las variedades tipológicas.

Son aquellas que permiten agrupar las diferentes lenguas en *tipos* (esquemas o modelos). Lo importante aquí no es reconstruir las familias de lenguas sino establecer los rasgos estructurales que comparten las lenguas a partir de un *parámetro tipológico* o criterio estructural utilizado para determinar las semejanzas tipológicas de las lenguas.

En este sentido, la *Tipología lingüística* no utiliza el método histórico sino el método *comparativo* en la sincronía, para así establecer los rasgos más predominantes en las lenguas del mundo. Por ello, se clasifican las lenguas atendiendo al grado de similaridad de sus formas en sus distintos niveles.

Las variedades tipológicas pueden ser de varios tipos:

– *Funcionales:* atendiendo a los procedimientos internos de formación. Humboldt, partiendo de la estructura interna de las palabras, clasificó las lenguas en:

• *Aglutinantes:* son aquellas lenguas en las que sus palabras están formadas por una serie lineal ordenadas de morfemas, que tienen funciones semánticas y sintácticas, que se añaden al lexema. Es lo que ocurre en el turco y en japonés.

• *Flexivas:* son aquellas lenguas en las que sus palabras tienen flexiones para expresar oposiciones de tipo morfológico como el género, número, caso. Es lo que ocurre en español en palabras como *canto, cantas, canta,* etc.

• *Aislantes:* son aquellas lenguas en las que sus palabras son invariables y las relaciones sintácticas se marcan por el orden de las palabras o por unos morfemas independientes. Es el caso de la lengua china o vietnamita.

• *Polisintéticas:* es un cuarto tipo unido a los anteriores, en los que las unidades lingüísticas se caracterizan por combinar en una sola unidad morfemas y palabras de una oración (esquimal y lenguas amerindias).

– *Formales:* atendiendo a los materiales, resultado de los procedimientos internos de formación. Así, las lenguas pueden ser:

• *Analíticas:* son aquellas lenguas en las que sus palabras están formadas por procedimientos aislantes.

• *Sintéticas:* son las formadas por procedimientos flexivos, aglutinantes y polisintéticos.

5. La escritura.

Para finalizar este capítulo debemos estudiar ahora la escritura puesto que se trata de un código sustitutorio de la lengua oral y, por tanto, con su mismo carácter social.

La escritura la podemos estudiar desde varios planteamientos: *tipológico, histórico* y *psicológico.* Ésta se asocia más a los hábitos propios de cada cultura que a la forma de las lenguas. La utilización de los diversos tipos de escritura se debe a razones históricas, políticas, y con mucha frecuencia religiosas. Así, la distribución de alfabetos romano y cirílico en las lenguas eslavas de Europa oriental se corresponde más o menos con la distribución de la iglesia católica (polacos, checos y croatas) y la ortodoxa (rusos, búlgaros y serbios). También es falso creer que a una lengua le corresponde una escritura, idea que se produce porque ambas llevan el mismo nombre. Pero no es así: por ejemplo, la escritura 'hebrea' se emplea no sólo para escribir el hebreo, sino el yiddish, que es un dialecto del alemán, o para el persa, que es una lengua indoeuropea. Una lengua, pues, puede escribirse en distintos sistemas, y el mismo sistema puede emplearse para lenguas distintas.

Para estudiar los tipos de escritura debemos entender que una escritura es un conjunto de símbolos, de convenciones de uso. El significado de lo escrito depende de sus convenciones. Además, hay distintos sistema de separación de palabras, distintas convenciones para la mayúscula, distintos símbolos diacríticos. El término más adecuado para referirse a los símbolos escritos es llamarlos "grafemas", o símbolos escritos distintivos. El "grafo" es la representación de una unidad de enunciado, y se simboliza entre los símbolos < >, mientras que el sonido que representa se simboliza entre barras //, o la idea entre apóstrofes ('...'). Los grafos pueden tener alografos. Son alografos por ejemplo, las dos <r rr> en el español actual. Las escrituras se diferencian por el distinto valor que convencionalmente dan a sus grafos.

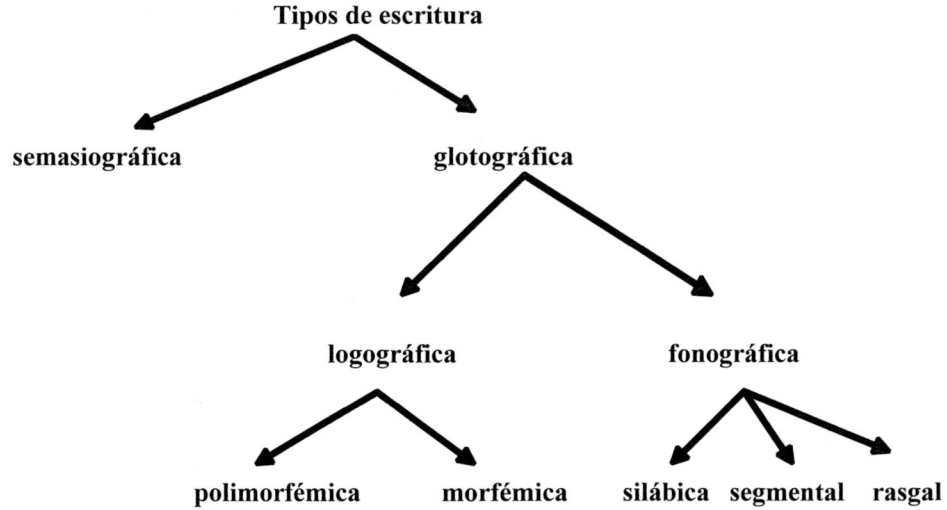

La escritura sirve como alternativa a la lengua oral cuando ésta no es posible, y así contribuye a que perduren en el tiempo los mensajes lingüísticos.

Frente a la lengua oral que es un fenómeno natural de la especie humana, la escritura es un producto de la cultura, que necesita ser adquirido mediante un proceso de aprendizaje.

La escritura empieza a documentarse a partir del 6.000 y 5.000 a. C. en Mesopotamia, Egipto y China; sin embargo, con anterioridad hay una serie de manifestaciones visuales que son precedentes de la escritura; a saber, las pinturas de las cavernas, de hace 20.000 años, y una serie de objetos de arcilla en los que se intentaba llevar la contabilidad, de hace unos 10.000 años.

Para reconstruir estos sistemas de escritura se han utilizado trozos de maderas y tablas encontradas en escombros de ciudades en ruinas.

En general, podemos decir que la escritura avanzó de lo semasiográfico a lo glotográfico (por el principio del jeroglífico), y de lo logográfico a los fonográfico. Los sistemas semasiográficos representan con sus grafos ideas, sin pasar por el lenguaje (no se 'leen', se interpretan). Los sistemas glotográficos, en cambio, sí representan con sus grafos enunciados de la lengua oral (fonemas, morfemas, lexías). No es lo mismo una idea, que puede expresarse de distintas formar verbales, que una palabra específica. En un sistema glotográfico, palabras sinónimas se escriben de manera diferente.

Veamos, a continuación, los distintos sistemas de escritura que fueron utilizados a lo largo de la historia.

5.1. El sistema semasiográfico.

La semasiografía es un fenómeno previo a la escritura y consiste en el uso de una serie de dibujos con valor comunicativo.

En este sentido, hay que tener en cuanta que las pinturas rupestres sirvieron para recordar acontecimientos, pero no fueron mensajes lingüísticos específicos. Son arte pictórico. Cuando estos dibujos representan imágenes concretas de forma coherente y con la intención de comunicar un mensaje nace el sistema semiasiográfico.

Toda la colectividad debía utilizar formas similares para representar la realidad, de manera que fuesen entendidas por todos los miembros de la misma colectividad. Por tanto son símbolos (Capítulo 4).

Algunos pictogramas pueden ser el círculo con algunas rayas saliendo de él como símbolo del sol, el cigarro tachado como símbolo de la prohibición de fumar, etc.

Son los sistemas más antiguos. Sin embargo, en todos los casos conocidos de comunidades lingüísticas civilizadas han sido reemplazados por sistemas glotográficos. Pero los sistemas semasiográficos se siguen empleando, precisamente por ser interlingüísticos. El lenguaje matemático es semasiográfico. Lo son también las numerosas ilustraciones de las hojas de instrucciones de los aparatos.

5.2. El sistema logográfico.

Cuando los pictogramas se convierten en formas simbólicas no tan natural como en el pictograma, sino que pueden manifestar ideas, nacen los logogramas y el sistema logográfico. Representan los significados de las cosas por medio de dibujos que representan una idea.

Así, por ejemplo, un círculo con un punto en el centro sería el ideograma del sol, un círculo con tres rayas debajo, de la luz, etc.

Por tanto, la primera forma de todas las escrituras ya glotográficas, abandonada la etapa semasiográfica, es logográfica. El dibujo no representa ya una idea, sino una palabra.

En la logográfica no se representan ideas, situaciones, sino secuencias de enunciado oral dotadas de significado, aunque para ello empleemos símbolos visuales, pero ahora los símbolos hay que leerlos. Podemos convenir que un <dedo índice> se lee /el/, que unos <pies caminando> se leen /camin-/, que el tiempo pasado que hace flexionar al verbo en indefinido, <-ó> se escribe mediante un <reloj en orden inverso>, Entonces, los sucesivos símbolos del <dedo, el gato, los pies, el reloj> se leerán: "el gato caminó". Es una escritura logográfica, representas palabras específicas, a través de símbolos visuales.

Las escrituras glotográficas normalmente se ordenan ya en orden lineal, siguiendo el orden del enunciado. Lo que caracteriza a los sistemas logográficos, en general, es su iconicidad visual, frente a las escrituras fonográficas, que suelen ser arbitrarias. Se trata de una 'deuda con el origen', pero como tal tampoco es necesaria, pues la iconicidad inicial evoluciona. La escritura china es glotográfica, pero su iconicidad ya no se percibe. Tampoco en la escritura fenicia, cuando la adoptan los griegos, se percibe ya su iconicidad.

La China antigua presenta una escritura logográfica. No hay análisis fonético. Cada ideograma corresponde a un concepto. Esto presenta la ventaja de que los hablantes de diferentes dialectos puedan entenderse por escrito, aunque cada uno pronuncie el ideograma de diferente manera (comienzo de la arbitrariedad).

5.3. El sistema fonográfico.

La escritura fonográfica surgió históricamente en Sumeria (al sur de Irak) en el 4.500 a. C., aunque los restos más antiguos son de 300 a. C., con un fin administrativo y contable. Ello explica que los grafos más frecuentes sean los numerales, unidades de medida, de personas y de objetos (oveja, vaca, ropa, tierra), hasta unos 1200 grafos, de carácter logográfico. Los grafos tienen un origen pictórico, pero representan palabras o morfemas: /sag/ cabeza, /ka/ boca, /a/ agua, /nag/ beber, /du/ ir, /an/ cielo, /ki/ tierra, /sal/ pubis y /nam/ mujer, /kur/ montaña, /geme/ esclava (mujer de las montañas). El cambio de orientación de la tablilla y del punzón fue haciendo la escritura más arbitraria. La evolución llevó unos 1000 años.

Fue utilizada por los sumerios al sur del actual Irak, principalmente para llevar la contabilidad.

La reproducción de los signos que constituían este sistema de escritura se realizaba grabando con la punta de una caña en unas tablillas (*dub*) de barro blando, que después secaban al sol y cocían en el horno, guardándose indefinidamente. Este sistema contó con 15 clase de fichas, divididas en 200 subclases, basadas en tamaño, marcas, valoración fraccional, etc.

Estos objetos de arcilla originarían posteriormente la escritura, que se llamaría cuneiforme porque los sumerios utilizaban una cuña presionando sobre el barro o la cera blanda, escritura también simbólica pero más económica, acercándose al alfabeto.

Esta escritura se aprendía en las escuelas (*edubba*, casa de las tablillas). Primero lo hacían los futuros profesionales de la religión. Posteriormente, se convirtieron en escuelas elementales, creándose las *imgula* (casa de las sabidurías), en las que se aprendía Teología, Astrología, Ciencia, Filología y Artes médicas y quirúrgicas.

En la civilización sumeria hay un problema de bilingüismo. Por ello se preocupan del léxico (había en la biblioteca de Babilonia cientos de miles de planchas de arcilla) y de fijar los repertorios lingüísticos en cartillas y series estructuradas como nuestros diccionarios, que eran empleados como textos escolares.

5.4. El sistema jeroglífico.

Es importante la escritura jeroglífica egipcia por todo lo que nos dice del conocimiento del lenguaje. Debemos destacar su expresión simbólica, código de símbolos o símbolos frases que evolucionan hasta el signo palabra, que manifiestan una anotación fonética.

No se representan las palabras con signos fonéticos o alfabéticos sino el significado de las palabras con figuras o símbolos que se llaman jeroglíficos. Éstos pueden ser de tres tipos: *ideogramas*, que representan objetos, *fonogramas*, que representan sonidos, y *determinantes*, que sin tener valor fonético sirven de guía al lector.

La escritura jeroglífica egipcia es algo posterior a la sumeria, y seguramente está emparentada con ella, aunque algunos grafos tienen ya valor consonántico y no logográfico-silábico. Se conoce desde el 2000 a. C., con unos 730 grafos. Sirva este ejemplo: un rectángulo abierto (como una habitación), un círculo con un punto grueso en su interior, el mismo círculo con un egipcio de espaldas. El primer grafo representa "casa" /peri/, pero se aplica a cualquier palabra que incluya las consonantes /p/ o /r/, como 'venir' /pirre/. Es decir, el jeroglífico puede ser logográfico o fonográfico. Además, algunos son determinativos semánticos, y no se pronuncian. Por ejemplo, el segundo (el círculo con un punto) representa el 'sol' /re/, pero también se aplica a 'día': es polífono. Si queremos referirnos al 'dios sol' /rah/ se agrega un determinativo (dios barbado agachado). Hay fonogramas que sólo son fonéticos, otros solo logográficos, y otros de ambos tipos.

La escritura maya (descubierta involuntariamente por el obispo Diego de Landa, en el siglo XVI, pero no fijada hasta 1960) era del tipo mixto (como los jeroglíficos egipcios o la escritura china), es decir, usaban logogramas y fonogramas. Aunque los mayas son mucho más complejos, porque la misma palabra puede escribirse de varias formas. Además, los glifos individuales estaban con frecuencia 'soldados' entres sí, como en la escritura china, hecho que nunca sucede en el egipcio; sin embargo, en maya lo están tan íntimamente que sólo un experto consigue separar visualmente las partes de que se compone. El sistema de escritura maya fue usado desde el 200 a. C. hasta el 900 d. C. en su forma monumental y desde el 1300 al 1500 d. C. en su forma cursiva. En el primer caso el sentido de la escritura es de arriba hacia abajo en columnas de a dos, en el segundo caso es en sentido serpenteante.

5.5. El sistema silábico.

Pertenece al sistema de escritura fonográfico, es decir, el que refleja hechos relativos a la segunda articulación del lenguaje, reflejando, por tanto, el aspecto fónico de la lengua escrita. Lo importante de este sistema es la pronunciación y el reducido número de unidades fónicas.

El sistema silábico es aquél que emplea un conjunto de símbolos que representan la pronunciación de las sílabas.

En cierto modo la escritura logográfica china es también silábica. En chino los límites de sílaba son muy claros, entre otras cosas porque las consonantes iniciales de sílaba y las finales son de dos tipos distintos. Además, cada morfema es una sílaba. Por último, el chino es una lengua aislante, y la unidad visual no es la palabra, sino el morfema, que puede combinarse libremente. Pero la escritura china es totalmente glotográfica, no semasiográfica: si hay palabra sinónimas, se escriben diferentemente. Los primeros ejemplos datan de 1400 a. C. Probablemente todos los grafos iniciales fueron pictóricos, aunque hoy día apenas son reconocibles.

Aunque en el sistema sumerio y egipcio algunos símbolos representaban sílabas, el sistema silábico no apareció hasta hace unos 3.000 ó 4.000 años con los fenicios. Sin embargo, será en el año 1.000 a. C. cuando los fenicios tengan un sistema silábico desarrollado.

Se trata de un pueblo muy conocido por su espíritu comercial y emprendedor. En su condición de hombres prácticos nos legaron la invención del alfabeto. Y sus primeros escritos son del 1.500 y 1.300 a. C.

El alfabeto fenicio consta de 22 ó 25 caracteres y se caracteriza por la ausencia de vocales. Esto podría deberse a que se trata de una escritura silábica o a la economía (como ocurre en el hebreo o en el árabe). Además, se trata también de una escritura fonética, que demuestra el gran conocimiento que tenían de la fonética de su lengua. Pretendían representar los sonidos, no los fonemas (escritura fonológica).

El alfabeto supone tres criterios de perfección:

– *Supresión de los ideogramas*, que entrañan analogía y motivan signos gráficos en contra de la economía práctica.

– *Supresión de trazos secundarios* orientadores.

– Relación *unívoca* entre signo gráfico y sonido mínimo evitando toda posible interpretación. Da lugar a alfabetos posteriores: griego y romano.

5.6. El sistema consonántico.

Pertenece también al sistema de escritura fonográfico, es decir, el que refleja hechos relativos a la segunda articulación del lenguaje. Se caracteriza por la ausencia de signos para las vocales. Es lo que ocurre en la escritura árabe y hebrea, en las que las vocales tienen carácter de afijo y no forman parte del lexema sino que se añaden a éste.

5.7. El sistema alfabético.

Finalmente, se trata del tercer sistema de escritura fonográfico. Es el que representa todos los fonemas de la lengua. El alfabeto es un conjunto de símbolos escritos en el que cada uno de ellos representa un único sonido.

La forma primitiva de letras alfabéticas que se originaron en la escritura de los fenicios constituye el origen de la mayoría de los demás alfabetos del mundo, ampliándose por un lado hacia el este hasta la India y el sudeste asiático y por otro hacia el oeste a través del griego.

De los griegos, este alfabeto revisado pasó a Europa occidental a través de los romanos; también lo hizo por el este de Europa, donde se hablaban las lenguas eslavas y una versión modificada del alfabeto llevada a cabo por San Cirilo durante la evangelización de los países eslavos en el siglo xix, y que dio lugar a la escritura usada en Rusia en la actualidad.

La escritura alfabética tardó tiempo en llegar a ser dominante. Hasta finales del xviii, más de la mitad de los libros del mundo estaban escritos en escrituras china.

Finalmente, considere que para haber alcanzado correctamente los objetivos propuestos en el proceso de enseñanza y aprendizaje del tema finalizado, debe haber comprendido con claridad que:

1. Para llegar a captar el fenómeno de la variedad lingüística se pretende analizar el lenguaje desde el punto de vista social, separando lo individual y particular del uso lingüístico (el acto verbal o habla) de lo abstracto y social (la lengua), ambos aspectos inmanentes a través de los cuales se puede plasmar el lenguaje en una sociedad.

2. Las distintas propuestas que han pretendido sistematizar la variedad han sido las de Humboldt (ergon y energeia), Saussure (lengua y habla), Bühler (acción, producto y acto verbal), Hjelmslev (esquema, norma, uso y acto), Coseriu (sistema, norma y habla) y Chomsky (competencia y actuación).

3. El lenguaje como facultad de comunicación no está igualmente repartido entre todas las clases sociales, debido no a la inteligencia de los seres humanos sino al diferente grado de instrucción de los mismos. Cada uno de estos estratos usa diferentemente la lengua. A estas diferencias, Coseriu las llamó *variedades intraidiomáticas*, que son aquellas que se detectan en el interior de una lengua. Atendiendo al tipo de diferenciación interna (sociocultural, manera de hablar y geográfica), obtendremos diferentes tipos de variedades (diastrática, diafásica y diatópica) que dan lugar a distintos fenómenos lingüísticos funcionales (sociolectos, fasolectos y dialectos) con unas unidades específicas (sinstráticas, sinfásicas y sintópicas) que determinarán distintos grados de estructuración interna dentro de una lengua (nivel, estilo y dialectal).

4. La variación *interidiomática* es la que se detecta entre distintas lenguas. Pueden ser *genéticas* (aquellas que permiten agrupar las diferentes lenguas en familias o grupos; lo importante es saber el origen común entre estas); o *tipológicas* (aquellas que permiten agrupar las diferentes lenguas en tipos (esquemas o modelos); lo importante aquí no es reconstruir las familias de lenguas sino establecer los rasgos estructurales que comparten las lenguas a partir de un parámetro tipológico o criterio estructural utilizado para determinar las semejanzas tipológicas de las lenguas.

5. La escritura es un código sustitutorio de la lengua oral, que es producto de la cultura y necesita ser adquirido mediante un proceso de aprendizaje. Los distintos sistemas de escritura que han sido usados a lo largo de la historia han sido el semasiográfico, logográfico, fonográfico, jeroglífico, silábico, consonántico y alfabético.

F. Actividades sugeridas.

— A continuación vaya anotando las dudas que le van surgiendo tras la lectura de los distintos puntos del tema y después la resolución de las mismas, ya sea por las clases recibidas, el estudio personal o las tutorías realizadas. Este proceso le servirá tanto para la mejor compresión de la materia como para la preparación de la prueba final.

— Conteste a las siguientes cuestiones:

1. Explique las diferencias entre las propuestas de Hjelmslev y Coseriu para estructurar la variación lingüística.

2. Explique la filosofía espontánea de los distintos autores que han sistematizado la variación lingüística.

3. A partir de la propuesta de Hjelmslev sobre la variación lingüística, compare el sistema lingüístico y el juego del ajedrez, estableciendo sus diferencias y similitudes.

4. ¿Cuáles son los criterios para estructurar la variación intraidiomática? Explíquelos.

5. ¿Cuáles son las distintas variedades interidiomáticas? ¿En qué se diferencian?

6. Realice un árbol genealógico en el que se reflejen las principales lenguas del mundo.

7. ¿En qué consiste el sistema de escritura semasiográfico? Ponga un ejemplo.

8. Explique la evolución que se ha producido en los distintos sistemas de escritura hasta llegar a la escritura alfabética.

A continuación, utilice este espacio para resolver los ejercicios adicionales que el pueda proponer su profesor o para contestar a las preguntas de los posibles documentales visionados durante las clases.

— Comente los siguientes textos explicando su contenido y realizando la pertinente valoración. Como orientación para el análisis crítico sugerimos el presente modelo:

1. Breve noticia sobre el autor del texto.

2. Determinación de la problemática del texto, señalando su unidad específica y la formulación teórica en la que se ubica la misma.

3. Establecimiento de la estructura que presenta el texto; esto es, división en partes temáticas.

4. Exposición de la tesis que defiende el autor sobre la problemática planteada, señalando:

    4.1. La filosofía espontánea que afecta a su propuesta.

    4.2. Las ideas principales y secundarias del texto.

5. Precisión como conclusión de la respuesta que se pueda dar a la problemática planteada.

6. Valoración del texto en su conjunto a partir de una breve opinión personal.

1. Texto de Saussure.

«Pero ¿qué es la lengua? Para nosotros la lengua no se confunde con el lenguaje: la lengua no es más que una determinada parte del lenguaje, aunque esencial. Es a la vez un producto social de la facultad de lenguaje y un conjunto de convenciones necesarias adoptadas por el cuerpo social para permitir el ejercicio de esa facultad en los individuos. Tomado en su conjunto, el lenguaje es multiforme y heteróclito; a caballo en diferentes dominios, a la vez físico, fisiológico y psíquico, pertenece además al dominio individual y al dominio social; no se puede clasificar en ninguna de las categorías de los hechos humanos, porque no se sabe cómo desembrollar su unidad.

La lengua, por el contrario, es una totalidad en sí y un principio de clasificación. En cuanto le damos el primer lugar entre los hechos del lenguaje, introducimos un orden natural en un conjunto que no se presta a ninguna otra clasificación.

Al separar la lengua del habla se separa a la vez: 1°, lo que es social de lo que es individual; 2°, lo que es esencial de lo que es accesorio y más o menos accidental».

(F. de Saussure (1857-1913), *Curso de Lingüística General*, París, 1916).

2. Texto de Chomsky.

«En el nivel más primario de la descripción, podemos decir que una lengua asocia sonido y significado de una manera particular. Tener dominio de una lengua significa, en principio, ser capaz de comprender lo que se dice y producir una señal con una interpretación semántica intencionada [...].

Es bastante obvio que las oraciones tienen un significado intrínseco determinado por reglas lingüísticas y que una persona que domina una lengua ha internalizado el sistema de reglas que determinan la forma fonética de las oraciones y sus contenidos semánticos intrínsecos; que esta persona ha desarrollado lo que vamos a denominar una *competencia lingüística* específica. Sin embargo, es igualmente obvio que la observación real del uso del lenguaje —*la ejecución*— no es un simple reflejo de las conexiones intrínsecas del sonido y del significado establecidas por un sistema de reglas lingüísticas. La ejecución comprende además otros muchos factores [...].

Por consiguiente, el estudio del lenguaje nos obliga a disociar una variedad de factores que actúan recíprocamente con la competencia subyacente para determinar la ejecución; la palabra técnica "competencia" se refiere a la capacidad que tiene un hablante-oyente idealizado para asociar sonidos y significados que están estrictamente de acuerdo con las reglas de su lengua».

(N. Chomsky, «La naturaleza formal del lenguaje» *apud* E. H. Lenennberg, *Fundamentos biológicos del lenguaje*, Alianza, Madrid, 1975).

3. Texto de Rosenblat.

«Nuestro mundo, democrático o autocrático, capitalista o socialista, como consecuencia de la industrialización avanzada, la mecanización creciente, la automatización, genera una sociedad totalitaria o de carácter tecnológico, que rige las necesidades y aspiraciones de todos, una sociedad unidimensional, frente a la vieja sociedad de clases, conflictos, antagonismos, contradicciones, "alta cultura" y pensamiento crítico y abstracto. La cultura y la lengua sufren una transformación radical: se esparce por el mundo un lenguaje operativo, de sintaxis abreviada o condensada, que ordena, condena y organiza; que induce a hacer, a comprar, a aceptar; de voces abreviadas y "clichés" que envuelven conceptos ritualizados, de valor a veces opuesto al que tenían (la guerra se llama *paz*, el despotismo se llama *democracia*); con fórmulas de carácter mágico, de acción hipnótica que se sobreponen al espíritu; un lenguaje de imágenes estereotipadas, inmunes a toda contradicción, que no dejan lugar para la distinción y el desarrollo, capaces de bloquear el pensamiento conceptual; un lenguaje "funcional" que sirve de vehículo de subordinación a los imperativos de la sociedad».

(A. Rosenblat (1902-1984), *Nuestra lengua en ambos mundos*, Alianza, Navarra, 1971).

G. Lecturas recomendadas.

COSERIU, E. (1981): «Sistema, Norma y Habla» *apud Lecciones de Lingüística General,* Gredos, Madrid, pp. 11-113.
Propuesta clara, rigurosa y sistemática de estructuración de la variación lingüística.

COSERIU, E. (1981): «Los conceptos de 'dialecto', 'nivel' y 'estilo de lengua' y el sentido propio de la dialectología», *Lingüística Española Actual*, III/1, pp. 1-33.
Con objeto de precisar el sentido de la dialectología y su lugar entre las disciplinas lingüísticas, precisa con claridad la noción de dialecto y sus principales tipos.

MORENO CABRERA, J. C. (1990): *Lenguas del mundo*, Visor, Madrid.
Panorámica de un gran número de las lenguas existentes en el mundo.

YULE, G. (1998): «El desarrollo de la escritura» *apud El lenguaje,* Cambridge University Press, Cambridge, pp. 20-30.
Presentación concisa y sistemática de los distintos sistemas de escritura con numerosos ejemplos.

H. Ejercicios de autoevaluación.

Con el fin de que se pueda comprobar el grado de asimilación de los contenidos, presentamos una serie de cuestiones, cada una con tres alternativas de respuestas. Una vez que haya estudiado el tema, realice el test rodeando con un círculo la letra correspondiente a la alternativa que considere más acertada. Después justifique en el espacio que se deja a continuación las razones por las que piensa que la respuesta elegida es la correcta, indicando también las razones que invalidan la corrección de las restantes.

Cuando tenga dudas en alguna de las respuestas vuelva a repasar la parte correspondiente del capítulo e inténtelo otra vez.

1. El producto verbal es para Bühler

    A Subjetivo y concreto.
    B Objetivo y concreto.
    C Objetivo y abstracto.

2. La formulación de Bühler es una mezcla de las propuestas de

    A Saussure y Humboldt.
    B Saussure y Hjelmslev.
    C Hjelmslev y Chomsky.

3. La caracterización objetual propuesta por Hjelmslev puede calificarse como

    A Realista.
    B Idealista.
    C Lógica.

4. Las diferenciaciones socioculturales producen variaciones

    A Sociolectales.
    B Sinstráticas.
    C Las respuestas A y B no son correctas.

5. ¿Cuál es la concepción de Coseriu más cercana a la de lengua saussureana?

A El esquema.
B La norma.
C Las respuestas A y B no son correctas.

6. La pertenencia a espacios geográficos distintos da lugar a variedades

A Diatópicas.
B Diastráticas.
C Diafásicas.

7. Las variedades genéticas son aquellas que nos permiten agrupar las lenguas en

A Tipos.
B Familias.
C Sistemas lingüísticos.

8. ¿Cuál es el método que utiliza la Tipología lingüística?

A El método histórico.
B El método comparativo.
C El método estructural.

9. Para Coseriu, el sistema es

    A Lo que queda al eliminar de la norma lo no funcional.
    B La repetición de modelos lingüísticos anteriores.
    C La realización social del lenguaje.

10. ¿En qué consiste el parámetro tipológico?

    A En el criterio usado para precisar la semejanza entre las lenguas.
    B En el criterio estructural usado para precisar las diferencias entre las lenguas.
    C En el criterio usado para establecer los procedimientos internos de formación de las lenguas.

11. La lengua china es

A Flexiva.
B Aglutinante.
C Aislante.

12. La diferencia entre la competencia chomskyana y la lengua saussureana estriba

A En el carácter creativo de la lengua saussureana.
B En el carácter sígnico de la competencia chomskyana.
C Las respuestas A y B no son correctas.

13. Los primeros precedentes de la escritura aparecieron en el

   A 8.000 a. C.
   B 18.000 a. C.
   C 20.000 a. C.

14. La escritura pictográfica tiene un carácter

   A Sígnico.
   B Simbólico.
   C Jeroglífico.

15. Cuando el pictograma representa una palabra se considera

    A Logograma.
    B Jeroglífico.
    C Las respuestas A y B no son correctas.

16. La competencia chomskyana puede definirse como un

    A Conjunto de signos.
    B Conjunto de reglas.
    C Conjunto de signos relacionados según ciertas reglas.

17. Los ideogramas representan

    A Sonidos.
    B Objetos.
    C Sentimientos.

18. El alfabeto griego tiene su origen

    A En los egipcios.
    B En los fenicios.
    C En los sumerios.

19. Formulado en términos matemáticos podemos decir que la lengua para Saussure es igual

    A Al lenguaje menos el habla.
    B Al habla menos el lenguaje.
    C Al lenguaje más el habla.

20. La lengua exteriorizada se encuentra

    A En la competencia lingüística.
    B En la actuación.
    C En los sentidos.

21. La noción de competencia procede de

    A Hymes.
    B Saussure.
    C Las respuestas A y B no son correctas.

22. Las variedades diastráticas dan lugar a diferentes

    A Estilos de lengua.
    B Niveles de lengua.
    C Dialectos.

23. La manera específica de hablar de cada persona se denomina

    A Idiolecto.
    B Fasolecto.
    C Sociolecto.

24. Los dialectos pueden ser

    A Aglutinantes o flexivos.
    B Primarios o secundarios.
    C Analíticos o sintéticos.

25. La concepción humboldtiana del lenguaje puede considerarse

A Idealista.
B Realista.
C Materialista.

I. Glosario.

Acción verbal: Actividad individual, subjetiva y concreta con la que se actualiza la facultad del lenguaje.

Acervo lingüístico: Memoria lingüística construida a partir de los actos lingüísticos concretos.

Acto verbal: Actividad del sujeto hablante en relación con el sistema lingüístico.

Acto: Empleo individual que se hace de la facultad del lenguaje.

Actuación: Uso real que de la lengua se puede hacer en situaciones lingüísticas concretas.

Competencia: Posesión innata de mecanismos universales susceptibles de hacer pasar las estructuras profundas de las experiencias no lingüísticas a las superficiales de una lengua dada, mediante un conjunto de reglas.

Dialectalismo: Vocablo de un dialecto.

Dialecto: Lengua desgajada de otra viva o desaparecida, con una concreta diferenciación geográfica pero sin fuerte diferenciación frente a otros de origen común.

Energeia: Nombre con el que Humboldt designa el núcleo dinámico y trascendente que encierra el lenguaje.

Ergon: Nombre con el que Humboldt designa la parte inmanente del lenguaje.

Esquema: Forma pura del lenguaje, definido independientemente de su realización social y de su manifestación material.

Fasolecto: Modo de hablar resultante de las variedades diafásicas, que constituyen distintos estilos de lengua (publicitario, periodístico, etc.).

Habla: Objeto inmanente de la Lingüística, formado por las realizaciones individuales y exteriores, que actualizan la parte más inmanente del lenguaje y constituye el camino para llegar hasta él.

Idiolecto: Conjunto de hábitos lingüísticos de cada persona con relación a la lengua estándar de una colectividad.

Lengua exteriorizada: Material lingüístico que aparece en la actuación y que es percibido por los sentidos.

Lengua interiorizada: Material lingüístico que está en la mente del hablante y no se percibe por los sentidos.

Lengua: Objeto inmanente de la Lingüística formado por el sistema interior y social que actualiza la parte más trascendente del lenguaje y constituye el camino para llegar hasta él.

Norma: Forma material del lenguaje, definido por su realización social.

Presuposición: Relación de dependencia mutua entre dos elementos.

Producto verbal: Resultado objetivo y concreto de la acción verbal.

Sistema alfabético: Conjunto de signos que, ordenados de manera convencional, sirven para representar gráficamente los sonidos de una lengua.

Sistema ideográfico: Conjunto de signos gráficos o dibujos que representan los conceptos y los significados de las cosas.

Sistema jeroglífico: Conjunto de figuras o símbolos que representan los significados de las palabras y los sonidos de las mismas.

Sistema pictográfico: Conjunto de dibujos usados con valor comunicativo.

Sistema silábico: Conjunto de símbolos escritos empleados en la representación de las sílabas de las palabras de una lengua.

Sociolecto: Fenómeno lingüístico resultante de las variedades diastráticas que caracterizan a un grupo social (profesores, abogados, sacerdotes, deportistas, etc.), debido a variables sociológicas como la clase social, la profesión, la edad, el sexo, etc.

Tecnicismo: Término propio del uso científico o artístico del lenguaje.

Uso: Conjunto de hábitos adoptados por una sociedad para actualizar la facultad del lenguaje.

Variación interidiomática: Cambio que se detecta entre distintas lenguas.

Variación intraidiomática: Cambio que se detecta en el interior de una lengua.

Variedades diafásicas: Conjunto de formas lingüísticas de los grandes grupos, producidas por las diferencias entre los distintos modos de hablar.

Variedades diastráticas: Conjunto de formas lingüísticas que se diferencian en virtud de factores sociales.

Variedades diatópicas: Conjunto de formas lingüísticas que se diferencian por la pertinencia de los hablantes a espacios geográficos distintos.

Variedades genéticas: Conjunto de formas lingüísticas que permiten agrupar las lenguas en familias o grupos.

Variedades tipológicas: Conjunto de formas lingüísticas que permiten agrupar las lenguas en tipos o modelos.

J. Bibliografía general.

ALVAR, M. (1970): «Lengua y dialecto. Delimitaciones históricas y estructurales», *Arbor*, 22, pp. 145-178.

ALVAR, M. (1973): *Estructuralismo, geografía lingüística y dialectología actual*, Gredos, Madrid.

ALVAR, M. (1979): «Lengua, dialecto y cuestiones conexas», *Lingüística Española Actual*, 1, pp. 5-29.

ALVAR, M. (1990): «Hacia el año 2000», *Español Actual*, 53, pp. 5-13.

BENVENISTE, É. (1977): «Estructura de la lengua y estructura de la sociedad» *apud Problemas de Lingüística general II*, Siglo XXI, México, pp. 95-107.

BERNÁRDEZ, E. (1999): *¿Qué son las lenguas?*, Alianza, Madrid.

BERRUTO, G. (1995): *Fondamenti di sociolinguistica*, Laterza, Bari.

BIBER, D. (1995): *Dimensions on register variation. A cross-linguistic variation*, Cambridge University Press, Cambridge.

BÜHLER, K. (1967): *Teoría del lenguaje*, Revista de Occidente, Madrid.

CHOMSKY, N. (1989): *Conocimiento del lenguaje*, Alianza, Madrid.

COSERIU, E. (1977): «La geografía lingüística» *apud El hombre y su lenguaje*, Gredos, Madrid, pp. 103-158.

COSERIU, E. (1981): «Sistema, Norma y Tipo» *apud Lecciones de Lingüística General*, Gredos, Madrid, pp. 316-327.

COSERIU, E. (1981): «Los conceptos de dialecto, nivel y estilo de lengua y el sentido propio de la dialectología», *Lingüística Española Actual*, III, pp. 1-32.

COSERIU, E. (1981): «Sistema, Norma y Habla» *apud Teoría del lenguaje y Lingüística General*, Gredos, Madrid, pp. 11-113.

FASOLD, R. (1996): *La Sociolingüística de la sociedad*, Visor, Madrid.

FERNÁNDEZ LEBORÁNS, M. J. (1985): «Sobre el concepto de lengua», *Español Actual*, 43, pp. 51-68.

FOURQUET, J. (1976): «Lengua, dialecto y *patois*» *apud* MARTINET, A. (ed.), *Tratado del lenguaje, 4: el lenguaje y los grupos humanos,* Nueva Visión, Buenos Aires, pp. 7-31.

HJELMSLEV, L. (1972): «Lengua y habla» *apud Ensayos lingüísticos*, Gredos, Madrid, pp. 90-106.

HUMBOLDT, W. (1990): *Sobre la diversidad de la estructura del lenguaje humano y su influencia sobre el desarrollo espiritual de la humanidad*, Anthropos, Barcelona.

JUNYENT, C. (1993): *Las lenguas del mundo*, Octaedro, Barcelona.

JUNYENT, C. (1999): *La diversitat lingüística. Didàctica i recorregut de les llengües del món,* Octaedro, Barcelona.

MILLER, G. A. (1989): *Lenguaje y habla*, Alianza, Madrid.

MORENO CABRERA, J. C. (1995): *La Lingüística teórico tipológica*, Gredos, Madrid.

MORENO FERNÁNDEZ, F. (1998): *Principios de Sociolingüística y de Sociología del lenguaje*, Ariel, Barcelona.

MOSELEY, C. & ASHER, R. E. (eds.) (1994): *Atlas of the World's Languages*, Routledge, Londres, Nueva York.

PARSONS, T. (1967): *El sistema social*, Revista de Occidente, Madrid.

POPLACK, S. (1983): «Lenguas en contacto» *apud* LÓPEZ MORALES, H. (coord.), *Introducción a la Lingüística actual,* Playor, Madrid, pp. 183-207.

PRIDE, J. (1971): *The social meaning of Language*, Oxford University Press, Londres.

ROMAINE, S. (1996): *El lenguaje en la sociedad*, Ariel, Barcelona.

SNELL, B. (1966): *Estructura del lenguaje*, Gredos, Madrid.

WALTER, H. (1997): *La aventura de las lenguas en Occidente. Su origen, su historia y su geografía*, Espasa-Calpe, Madrid.

WEINREICH, U. (1974): *Lenguas en contacto. Descubrimientos y problemas*, Universidad Central de Venezuela, Caracas.

BIBLIOGRAFÍA BÁSICA

El conocimiento de las fuentes objetivas y, consecuentemente, de la bibliografía constituye el aspecto fundamental para el estudio reflexivo.

Por ello, y aunque no todas las fuentes tienen el mismo carácter, puesto que unas se relacionan con los materiales y datos concretos de la materia y otras lo hacen con conocimientos teóricos generales, debemos conocer y manejar ambas para que nuestro aprendizaje sea global sobre ambos planos lingüísticos: el teórico y el objetual.

Así, los textos lingüísticos con los que se deben familiarizar los alumnos pueden dividirse cuando el objeto es un libro en dos grandes grupos: *directos* e *indirectos*. Los *directos* son aquellos que no han sido interpretados y se presentan recogidos para su análisis, es decir, los escritos del autor que estudiemos; los *indirectos* son los que nos ofrecen los materiales elaborados, siendo el fruto de otras investigaciones previas, es decir, los trabajos publicados sobre el autor que estudiemos, sobre todo, tratados generales y particulares sobre materias correspondientes a nuestra asignatura, manuales, monografías, artículos y reseñas.

En un ámbito de estudio tan dilatado como el nuestro, los materiales bibliográficos se ofrecen como un dominio inabarcable para una sola persona. Por ello, resultan de gran ayuda en esta situación los repertorios bibliográficos y los distintos centros de documentación bibliográfica computarizados para un seguimiento constante de las publicaciones periódicas, a partir del cual organizar los propios materiales.

Consecuentemente, se impone además, desde una perspectiva didáctica, renunciar a las largas listas de obras, carentes de sentido, para adoptar una perspectiva más razonable y eficaz que tenderá, no ya al conocimiento pormenorizado de las obras, sino de las directrices fundamentales del pensamiento lingüístico entre los que se mueven los hilos del entramado bibliográfico, todo ello dirigido desde una actitud de justa objetividad en la que no cabrán ni el dogmatismo excluyente ni el eclecticismo enciclopedista indiscriminado.

Por ello, movidos por el afán didáctico señalado, presentamos ahora el complemento bibliográfico de los repertorios generales (bibliografía general sobre Lingüística, enciclopedias y panorámicas de la Lingüística, diccionarios terminológicos y recursos en internet), que servirán de orientación al alumno en la tarea de aprendizaje.

A. INTRODUCCIÓN A LA LINGÜÍSTICA.

La presente *adenda* no es una lista exhaustiva de las principales obras sobre Lingüística general. Es simplemente una guía, una ayuda con la que se pueda hacer frente a una aportación bibliográfica más amplia que la que aparece en los capítulos precedentes.

AA. VV. (1999): *Manual de Lingüística*, Xerais, Vigo.

AA. VV. (1983): *Introducción a la lingüística*, Alhambra Universidad, Madrid.

ABAD, F. & GARCÍA BERRIO, A. (1977): *Introducción a la Lingüística*, Alhambra, Madrid.

AKMAJIAN, A. *et alii* (1984): *Lingüística: una introducción al lenguaje y a la comunicación*, Alianza Universidad, Madrid.

ALONSO CORTÉS, A. & PINTO, A. (1994): *Ejercicios de Lingüística*, Universidad Complutense, Madrid.

ALVAR, M. (dir.) (2000): *Introducción a la lingüística española*, Ariel, Barcelona.

ARENS, H. (1975): *La Lingüística*, Gredos, Madrid.

ATKINSON, M., KILBY, D. & ROCA, I. (1982): *Foundations of General Linguistics*, G. Allen, Londres.

BENVENISTE, E. (1974): *Problemas de Lingüística General*, Siglo XXI, México.

BLOOMFIELD, L. (1976): *Language*, Allen y Unwin, Londres.

CASADO VELARDE, M. (1988): *Lenguaje y cultura*, Síntesis, Madrid, 1988.

CATALÁN, D. (1967): *La lengua de lingüística española y concepción del lenguaje*, Gredos, Madrid.

CERDÁ, R. (1979): *Lingüística hoy*, Teide, Barcelona.

CHAO, Y. R. (1975): *Introducción a la Lingüística*, Cátedra, Madrid.

CHOMSKY, N. (1970): *Aspectos de la teoría de la sintaxis*, Aguilar, Madrid.

CHOMSKY, N. (1974): *Estructuras sintácticas*, Siglo XXI, México.

CHOMSKY, N. (1975): *Lingüística cartesiana*, Gredos, Madrid.

CLARK, H. (1996): *Using language*, Cambridge University Press, Cambridge.

COLLADO, J. A. (1973): *Historia de la Lingüística*, Gredos, Madrid.

COLLADO, J. A. (1978): *Fundamentos de Lingüística general*, Gredos, Madrid.

COSERIU, E. (1967): *Teoría del lenguaje y Lingüística general*, Gredos, Madrid.

COSERIU, E. (1973): *Tradición y novedad de la ciencia del lenguaje*, Gredos, Madrid.

COSERIU, E. (1981): *Lecciones de Lingüística general,* Gredos, Madrid.

COSERIU, E. (1986): *Introducción a la Lingüística*, Gredos, Madrid.

CRANE, L., YEAGER, E. & WHITMAN, R. (1981): *An Introduction to Linguistics*, Brown, Boston.

FERNÁNDEZ PÉREZ, M. (1999): *Introducción a la Lingüística*, Ariel, Barcelona.

FINCH, G. (1998): *How to study Linguistics*, Macmillan, London.

FINCH, G. (2000): *Linguistic terms and concepts*, Series How to Study, Macmillan Press, London.

GARCÍA BERRIO, A. (1977): *La Lingüística moderna*, Planeta, Barcelona.

GLEASON, H. A. (1975): *Introducción a la Lingüística descriptiva*, Gredos, Madrid.

GRACIA, F. (1972): *Presentación del lenguaje*, Taurus, Madrid.

HEESCHEN, C. (1975): *Cuestiones fundamentales de Lingüística*, Gredos, Madrid.

HEILMANN, L. (1983): *Linguistica e Umanesimo*, Il Mulino, Bolonia.

HJELMSLEV, L. (1969): *Prolegómenos a una teoría del lenguaje,* Gredos, Madrid.

HJELMSLEV, L. (1972): *Ensayos lingüísticos*, Gredos, Madrid.

HOCKETT, H. F. (1972): *Curso de Lingüística moderna*, Eudeba, Buenos Aires.

JAKOBSON, R. (1975): *Ensayos de Lingüística general,* Seix Barral, Barcelona.

JIMÉNEZ RUIZ, J. L. (2000): *Epistemología del lenguaje*, Universidad de Alicante, Alicante.

JIMÉNEZ RUIZ, J. L. (2001): *Iniciación a la Lingüística*, Club Universitario, Alicante.

JIMÉNEZ RUIZ, J. L. (2007): *Metodología de la investigación lingüística*, Universidad de Alicante, Alicante.

KURYLOWICZ, J. (1973): *Esquisse Linguistiques*, Wilhem Fink, Munich.

LAMÍQUIZ, V. (1975): *Lingüística española*, PUS, Sevilla.

LAMÍQUIZ, V. (1987): *Lengua española. Métodos y estructuras lingüísticas*, Ariel, Barcelona.

LÁZARO CARRETER, F. (1980): *Estudios de Lingüística*, Crítica, Barcelona.

LEPSCHY, G. (1971): *La Lingüística estructural*, Anagrama, Barcelona.

LEROY, M. (1974): *Las grandes corrientes de la Lingüística*, F.C.E., México.

LLORENTE MALDONADO, A. (1967): *Teoría de la lengua e historia de la lingüística*, Alcalá, Madrid.

LOPE BLANCH, J. M. (1990): *Estudios de historia lingüística hispánica*, Arco/Libros, Madrid.

LÓPEZ GARCÍA, A. *et alii* (1990): *Lingüística General y Aplicada*, Universidad de Valencia, Valencia.

LÓPEZ MORALES, H. (ed.) (1983): *Introducción a la Lingüística actual*, Playor, Madrid.

LYONS, J. (1975): *Nuevos horizontes de la Lingüística*, Alianza, Madrid.

LYONS, J. (1981): *Introducción en la Lingüística teórica*, Teide, Barcelona.

LYONS, J. (1993): *Introducción al lenguaje y a la Lingüística*, Teide, Barcelona.

MALMBERG, B. (1966): *La lengua y el hombre*, Istmo, Madrid.

MALMBERG, B. (1970): *Los nuevos caminos de la Lingüística*, Siglo XXI, México.

MANOLIU, M. (1977): *El estructuralismo lingüístico*, Cátedra, Madrid.

MANTECA, A. (1987): *Lingüística General*, Cátedra, Madrid.

MARCOS MARÍN, F. (1975): *Lingüística y lengua española: introducción, historia y métodos*, Cincel, Madrid.

MARCOS MARÍN, F. (1990): *Introducción a la Lingüística. Historia y modelo*, Síntesis, Madrid.

MARCOS MARÍN, R. & SÁNCHEZ LOBATO, J. (1991): *Lingüística aplicada*, Síntesis, Madrid.

MARSÁ, F. (2001): *Nuevos modelos para ejercicio lingüístico*, Ariel, Barcelona.

MARTÍN VIDE, C. (ed.) (1996): *Elementos de Lingüística*, Octaedro, Barcelona.

MARTINET, A. (1965): *Elementos de Lingüística general*, Gredos, Madrid.

MARTINET, A. (1971): *La Lingüística sincrónica*, Gredos, Madrid.

MARTINET, A. (1972): *La Lingüística*, Anagrama, Barcelona, 1972.

MARTÍNEZ CELDRÁN, E. (1995): *Bases para el estudio del lenguaje*, Octaedro, Barcelona.

MEILLET, A. (1921): *Linguistique Historique et Linguistique Générale*, Société Linguistique de París, París.

MORENO CABRERA, J. C. (1991, 1995): *Curso universitario de Lingüística general I, II,* Síntesis, Madrid.

MOUNIN, G. (1969): *Claves para la Lingüística*, Anagrama, Barcelona.

MOUNIN, G. (1976): *La Lingüística en el siglo xx*, Gredos, Madrid.

MOUNIN, G. (1983): *Historia de la Lingüística*, Gredos, Madrid, 1983.

MOURELLE DE LEMA, M. (1977): *Historia y principios fundamentales de la Lingüística*, Prensa Española, Madrid.

NEWMEYER, F. (comp.) (1988): *Panorama de la Lingüística moderna de la Universidad de Cambridge I. Teoría lingüística: Fundamentos*, Visor, Madrid.

O'GRADY, W., DOBROVOLSKY, M. & KATAMBA, F. (1997): *Contemporary Linguistics. An Introduction*, Longman, Londres.

PALMER, L. R. (1975): *Introducción crítica a la Lingüística descriptiva y comparada*, Gredos, Madrid.

PEDRETTI DE BOLÓN, A. (1978): *Antigua y nueva gramática*, Panel editores, Uruguay.

PORZIG, W. (1974): *El mundo maravilloso del lenguaje*, Gredos, Madrid.

POTTIER, B. (1968): *Lingüística moderna y filología hispánica*, Gredos, Madrid.

POTTIER, B. (1968): *Presentación de la Lingüística*, Alcalá, Madrid.

POTTIER, B. (1977): *Lingüística general*, Gredos, Madrid.

PRIETO, L. J. (1977): *Estudios de Lingüística y semiología generales*, Nueva Imagen, México.

ROBINS, R. H. (1964): *Lingüística general*, Gredos, Madrid.

ROBINS, R. H. (1980): *Breve historia de la Lingüística*, Paraninfo, Madrid.

RODRÍGUEZ ADRADOS, F. (1969): *Estudios de Lingüística general,* Planeta, Barcelona.

RODRÍGUEZ ADRADOS, F. (1969): *Lingüística estructural*, Gredos, Madrid.

RODRÍGUEZ ADRADOS, F. (1988): *Nuevos estudios de Lingüística general y de teoría literaria*, Ariel, Barcelona.

SABIN, A. & URRUTIA, J. (1974): *Semiología y Lingüística General,* Alcalá, Madrid.

SALAZAR GARCÍA, V. (1998): *Léxico y teoría gramatical en la Lingüística del siglo xx*, Sabir ediciones, Barcelona.

SANTERRE, R. (1969): *Introducción al estructuralismo*, Nueva Visión, Buenos Aires.

SAPIR, E. (1974): *El lenguaje*, F.C.E., México.

SAUSSURE, F. de (1945): *Curso de Lingüística general*, Losada, Buenos Aires.

SIMONE, R. (1993): *Fundamentos de Lingüística,* Ariel, Barcelona.

SMITH, N. & WILSON, D. (1983): *Lingüística moderna*, Anagrama Barcelona.

TODOROV, T. (1969): *Introducción al estructuralismo*, Nueva Visión, Buenos Aires.

TRASK, L. (1998): *Language: the basics*, Routledge, Londres.

TUSÓN, J. (1984): *Lingüística. Una introducción al estudio del lenguaje con textos comentados y ejercicios*, Barcanova, Barcelona.

VERA LUJÁN, A. & GARCÍA BERRIO, A. (1977): *Fundamentos de teoría lingüística*, Comunicación, Madrid.

WANDRUSZKA, M. (1980): *Interlingüística. Esbozo para una nueva ciencia del lenguaje*, Gredos, Madrid.

WARDHAUGH, R. (1993): *Investigating Language. Central problems in linguistics*, Blackwell, Oxford.

WIDDOWSON, H. G. (1996): *Linguistics*, Oxford University Press, Oxford.

YLLERA, A. *et alii* (1983): *Introducción a la Lingüística,* Alhambra, Madrid.

YULE, G (1998): *El lenguaje*, Cambridge University Press, Cambridge.

B. ENCICLOPEDIAS Y PANORÁMICAS DE LA LINGÜÍSTICA.

A continuación presentamos algunas enciclopedias que nos aportan una visión general de la Lingüística.

ASHER, R. E. (ED.) (1994): *The Encyclopedia of Language and Linguistics,* Pergamon Press, Nueva York.

BRIGHT, W. (ed.) (1992): *International Encyclopedia of Linguistics,* Oxford University Press, Oxford.

COLLINGE, N. E. (ed.) (1990): *An Encyclopedia of Language,* Routledge, Londres-Nueva York.

CRYSTAL, D. (1994): *Enciclopedia del lenguaje de la Universidad de Cambridge,* Taurus, Madrid.

MALMKJAER, K. (1991): *The Linguistics Encyclopedia,* Routledge, Londres-Nueva York.

NEWMEYER, F. (coord.) (1993): *Panorama de la Lingüística moderna de la Universidad de Cambridge,* Visor, Madrid.

C. DICCIONARIOS TERMINOLÓGICOS.

Aunque presentamos a continuación de este apartado un glosario de los principales términos lingüísticos con la finalidad de que el alumno pueda consultar aquellos de mayor dificultad, la complejidad que conlleva la reflexión glotológica en un primer momento, nos aconseja la indicación de una serie de obras lexicográficas de apoyo.

ABRAHAM, W. (1981): *Diccionario de terminología lingüística actual,* Gredos, Madrid.

ALCARAZ VARÓ, E. & MARTÍNEZ LINARES, M. A. (1997): *Diccionario de Lingüística moderna,* Ariel, Barcelona.

BENSE, M. & WALTER, E. (1975): *La semiótica. Guía alfabética,* Anagrama, Barcelona.

BUSSMANN, H. (1996): *Routledge Dictionary of Language and Linguistics*, Routledge, Londres-Nueva York.

CARDONA, G. R. (1991): *Diccionario de Lingüística,* Ariel, Barcelona.

DUBOIS, J. *et alii* (1979): *Diccionario de Lingüística,* Alianza, Madrid.

DUCROT, O & TODOROV, T. (1974): *Diccionario enciclopédico de las ciencias del lenguaje*, Siglo XXI, Buenos Aires.

LÁZARO CARRETER, F. (1987): *Diccionario de términos filológicos,* Gredos, Madrid.

LEWANDOWSKI, K. (1982): *Diccionario de Lingüística,* Cátedra, Madrid.

MARTINET, A. (1972): *La Lingüística. Guía alfabética*, Anagrama, Barcelona.

MORENO CABRERA, J. C. (1998): *Diccionario de Lingüística neológico y multilingüe,* Síntesis, Madrid.

MOUNIN, G. (1974): *Dictionnaire de la linguistique*, Presses Universitaires de France, París.

PEI, M. & GAYNOR, F. (1965): *A Dictionary of Linguistics*, Peter Owen, Londres.

PÉREZ SALDANYA, M. (1998): *Diccionari de Lingüística*, Colomar editors, Oliva.

PHELIZON, J. F. (1976): *Vocabulaire de la linguistique*, Roudil, París.

POTTIER, B. (1985): *El lenguaje (Diccionario de Lingüística),* Mensajero, Bilbao.

SEBEOK, T. A. (1986): *Encyclopedic Dictionary of Semiotics*, Mouton-de Gruyter, Berlín.

TRASK, L. (1996): *Student's Dictionary of Language and Linguistics*, Routledge, Londres-Nueva York.

WELTE, W. (1985): *Lingüística moderna: terminología y bibliografía*, Gredos, Madrid.

D. RECURSOS EN INTERNET.

Finalmente, presentamos una serie de páginas web en las que el alumno podrá encontrar información sobre aspectos relacionados con la Lingüística.

http://www.aelfe.org/
Asociación Europea de Lenguas para fines específicos.

http://cvc.cervantes.es
Centro Virtual Cervantes.

http://www.cervantesvirtual.com/seccion/lengua
Biblioteca Virtual Miguel de Cervantes, Portal de Lengua.

http://www.dialnet.unirioja.es
Base de datos bibliográfica catalogada por autores, textos, revistas, etc.

http://www.educaweb.com/cursos/linguistica-aplicada-a-la-traduccion-643166.html
Oferta de cursos sobre la Lingüística y la Traducción.

http://www.ua.es/dpto/dfelg/publicaciones/estudios-linguistica/
Revista *Estudios de Lingüística*, Universidad de Alicante (ELUA).

http://www.griale.es/
Grupo de Investigación para la Pragmática y la Ironía del Español, Universidad de Alicante

http://www.iula.upf.edu/
Institut Universitari de Lingüística Aplicada, Universitat Pompeu Fabra.

http://latindex.com
Sistema regional de información en línea para revistas científicas de América Latina, el Caribe, España y Portugal. Directorio, catálogo e índice.

http://.liceus.com/cgi-bin/aco/ling_geral/index.asp
Portal de Humanidades con una página de Lingüística general con temas de divulgación y artículos especializados.

http://www.maec.es/es/Home/Paginas/HomeEs.aspx
Ministerio de Asuntos Exteriores y de Cooperación.

http://www.rae.es/rae.html
Real Academia Española.

http://rua.ua.es/
RUA: Repositorio Institucional de la Universidad de Alicante.

http://www.sil.org/
Summer Institute of Linguistics.

http://www.uned.es/sel/
Sociedad Española de Lingüística.

http://www.eblul.org
Promoción de la diversidad lingüística en España.

http://www.portalingua.info
Información de recursos lingüísticos existentes en internet.

GLOSARIO GENERAL

A continuación presentamos las nociones lingüísticas que aparecen definidas en los glosarios que figuran en los distintos capítulos del libro. Tras ella indicamos el número del capítulo o capítulos en los que pueden consultarse las definiciones de las mismas.

A
Acción verbal: 6.
Acervo lingüístico: 6.
Acto verbal: 6.
Acto: 6.
Actuación: 6.
Afasia anómica: 5.
Afasia de Broca: 5.
Afasia de conducción: 5.
Afasia de Wernicke: 5.
Afasia: 5.
Agnosia: 5.
Agrafia: 5.
Agramatismo: 5.
Alexia: 5.
Análisis: 4.
Antropología lingüística: 10.
Apelativa: 3.
Apraxia: 5.
Arbitrariedad: 4.
Atomismo: 2.

B
Bidireccional: 4.

C
Canal: 4.
Canto: 4.
Categoría: 1.
Células aferenciales: 5.
Células eferenciales: 5.
Centro de Broca: 5.
Centro de Dejèrine: 5.
Centro de Exner: 5.
Centro de Luria inferior: 5.
Centro de Luria superior: 5.
Centro de Wernicke: 5.
Cisura de Rolando: 5.
Cisura de Silvio: 5.
Cisura: 5.
Código: 4.
Coherencia: 1
Comisurotomía: 5.
Competencia: 6.
Componente sintagmático: 2.
Componente transformatorio: 2.
Composicionalidad: 3.
Comunicación: 4.
Conativa. 3.
Concepto: 1.

Conductismo: 2.
Constancia: 4.
Constelación: 4.
Contenido absoluto: 4.
Contenido relativo: 4.
Contenido: 4.
Contexto: 4.
Continuidad: 2.
Corteza cerebral: 5.
Creatividad: 3.
Cuerdas vocales: 5.
Cuerpo calloso: 5.

D
Datos de experiencia: 1.
Denotación: 4.
Dependencia: 4.
Desplazamiento: 3.
Determinación: 4.
Diacronía: 1.
Dialectalismo: 6.
Dialecto: 6.
Discontinuidad: 2.
Discretitud: 4.
Disfemia: 5.
Disfonía: 5.
Dislalia: 5.
Dislogia: 5.
Divisiones de la Lingüística. 1.
Dualidad: 3.

E
Economía: 1, 3.
Eficiencia: 3.
Ergon: 6.
Elemento: 4.
Elementos extracientíficos: 1.

Elementos intracientíficos: 1.
Emisor: 4.
Emotiva: 3.
Energeia: 6.
Enfoque empírico: 1.
Enfoque teórico: 1.
Epistemología: 1.
Especialización: 3.
Esquema: 6.
Estilística: 2.
Estructura profunda: 2.
Estructura superficial: 2.
Estructura: 4.
Estructuralismo: 2.
Estudios logicistas: 2.
Etimología: 2.
Etnolingüística: 1.
Exhaustividad: 1.
Expresión: 4.
Expresiva: 3.

F
Fasolecto: 6.
Fática: 3.
Filología: 1.
Filosofía de la ciencia lingüística: 1.
Filosofía del lenguaje: 1.
Filosofía espontánea: 2.
Función signo: 4.
Función: 4.
Funcionalidad: 1.
Funcionalismo: 2.
Fundamentos neuropsicológicos del lenguaje: 5.
Funtivo constante: 4.
Funtivo variable: 4.
Funtivo: 4.

G
Glosemática: 2.
Glosodidáctica: 1.
Glotis: 5.
Glotológico: 1.
Gramática clásica: 2.
Gramática comparada: 2.
Gramática especulativa: 2.
Gramática general: 2.
Gramática histórica: 2.
Gramática normativa: 2.
Gramática tradicional: 4.
Gramática: 2.

H
Habla: 6.
Hemisferectomía: 5.
Hemisferio cerebral: 5.
Hermenéutica: 1.
Hipoacusia: 5.
Historiografía lingüística: 1.

I
Idealismo lingüístico: 2.
Idealismo: 1, 2.
Ideología: 1.
Idiolecto: 6.
Índice: 4.
Información: 4.
Inmanencia: 1.
Intercambiabilidad: 3.
Interdependencia: 4.
Interpersonal: 4.
Intrapersonal: 4.
Irreversibilidad: 4.

K
Kinesia: 4.

L
Laringe: 5.
Lengua exteriorizada: 6.
Lengua interiorizada: 6.
Lengua: 6.
Lenguaje: 1.
Linealidad: 4.
Lingüística aplicada: 1.
Lingüística clínica: 1.
Lingüística computacional: 1.
Lingüística del Objeto: 1.
Lingüística del Sujeto: 1.
Lingüística descriptiva: 1.
Lingüística externa: 1.
Lingüística general: 2.
Lingüística histórica: 1.
Lingüística interna: 1.
Lingüística neuropsicológica: 1.
Lingüística particular: 1.
Lingüística simbólica: 1.
Lingüística social: 1.
Lingüística teórica: 1.
Lingüística tipológica: 1.
Lingüística: 1.
Llamada: 4.
Lóbulo frontal: 5.
Lóbulo occipital: 5.
Lóbulo parietal: 5.
Lóbulo temporal: 5.
Lóbulo: 5.

M
Marca funcional: 1.
Mensaje: 4.

Mentalismo: 2.
Mesencéfalo: 5.
Metalingüística: 3.
Metateoría: 1.
Método estructural: 2.
Método: 1.
Metodología técnica: 1.
Modelo: 1.
Mutación conceptual: 1.

N
Neogramáticos: 2.
Neurolingüística: 1.
Neutralización: 1.
Nivel: 4.
Noción: 1.
Norma: 6.

O
Objeto: 1.
Oído: 5.
Oposición: 1.

P
Paradigma Idealista: 2.
Paradigma Realista: 2.
Phisey: 2.
Planificación lingüística: 1.
Poética [Función]: 3.
Positivismo: 2.
Pragmática: 1.
Prevaricación: 3.
Problemática: 1.
Producto verbal: 6.
Prosencéfalo: 5.
Proxémica: 4.

Psicolingüística: 1.

R
Ramas de la Lingüística: 1.
Realismo: 1, 2.
Receptor: 4.
Reciprocidad: 4.
Recurrencia: 3.
Referencial: 3.
Referente: 3.
Reflexividad: 3.
Representativa: 3.
Rombencéfalo: 5.
Ruptura epistemológica: 1.

S
Semántica: 1.
Semanticidad: 3.
Semiología: 4.
Semiótica: 4.
Señal 4.
Signo lingüístico: 4.
Signo: 4.
Signos históricos: 4.
Simbolismo: 3.
Símbolo: 4.
Sincronía: 1.
Sistema alfabético: 6.
Sistema conceptual: 1.
Sistema estructurado: 4.
Sistema ideográfico: 6.
Sistema jeroglífico: 6.
Sistema lingüístico: 4.
Sistema nocional: 1.
Sistema pictográfico: 6.
Sistema semiótico extrínseco: 4.
Sistema semiótico intrínseco: 4.

Sistema semiótico: 4.
Sistema silábico: 6.
Sistema: 4.
Sistematicidad: 1.
Sociolecto: 6.
Sociolingüística: 1.
Solidaridad: 4.
Sonido articulado: 5.
Sonido audible: 5.
Sordera verbal pura: 5.
Sujeto: 1.

Variación intraidiomática: 6.
Variedades diafásicas: 6.
Variedades diastráticas: 6.
Variedades diatópicas: 6.
Variedades genéticas: 6.
Variedades tipológicas: 6.

T
Técnica: 1.
Tecnicismo: 6.
Telecomunicación: 4.
Teoría del lenguaje natural humano: 1.
Teoría general de las gramáticas: 1.
Teoría general de las lenguas: 1.
Teoría General de Sistemas: 4.
Teoría: 1.
Termino marcado: 3.
Thesey: 2.
Traductología: 1.
Transformacionalismo: 2.
Trascendencia: 1.

U
Unidad: 1.
Unidireccional: 4.
Uso: 6.

V
Variación interidiomática: 6.

CONTRATO DE APRENDIZAJE

ESTA GUÍA DOCENTE PERTENECE A:

....

DEL GRUPO .... CORRESPONDIENTE AL CURSO

ACADÉMICO ....

Por la presente hago constar que todas las anotaciones que aparecen en la misma son personales y fruto de mis estudios.

Fdo.: El alumno

Vº Bº: El profesor

Fecha: ....